田家炳基金（1812-01-110）“汉语自闭症儿童非字面语言的认知、教导与干预研究及推广计划”资助
山东省社会科学规划研究项目（批准号15CWXJ21）资助
山东省高等学校青创科技计划“多语种语言文化翻译与研究创新团队”（2019RWC004）资助

儿童语言发展与干预

张 笛 陈淑珍 著

中央编译出版社
CCTP Central Compilation & Translation Press

图书在版编目（CIP）数据

儿童语言发展与干预 / 张笛，陈淑珍著．—北京：中央编译出版社，2021.6

ISBN 978-7-5117-3766-3

Ⅰ．①儿… Ⅱ．①张… ②陈… Ⅲ．①儿童语言－语言能力－研究 Ⅳ．①H003

中国版本图书馆 CIP 数据核字（2021）第 072015 号

儿童语言发展与干预

责任编辑 李媛媛
责任印制 刘 慧
出版发行 中央编译出版社
地　　址 北京西城区车公庄大街乙 5 号鸿儒大厦 B 座（100044）
电　　话 （010）52612345（总编室）　（010）52612336（编辑室）
（010）52612311（营销部）　（010）52612315（新技术部）
传　　真 （010）66515838
经　　销 全国新华书店
印　　刷 天津雅泽印刷有限公司
开　　本 710 毫米 × 1000 毫米 1/16
字　　数 219 千字
印　　张 15.75
版　　次 2021 年 6 月第 1 版
印　　次 2021 年 6 月第 1 次印刷
定　　价 76.00 元

新浪微博：@中央编译出版社　**微　　信：**中央编译出版社（ID: cctphome）
淘宝店铺：中央编译出版社直销店（http://shop108367160.taobao.com）　(010)52612322

前 言

语言获得是一个极其复杂的过程，受到生理、心理、社会、文化等各方面因素的影响。儿童从一出生就在特定的语言环境中成长，迅速学习着本民族的语言，在三四岁时能够流利地使用母语。古代著名哲学家柏拉图（Plato）曾提出一个看似简单但却又非常难以讲明白的问题“为什么一个人所得的经验如此之少，但所知道的却如此之多？（How is it that given so little evidence a man knows so much？）”。乔姆斯基（Chomsky，1990）把这个柏拉图问题引入了语言研究之中，并提出语言研究中的三大问题——语言是什么？语言是如何获得的？语言是如何运用的？实际上儿童语言获得研究的终极目的是解决这个语言获得的逻辑问题（the logical problem of language acquisition，Baker & McCarthy, 1981），即在外部输入经验，相对贫乏的情况下，儿童为什么会在短短几年内就获得了语言并且具备了一套丰富而又复杂的语法知识？这一问题也被称为语言获得的“柏拉图”问题（the Plato’s problem of language acquisition）。

诸多语言学家和心理学家开始关注儿童语言获得与发展，从不同角度运用各种理论探索儿童语言获得的普遍规律和特殊现象。汉语学界主要是借鉴天赋理论和认知功能理论来研究汉语儿童语言获得的各个方面。早期的儿童语言获得研究基本上是从心理学方面着手的，以北京师范大学的朱智贤先生和华东师范大学的朱曼殊先生为代表。语言学界的儿童语言研究始于 20 世纪 80 年代，以两大阵营为主——李宇明为代表的华东师范大学与孔令达为代表的安徽师范大学。近年来，汉语学界开始重视语料库的强大作用，并进行了基于 CHILDES 系统的较为规范的语料库建设，例如南京师范大学的李葆嘉、首都师范大学的张云秋、湖南大学的李行德（现已在香港中文大学任教）和清华大学的杨小璐等。这些研究团队在儿童语言获得的领域中持续耕耘，获得了不俗的成果，学术影响较大。

儿童语言获得的研究方法主要是纵向追踪法和横向实验法。长期定点、定时跟踪调查所获得的语言数据可以反映儿童语言发展的基本面貌。科学设计的实验能够获知儿童对语言的理解与感知，了解儿童语言发展与获得的具体情况。我们从语料库的基本语料出发，以个案的历时语料为主，兼用群案语料进行分析和佐证，全面系统地考察儿童语言获得情况，反映了汉语儿童早期词汇语义、句法获得的基本面貌，力求揭示其背后的运行机制、绘制出语用功能网络。本书还运用了实验法和比较法，尝试将普通发展儿童的语言获得研究和特殊障碍儿童的语言教导和干预研究相结合，把研究成果切实应用到幼儿早期语言教育中去，增强研究的实用价值并开拓更为广阔的研究视野。

本书是田家炳基金（1812–01–110）“汉语自闭症儿童非字面语言的认知、教导与干预研究及推广计划”和山东省社会科学规划研究项目（批准号15CWXJ21）的阶段性研究成果，并受到山东省高等学校青创科技计划“多语种语言文化翻译与研究创新团队”（2019RWC004）的资助。书中扎实的语料库数据支持，得益于临沂大学认知科学与语言学能研究基地的“汉语儿童多模态口语语料库”。临沂大学认知科学与语言学能研究平台于2013年正式获批，“汉语儿童语言获得与认知发展研究团队”是该平台的三支研究团队之一。该团队设计并建设了“汉语儿童多模态口语语料库”（包括“典型发展儿童长期跟踪口语语料库”与“发展障碍儿童口语调查语料库”），累计转写语料1000万字。研究方向主要包括典型发展儿童的语言获得与特殊障碍儿童的语言认知与干预。该团队锐意进取，融合了语言学、心理学、教育学，走出了一条交叉学科的路子，全力打造了一支高水平创新团队，率先实现重点突破，形成了新的学科生长点，并引起国内外专家学者的高度关注。同时注重资源的整合，将外国语学院的学生社团“与星儿同行志愿者协会”作为科研社会实践和志愿服务的抓手，很好地将学术与实践相结合，最大程度发挥团队和协会的作用。

数据库中的八名追踪对象均是教师子女，四男四女，持续追踪了三年之久并且进行了数据的转写、标注和加工。建库伊始就根据 CHILDES 语料库建设方法制定了一套科学统一的录制、转写与提取标准与规范，基本实现了研究数据的科学性、规范性与持续性。

写作始于2016年，直到2020年初才完成。在此期间，第一作者也经历了从赴国外攻读博士学位直至学成归来的整个全过程，收获了宝贵的人生和学术财富。也逐渐从一位学术的门外汉转变为中青年学者，拥有了稳定的研究方向并将持之以恒地对语料库这个大宝藏进行挖掘。写作的时间漫长，一方面记录了语料库的整个建设历程和呈现了团队阶段性研究成果；另一方面本书既涉及了典型发展儿童的语言发展情况，又包括了自闭症儿童的部分语言表现和干预方案，内容的涉及面较广，难度较高。本专著的内容共分六章。

第一章以1岁到2岁的幼儿词汇发展面貌为研究切入点，力图呈现幼儿使用词汇的最初阶段的情况，以及其词汇是如何一步步发展起来的。在各种词类的掌握上，幼儿最先掌握的是名词，而且是具体名词，这是他们在日常生活中最先接触到的；其次是动词，一岁半以前就开始掌握，这也是比较具体的。稍微抽象的其他一些词类，幼儿在一岁半以后陆续掌握。反映了幼儿掌握语言的过程是遵循由具体到抽象的规律。

第二章选择了三类典型词汇——位移动词、心理动词和数词为研究对象，通过分析个案语料来窥见儿童词汇发展的情况。我们认为语言能力是一个人认知能力的一部分，语言获得是人的一般认知心理特征，内部认知机制之间的相互作用和外部语义动机能够促进儿童语言的发展（Gleason & Ratner，2016）。人的概念系统具有非自主性。语言中的范畴和概念是在人们对身体、空间和力量的感知基础上逐渐形成的。空间（包括运动、方向、路径、场所等）是儿童早期获得经验的方式，这些空间和应用关系是在由近及远、从具体到抽象、从空间到其他语义域的过程中逐步发展起来的（Tomasello，2003）。心理认识的发展对儿童来说非常重要，是儿童社会生活中不可或缺的能力，为儿童提供一个灵活的解释框架来阐释人类的社会活动。那么与心理认识密切相关的心理动词的获得和发展也对儿童的心理认知发展、道德发展、社会性发展甚至社会交往技能均有着重要的意义。

第三章论述了儿童句末语气词的获得情况主要包括：“吧”“啦”“吗”和

"吧"与"啦"在儿童选择性认知信任中的作用。在描写三个句末语气词的获得情况时，我们主要从语用角度出发，先从句类入手考察句末语气词出现的环境，然后从语料中提取出言语意图，并将言语意图和句类相结合进一步归纳得到语用功能，最终剥离出核心语义和原型意义，并构建语用功能网络解析其运行机制。

而研究关于句末语气词在儿童选择性认知信任中的作用时发现汉语中表示意向确定和意向待定的一对句末语气词"啦"和"吧"基本于幼儿1岁9个月至11个月时首现，并于2岁左右获得。3岁和4岁说汉语的幼儿都能够根据句末语气词表达态度的不同来进行选择性信任，即他们选择对自己的话语具有信心的信息发出者，并对自己话语不具有信心的信息发出者保持警惕。话语标记与幼儿选择性信任之间存在一定的关系，中国和日本的幼儿之所以在3岁时就能够表现出较强的选择性信任能力，可能是因为较早获得程序性标记语（句末语气词）。不论是选择性信任还是词汇学习和理解，4岁都是一个重要的年龄段，即4岁幼儿的认知信任和学习新词的能力都发展到一个更高的阶段。与4岁幼儿相比，3岁幼儿在词汇学习和理解方面受任务复杂性、认知局限性和记忆非持续性的影响较大。

第四章尝试借助语料库的客观数据分析儿童的主观心理情绪和态度，继而研究儿童和家长所使用的言语行为策略。以含有"吧"的多轮话语片段为研究对象，将其中涉及的儿童态度和情感从心理状态方面进行了分析，试图揭示表面话语背后儿童的心理和认知状态。抛开普遍语法（人类头脑中的一种内在的语言机制）而言，儿童语言的涌现就是在众多语言主体的不断互动过程中通过聚集而发生的，在互动本能的内驱下，幼儿通过群体协调机制和一般的学习策略（例如共享注意力、模式发现能力等），能够主动地模仿、发起互动并感知他人情感，逐渐表达内部和外部世界经验，以此获得语言，反过来也促进了儿童的个体认知能力的发展。

儿童的言语行为策略发展是个复杂的过程，从一开始就伴随着儿童的语言获得一起发展，相辅相成。以儿童首轮句末带"吧"的句子为切入点，将话语片段分为两大类——"儿童自我回应"与"家长回应"来探讨儿童和家长的言语行为策略。研究发现绝大多数的"儿童自我回应"是儿童社会化的表现，应将"自言自语"作为一种儿童学习的策略。儿童大部分的话语都得到"家长回应"，这反映出家长尊重儿童的独立人格，注意态度上的平等。儿童话语的交际性和目的性很强并明确要求家长及时回应。家长在和儿童进行交流时应使用清晰且易接受的言语行为策略，重视培养积极情感；也可以让儿童充当话语交际的主导者，从而提升他们的主动性与创造性。

第五章以自闭症儿童为研究对象，对他们的语言认知机制与语言干预进行研究。高功能自闭症儿童和典型发展儿童在反语理解上具有显著差异，句末语气词在儿童普通话反语理解中发挥重要作用，通过心理理论能够解释两组儿童表现差异的原因。高功能自闭症儿童只能较好地理解反语批评态度，而其他条件下表现明显不如普通儿童。这和自闭症儿童在心理理论方面的缺失或滞后有密切的关系。句末语气词话语线索在普通儿童对反语表扬进行理解时影响较大，这和8岁至12岁普通儿童已经具备二级错误信念心理理论能力有关。句末语气词话语线索在高功能自闭症儿童理解反语批评态度时影响较大，话语线索只能对他们可以理解并判断的反语起到提示作用。两组儿童对反语批评的理解要好于反语表扬，这归因于两种反语类型在实际话语运用中频率的高低和人们的认知规律。

基于以上我们对自闭症儿童的语言认知机制的相关研究，引入“关系框架理论”，指导“比喻性语言”教学培训包的设计，采用专项干预法将培训包应用于教导自闭症儿童识别并回应“比喻性语言”；为特殊教育中的语用技能干预提供可借鉴的经验，希冀提高自闭症儿童的社会适应能力和自我生存技能，助力他们最终平等参与社会并融入社会。

第六章集中展示语料库中的话语文本及录像和转写标准。选取了两名追踪对象（一男一女）在2岁8个月和3岁11个月时的话语实录。在语料追踪和数据转写过程中，临沂大学认知科学与语言学能研究基地制定了《临沂大学认知科学与语言学能研究基地“普通话儿童早期语言获得”录像标准》和《临沂大学认知科学与语言学能研究基地“普通话儿童早期语言获得”转写标准》，包括录像频率、范式、场景以及对话等具体要求，并通过实例详细说明转写的基本规范以及对语句内特殊符号和副语言材料的具体处理，使语料库的建设更具科学性、规范性和可操作性。

儿童语言研究的意义不能仅局限于儿童语言本身，这个问题的研究终极目标是探究人类语言的“柏拉图”问题，以个人或团队的能力是难以圆满解答这个问题的，需要学界付出巨大的努力，并坚持长线的、深入的、团队合作式的研究。

在本书即将出版之际，要特别感谢支持语料库建设的外国语学院院长谢楠教授、姜兆梓博士，还有“汉语儿童语言获得与认知发展研究团队”的成员。团队成员既是语料的搜集者又是转写、整理者甚至也是研究者，定期举办的读书会和调研等学术活动让大家把育儿的艰辛和收获都提高到了一个新的理论高度。感谢参与语料库建设的同学们，是他们进行了早期的语料转写和整理。

感谢中央编译出版社对我们的大力支持！

书中疏漏之处在所难免，恳请同行批评指正。

目　录

第一章

幼儿阶段性词汇话语发展面貌

在近年的研究中，国际儿童语言界开始注重学前儿童语言的发展，将儿童词汇发展与儿童语音发展、儿童语法发展和儿童语义发展并列，成为儿童语言发展的四个重要范畴。1岁到2岁是幼儿语言发展的关键时期，词汇的发展是语言发展的基础。词汇的使用意味着幼儿获得了一种新的工具，进入了一个新的语言发展阶段。

第一节　研究背景与研究对象

一、研究背景

词汇获得研究是国内汉语幼儿语言研究中较多的一个方面。孔令达（2004）是汉语幼儿词汇获得研究中做得较为全面的学者，他在《汉族儿童实词获得研究》中对1岁到5岁幼儿获得各类实词的过程做了全面考察。李宇明（2004）在《儿童语言的发展》一书中涉及了幼儿语言发展过程中的语音、词汇语义、语法、语用等诸多方面，并提出了自己的见解，极大地丰富和发展了国内儿童语言学。

另外一些学者则对幼儿语言获得过程中的词汇获得的某些方面进行了研究，如陈萍、许政援（1993）对幼儿最初获得的词汇进行了研究，刘召兴（2001）对汉语多义动词的义项获得过程进行了研究，王葆华（2000）对幼儿获得语素的过程进行了研究，肖丹、杨小璐（2004）对一岁幼儿的动词发展进行了研究，范莉（2005，2007）对幼儿获得否定词的过程进行了研究等。综上所述，早期幼儿词汇研究存在两方面缺憾：一是语料采集方式多是人为设计试验场景，自然状态下的跟踪性语料相对缺乏；二是鲜有对某一具体年龄段的系统性研究。

二、研究对象

本研究以一位一岁半女童为研究对象，每周进行一次一小时不间断的自然状态下的录像，时间周期为一周，持续时间为十个月。通过近一年的跟踪录像调查，考察该幼儿整个词汇系统的获得状况、分析该幼儿语言获得中各项词类的发展，从而描绘出该童的语言发展轨迹。

第二节　语料收集

本研究的观察对象GYC是出生于2012年11月的汉族城市家庭的女孩。父母都说普通话，姥姥说山东临沂方言，爸爸和妈妈、妈妈和姥姥交谈时有时使用该方言。姥姥在讲故事、唱歌时尽量使用普通话，但不够标准，因此该女孩所接受的语言输入包括普通话和方言两种语码，对该童的语言研究将以普通话为主，对某些方言说法将随文做注。

录像幼儿语言发育正常，语料收集从无间断，比较均匀，采样时基本是不加干涉的自然语言交流，以取得真实自然的语料。录像中包括父母、祖父母或与幼儿熟悉度高的人。将录像通过格式工厂进行格式转换后，使用文本和图像语言标注的工具集（UAM Corpus Tool，其原先叫作Systemic Coder，由Mick O' Donnell博士根据系统功能的语言学理论发明的。它可分析处于系统环境下的文本，是一款多功能的语料库工具，集建库、检索和统计等功能于一身）按照"儿童语言数据交流系统"（Child Language Data Exchange System，以下简称CHILDES）对录像进行人工文字转写，最后再由一名非转写人员核查以保证其准确性。录像时间段为2013年11月12日至2014年9月28日，共计37次录像，转写字数为210673字，本章所采用的语料均来源于此。

第三节　早期幼儿词汇系统获得情况考察

一、词频统计分析

本研究采用黄伯荣、廖序东主编《现代汉语》中词汇的分类方法并根据幼儿实际词汇发展情况，列出了名词（称谓词、方位词）、动词、形容词、代词、副词、数量词、拟声词7种实词，介词、助词、语气词3种虚词，共计10类词汇的统计结果。其他如成语、惯用语等由于孩子语言发展还没有出现，故不提及。

本小节中有关"频度"的计算方法如下:

$$f=\frac{n}{N}\times 100$$

公式中，f代表频度，n代表词次，N代表总词次。

表1–1　GYC实词统计表

词类	词种数	词次	频度%
名词	110	3030	20.6
动词	71	1383	9.4
形容词	22	414	2.8
代词	6	197	1.4
副词	9	254	1.7
数量词	15	275	1.9
拟声词	12	250	1.7
实词合计	245	5803	
平均频度	39.444%/245=0.161%		

表1–2　GYC虚词统计表

词类	词种数	词次	频度%
介词	1	16	0.11
助词	2	41	0.28
语气词	48	8852	60.17
虚词合计	51	8909	
平均频度	60.556%/51=1.1874%		

从表1–1和表1–2可以看出，GYC使用了296个词（245+51=296），计14712词次（5803+8909=14712）。其中实词种数为245个，累计使用频度为39.444%，虚词的词种数为51个，累计使用频度为60.556%。按平均使用频度计算，实词的单词平均使用频度为0.161%，虚词的单词平均使用频度为1.1874%。

表1–3　GYC各类词统计表

序号	词类	词种数	词种比例（%）	使用词次
1	语气词	48	16.21	8852
2	名词	110	37.16	3030
3	动词	71	23.99	1383
4	形容词	22	7.43	414
5	数量词	15	5.07	275
6	副词	9	3.04	254

续表

序号	词类	词种数	词种比例（%）	使用词次
7	拟声词	12	4.05	250
8	代词	6	2.03	197
9	助词	2	0.68	41
10	介词	1	0.34	36
合计		296	100	14712

语料库中幼儿使用的词种数为296个，总词次为14712次。从词种数和词种比例来看，实词远高于虚词；从使用频率和使用词次看，则虚词高于实词。从词种数看，在这一阶段内，名词的词种数和词种比例最高，动词次之，语气词又次之；从使用词次来看，语气词为最高，名词次之，动词为第三。由此可体现出这几种词类在现阶段幼儿词汇系统的地位。

二、各项词类产出频率统计

产出频率是考察各项词类获得的一个重要指标，我们将需要考察的词类进行频率统计，从各项词类在语言发展中所占的频率得到幼儿语言获得的规律。

（一）GYC使用名词产出情况

从表1–3可看出，在这一阶段中，GYC使用的名词种数共110个，其中主要是表示人和事物的名词，下表是GYC使用的前60名词的词种、词次和使用频度。

表1–4　GYC所用名词使用情况统计表

序号	名词	词次	频度	序号	名词	词次	频度
1	妈妈	296	11.82	31	猴	24	0.96
2	姥姥	229	9.15	32	鹿	23	0.92
3	爸爸	181	7.23	33	姥爷	23	0.92
4	球	147	5.88	34	裤	23	0.92
5	兔兔	91	3.64	35	鞋	22	0.88
6	狗	82	3.28	36	被	22	0.88
7	熊熊	79	3.16	37	帽	21	0.84
8	糖糖	69	2.76	38	蛋	21	0.84
9	嘟嘟	55	2.20	39	声音	20	0.80
10	花	53	2.12	40	咪咪	20	0.80

续表

序号	名词	词次	频度	序号	名词	词次	频度
11	奶奶	52	2.08	41	果	20	0.80
12	姐姐	52	2.08	42	东西	20	0.80
13	毛毛	49	1.96	43	包	19	0.76
14	娃娃	45	1.80	44	鸟	17	0.68
15	豆	41	1.64	45	马	16	0.64
16	爷爷	40	1.60	46	布	16	0.64
17	鸭鸭	40	1.60	47	娃	15	0.60
18	羊	35	1.40	48	水	15	0.60
19	肚	34	1.36	49	木	15	0.60
20	肉	33	1.32	50	毛	15	0.60
21	猫	31	1.24	51	老虎	15	0.60
22	点	30	1.20	52	饼	15	0.60
23	地	30	1.20	53	钱	14	0.56
24	星星	29	1.16	54	桃	14	0.56
25	你	28	1.12	55	鼻	14	0.56
26	米	28	1.12	56	橘	13	0.52
27	瓜	26	1.04	57	脚	13	0.52
28	香蕉	25	0.10	58	蕉	13	0.52
29	爸	25	0.10	59	蝴蝶	13	0.52
30	袜	24	0.96	60	杯	13	0.52
词次合计				频度			
2503				100			

由表1–4可以看出，在60个表示人和事物的名词中有8个称谓名词，他们基本是幼儿的家人；其余的大多是具体事物名词，且大多是幼儿身边所接触的食物及幼儿日常的玩具名称。

（二）GYC使用动词产出情况

根据语料库统计，在这一阶段幼儿共使用了71个动词，词种数量仅次于名词，表1–5可见幼儿所用动词（前40个）的词种、词次和频度。

表1–5　GYC所用动词使用情况统计表

序号	动词	词次	频度（%）	序号	动词	词次	频度（%）
1	打	102	86.59	21	叫	23	1.95
2	抱	87	7.39	22	来	20	1.70
3	吃	75	6.37	23	扒	19	1.61
4	给	53	4.50	24	要	19	1.61
5	拿	52	4.41	25	玩	16	1.36
6	有	49	4.16	26	不要	14	1.19
7	打球	43	3.65	27	行	14	1.19
8	买	43	3.65	28	看	13	1.10
9	起来	42	3.57	29	拍	13	1.10
10	跑	41	3.48	30	去	13	1.10
11	没有	38	3.23	31	掉	12	1.02
12	画	37	3.14	32	拉	12	1.02
13	飞	35	2.97	33	照	12	1.02
14	不行	34	2.89	34	夹	11	0.93
15	想	34	2.89	35	跳	11	0.93
16	走	33	2.80	36	找	11	0.93
17	尿尿	32	2.72	37	钩	10	0.85
18	是	32	2.72	38	不想	10	0.85
19	盖	30	2.55	39	转	10	0.85
20	倒	24	2.04	40	拔	9	0.76
词次合计				频度			
1178				100			

由表1–5可以看出，在幼儿使用前40个高频的词汇中，双音节词仅有7个，单音节词有35个。可见幼儿高频使用的动词主要是单音节词，其中，主要是动作动词，如“打”“抱”和“吃”。

（三）GYC使用形容词产出情况

表1–6　GYC所用形容词使用情况统计表

序号	形容词	词次	频度（%）
1	大	107	25.85
2	小	64	15.46
3	好	50	12.08
4	黑	32	7.73
5	大大	26	6.28
6	疼	24	5.80
7	白	11	2.66
8	坏	11	2.66
9	红	9	2.17
10	亮	8	1.93
12	懒	8	1.93
13	饿	7	1.69
14	歪	7	1.69
15	快	7	1.69
16	辣	7	1.69
17	黄	6	1.45
18	漂	5	1.21
19	美	5	1.21
20	白白	5	1.21
21	热	5	1.21
22	灰	5	1.21
23	对	5	1.21
合计		414	100

表1–6中的“大”“小”“好”“黑”和“大大”在幼儿使用形容词中属于高频形容词，且“大”和“小”是一对形容词，从使用频率上来看，“大”的频率高于“小”的，这与幼儿在描述事物的倾向性有关，与幼儿接触的事物、父母的教导有关。其中还有五个颜色词：黑、白、红、黄和灰。从表1–6也可看出，幼儿在这一阶段使用的形容词多为单音节形容词，双音节词仅有两个：“大大”和“白白”，并且都是叠音词。体现

了幼儿在这一阶段的发音能力还是倾向于较为容易发的叠音词。表1–6中还有三组成对的形容词:“好”与“坏”“大”与“小”“黑”与“白”。这三对形容词,都是和幼儿日常生活密切相关的词语。

(四)GYC使用数量词产出情况

表1–7 GYC所用数量词使用情况统计表

序号	数词	词次	频度(%)
1	个	42	14.90
2	一	34	12.06
3	三	29	10.28
4	八	24	8.51
5	六	23	8.16
6	二	20	7.09
7	五	19	6.74
8	七	17	6.03
9	四	15	5.32
10	一二	14	4.96
11	几	13	4.61
12	半	8	2.84
13	一个	7	2.48
14	十	7	2.48
15	一百	2	0.71
16	一二三	2	0.71
17	五	2	0.71
18	八	2	0.71
19	四十五	1	0.35
20	十一	1	0.35
合计		282	100

根据对实际语料的处理可知,幼儿在如下几方面常用到数词:(1)唱歌或者说机器唱数;(2)按物点数;(3)与数字有关的生活内容;(4)排序。

由表1–7可看出,在幼儿使用的数量词中,量词“个”的使用频率最高,使用频度为14.90%,紧接着使用频率较高的多为数字,可见幼儿只能使用简单序数词,这主要与幼儿对数词的认知能力有关。

（五）GYC使用副词产出情况

表1-8　GYC所用副词使用情况统计表

序号	副词	词次	频度(%)
1	不	144	56.69
2	没	53	20.87
3	就	15	5.91
4	都	13	5.12
5	不是	7	2.76
6	还	6	2.36
7	只	6	2.36
8	还有	5	1.97
9	太	5	1.97
合计		254	100

由表1-8可见，否定副词“不”的使用频率最高，是56.69%，远高于其他副词，如后面的“没”和“就”。这个阶段幼儿还使用了表示数量少的“只”，表示程度的“太”和表示总括数量的“都”等副词。

（六）GYC使用代词产出情况

表1-9　GYC所用代词使用情况统计表

序号	代词	词次	频度(%)
1	这个	60	30.46
2	我	49	24.87
3	这	37	18.78
4	你	28	14.21
5	这里	14	7.11
6	那	9	4.57
合计		197	100

由表1-9可以看出，在这一阶段幼儿共使用了六个代词，其中人称代词有两个，指示代词有四个，尚未出现疑问代词。“我”是幼儿使用最多的人称代词，第二人称

"你"也出现了。表示第三人称的"他、她、它"尚未出现，可见幼儿一般使用具体的专有名词。

（七）GYC使用语气词产出情况

表1-10　GYC所用语气词使用情况统计表

序号	语气词	词次	频度(%)
1	嗯	4278	49.91
2	啊	1176	13.72
3	哎	434	5.06
4	呜	336	3.92
5	呀	325	3.79
6	哼	281	3.28
7	哦	240	2.80
8	哇	147	1.72
9	嘿	146	1.70
10	咦	138	1.61
11	哒	106	1.24
12	喂	87	1.02
13	哼哼	82	0.96
14	耶	77	0.90
15	呃	74	0.86
16	嘿嘿	73	0.85
17	哈	68	0.79
18	哈哈	52	0.61
19	呦	51	0.60
20	唉	49	0.57
21	哎呀	49	0.57
22	哇哇	35	0.41
23	咿	33	0.39
24	哎哟	32	0.37
25	啊哈	19	0.22
26	哞	18	0.21
27	啊呀	18	0.21

续表

序号	语气词	词次	频度（%）
28	咿呀	17	0.20
29	哟	16	0.19
30	噢	15	0.18
31	诺	12	0.14
32	呗	12	0.14
33	呦呦	9	0.11
34	幺	9	0.11
35	唷	8	0.09
36	嘚	8	0.09
37	喔	6	0.07
38	么	5	0.06
39	丫	4	0.04
40	呐	4	0.04
合计		8571	100

由表1–10可以看出，使用频率排在前面的语气词“嗯”“啊”和“哎”是现代汉语中最基本的语气词，其中“呀”是“啊”的发音变体，其他语气词有的用得较少，有的是因为语气词重复而产生的语气词。

（八）GYC使用拟声词产出情况

表1–11　GYC所用拟声词使用情况统计表

序号	拟声词	词次	频度（%）
1	咚	51	20.4
2	驾	51	20.4
3	叮	34	13.6
4	哞	18	7.2
5	嘎嘎	18	7.2
6	汪	17	6.8
7	铛	13	5.2
8	唧唧	13	5.2
9	汪汪	13	5.2

续表

序号	拟声词	词次	频度(%)
10	咩	8	3.2
11	嘀嗒	8	3.2
12	喵	6	2.4
合计		250	100

由表1–11可知，拟声词的发展在幼儿与世界的接触过程中，通过大人的引导，幼儿发声能力的发展，表现在能对成人语音进行快速的感知和有意识的模仿。幼儿能做出反应的词汇和动作越来越多，不过大都还局限于幼儿的认知视野内的人和事物。

（九）GYC所用介词和助词产出情况

表1–12　GYC所用介词和助词使用情况统计

介词	词次	助词	词次
在	16	的	31
		着	10

由表1–12可以看出，这个阶段幼儿虚词类除了语气词外，其他如介词、助词数量不多，且使用频率也较低。

（十）小结

在幼儿语言获得发展过程中，由词汇构成了语言的发展，从统计的各项词类出现的频率可知，在幼儿咿呀学语时，幼儿大都通过语气词、拟声词来表达自己对事物的喜怒哀乐的态度。在幼儿学会以词表意后，幼儿大都通过名词、动词来表达自己的意愿，随着幼儿掌握词语的增加，幼儿逐渐在语言中出现了副词、代词、数量词等词类。

第四节　早期幼儿词汇系统获得的初步解释

在幼儿认知语言的发展过程中，幼儿在一岁到两岁主要处于以词表意的时期，在各种词类的掌握上，幼儿最先掌握的是名词，而且是具体名词，这是他们在日常生活中最先接触到的；其次是动词，一岁半以前就开始掌握，这也是比较具体的。稍微抽象的其他一些词类，幼儿在一岁半以后陆续掌握：形容词在一岁六个月到一岁十一个月之间掌握；副词在一岁十个月以后；代词“你”“我”在一岁十一个月左右，更为抽象的数词和连接词，则掌握得更晚些。反映幼儿掌握语言从具体到抽象这个发展过程。

幼儿在一岁以后才真正建立语言听觉分析器和言语运动分析器之间的复杂联系。一岁半左右，幼儿进入与成人进行言语交际的阶段，这一阶段属于单词话语阶段。一到二岁的阶段中，幼儿开始进入双词话语阶段，这是幼儿积极的言语活动和发展阶段，在幼儿语言发展上是一个跃进。在这个阶段，随着语言理解能力的发展，幼儿的语言表达能力也迅速发展起来，语言结构也更加复杂化，这就为幼儿心理发展提供了重要的条件。成人的语言输入在幼儿的语言发展过程中起着很重要的作用，但这种语言输入并不是成人单方面的输入，它需要引起幼儿的注意，从而尽可能地被幼儿所吸收，最后再转化为幼儿自己的语言。幼儿产生双词句是交际的需要，从语言形式本身看，双词句表达的语义关系更加复杂，也标志着幼儿产生了最早的语法。

| 第二章 |

儿童典型词汇的获得发展

第一节　儿童位移动词的个案获得

一、研究背景

位移是最基本、最普遍的现象之一。《现代汉语词典》将“位移”一词解释为物体在运动中所产生的位置的移动。“位置的移动”可以狭义地定义为特定空间位置的移动。根据认知语言学的隐喻理论，空间可以映射到时间、心理等方面，因此位移也涵盖抽象的时间或心理位移。具体的物理空间认知是人类对最基本、最普遍规律的认识和概括，位移的语言表达也是基于物理空间的运动。因此，本研究所探讨的“位移”具有狭义的范围，指的是物理空间。

儿童语言发展过程是人类语言发展过程的缩影，但并不是一种简单的重复。儿童学习语言的过程是一个创造过程，也是儿童对其周围世界的认知过程。位移动词一直是汉语语法学习的难点之一。儿童位移动词获得可以从母语纵向获得的角度来开展研究（胡壮麟，2016）。对儿童语言中的位移动词进行研究不仅可以探索儿童使用位移动词的特点，而且可以和现代汉语中的位移动词研究相互印证，以服务于儿童教育和语言本体研究（孔令达，2004）。

中国儿童位移动词获得的研究成果比较少，主要集中在语言学家孔令达（1994、2004）和心理学家郭小朝、许政援（1991）等人的研究中。郭小朝、许政援（1991）研究了中国儿童的整个词汇系统主要是动词系统的获得，对位移动词作为动词的一个子类进行了初步探索，总结出一些儿童位移动词获得的方法和特点。他们分析了一个小男孩在13个月到27个月期间掌握的所有动词，发现这些动词绝大多数是表示行为动作的动作动词,少数是趋向动词、心理动词和存现动词。儿童较早地获得简单的位移动词，例如“上、下、进、出”。一岁八个月后，他们学会了“上来、下来、进来”。位移动词的获得表示孩子已经注意到了动作的方向。史慧中（1987）在《3—6岁儿童语言发展与教育》一书中清楚表明，儿童在幼儿期先使用较简单的位移动词，后来才使用一定数量的复杂动词。这与郭小朝等人的研究相吻合。位移动词由简单到复杂的获得发展可以视为儿童动词发展的特征。孔令达（1994）考察了位移动词的句子功能和语义表达。

二、研究对象

关于儿童位移动词个案获得研究的语料来自临沂大学“汉语儿童多模态口语语料库”（该语料库的具体建设情况请参见：谢楠&张笛，2017）。本研究的观察对象是出生于2012年11月的女孩GYC（GYC的详细信息请参照第一章语料收集部分）。

本研究基于长期追踪的个案数据，以六个位移动词为切入点，研究汉语个案儿童1岁到3岁5个月的获得情况。主要考察儿童位移动词的获得时序、产出频率，试图揭示儿童位移动词的获得顺序、发展规律及影响因素，旨在丰富位移动词获得理论，并为普通话儿童语言教学提供相应参照。

三、位移动词个案获得特征

（一）产出频率

产出频率是考察位移动词获得情况的重要指标。在该名儿童的语料库中发现了7419个带有位移动词的句子，其中单音节位移动词有4514个，双音节位移动词有2905个。

1. 单音节位移动词的产出频率远高于双音节位移动词的产出频率。这与我们的预测一致，即单音节的位移动词是一维位移，因此它的产出频率高于双音节位移动词。

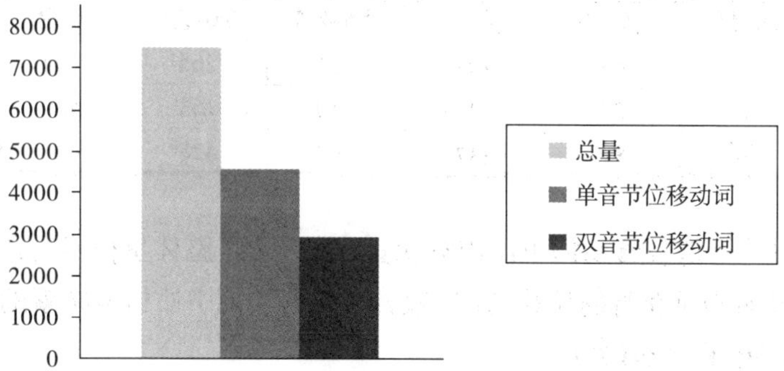

图2-1　单音节和双音节位移动词的产出频率对比表

2. 根据分时统计结果，在1;0–1;5（岁；月，下同），位移动词的使用频次是50次，1;6–1;11期间是11495次，2岁之后的三个阶段分别是941次、1166例和1400次。

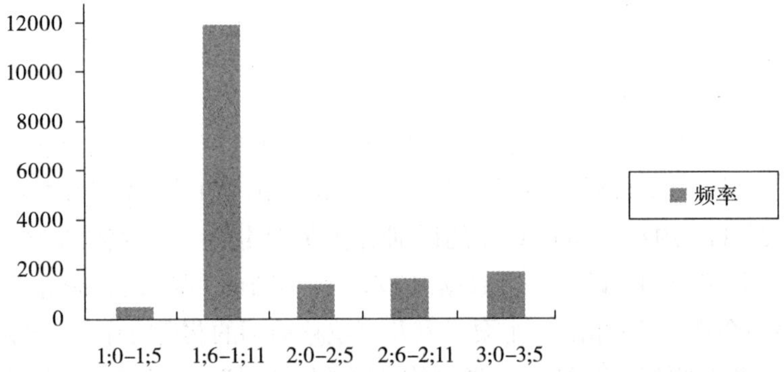

图2-2 位移动词获得时间和频次统计表

可以看出，随着儿童语言发展水平的不断提高，他们对位移动词的使用越来越熟练，数量也在不断增加。位移动词虽然出现在儿童的单词话语阶段，但其大的发展是在1;6，在这之后，使用的数量一直在上升。1;6 – 2;6是儿童位移动词获得的高峰期，在这一时期，几乎所有的位移动词都出现了。当我们将这个时间序列与孔令达的时间序列进行比较时，我们发现虽然细节有所差异，但是它们在总的趋势上是相似的。由于数据量大，我们选择比较有代表性的三组位移动词“来、去”“上、下”和“进、出”作为研究对象。

（二）“来、去”组获得情况

表2-1 “来、去”获得时间和频次统计表

	1;0-1;5	1;6-1;11	2;0-2;5	2;6-2;11	3;0-3;5	复合	总数
来	10	65	159	224	265	704	723
去	9	24	78	140	163	420	414
总量	19	89	237	364	428	1137	

“来、去”组是位移动词中使用频次最高的一组，整体呈稳步上升趋势，其中“去”是该儿童最早获得的位移动词。双音节位移动词中使用最频繁的是“过来”（140次）和“起来”（141次）。

（三）“上、下”组获得情况

表2-2 充当补语和谓语成分的“上、下”组统计表

	上	上来	上去	下	下来	下去
谓语	223	38	32	175	68	61
补语	232	14	18	49	91	43
使用频次	455	52	50	224	159	104

在使用频次上，单音节位移动词远远高于双音节位移动词，如：“上”和“下”共计679次，“上来”“上去”“下来”和“下去”总计365次，“上”组中单音节“上”和双音节“上来”“上去”的差别尤其明显；“上”组略高于“下”组，其中“上”组557次，“下”组487次；单音节“上”远高于单音节“下”，分别为455次和224次；双音节“上来”（52次）和“上去”（50次）远低于“下来”（159次）和“下去”（104次）。

“上”组充当谓语和补语成分的频次相差不大；“上”作为补语的频次高于“下”作为补语的频次；除了“上”和“下来”，其他4个位移动词作为谓语的情况更多，其中“下”作为补语的使用频次（49次）不如作为谓语的“下”来得频繁。

（四）“进、出”组获得情况

表2–3　充当补语和谓语成分的“进、出”组统计表

	进	进来	进去	出	出来	出去
谓语	11	25	37	39	119	79
补语	8	1	10	10	80	14

该名儿童在1;6的时候就学会了使用谓语“进”，但之后只使用了2次，直到2;8才重新出现。

“出”组的使用频次比“进”组高，最高的是“出来”；单音节的频次低于双音节，例如：“进”（19次）低于“进来”（26次）和“进去”（47次）；“出”（49次）低于“出来”（199）和“出去”（93次）；“进”组（92次）出现频率低于“出”组（341次）。

“出”组和“进”组都更常用作谓语，其中“进来”作为谓语使用了25次，作为补语仅仅使用了1次。

四、影响因素及分析

儿童的语言发展存在个体差异。每个人都是在一定的环境中长大的，影响儿童普通话听说能力发展的因素也是一个互动系统。在内外因素的相互作用下，儿童不仅受到环境的塑造，而且在一定程度上主动地塑造环境（Michael, 2000）。家庭是孩子出生后接触的第一个环境，也是对他们影响最大的环境。在家庭环境中影响儿童汉语获得的因素主要有主要照顾者的教育程度、主要照顾者的教养态度、主要照顾者的语言态度、亲子活动的频率和家庭电子设备的使用。

关于儿童语言获得的机制，先天与后天一直存在着争论。儿童的语言发展受到许多因素的制约，如生理因素、语言环境、认知发展和个体差异等（Hadley & Cardei, 1991）。当前，以乔姆斯基为代表的“天赋论”和以皮亚杰为代表的“认识论”是儿童语言获得的主流理论。这些理论表明，人们对影响儿童语言发展的制约因素有着不

同的态度。

我们认为语言能力是一个人认知能力的一部分，语言获得是人的一般认知心理特征，内部认知机制之间的相互作用和外部语义动机促进儿童语言的发展（Gleason & Ratner, 2016）。人的概念系统具有非自主性。语言中的范畴和概念是在人们对身体、空间和力量的感知基础上逐渐形成的。空间（包括运动、方向、路径、场所等）是儿童早期获得经验的方式，这些空间和应用关系是在由近及远、从具体到抽象、从空间到其他语义域的过程中逐步发展起来的（Tomasello, 2003）。

下一步，我们将继续对儿童语料进行长期的跟踪和调查，对位移动词的语义扩展和语法化进行深层次的探讨，收集和获取更全面有效的信息，更好地规避数据统计和分析上的偶然性和随机性。

第二节　儿童心理动词的个案获得

一、研究背景

心理可以称为我们大脑产生反射的总称。在心理产生过程中，源是外界的刺激，而大脑是这一过程中最重要的器官。由于大脑思维活动的高度发展，人类不仅能够完成记忆、分析等工作，而且能够弄清外界刺激的性质、理解外界刺激的意义。人是社会性和群居性的，社会的多样性和心理交流的可变性已成为重要的需要和关键。近二十年来，幼儿心理学理论的发展逐渐成为发展心理学的一个重要课题。语言是心理活动的重要方式之一，是思维的工具和产物。心理动词是一般意义上的语义主动动词（文雅丽，2007）。它虽然是汉语动词的一个微小部分，但心理活动与其他种类的词有着密切的联系，这种联系是建立在心理活动的相互关系上的（Elisabeth, 2015）。

吕叔湘（1942）在《中国文法要略》一书中将动词分为四类：活动动词、心理活动动词、不很活动的活动动词和简直算不上活动的动词。在汉语语言学和动词分类史上，他最先明确地将心理动词列为一类，并以“心理活动”来命名，从此心理动词的地位大大提高。近10年来汉语心理动词引起学者的关注,不仅涉及心理动词的界定框架,还涉及句法语义、语义指向、认知、配价等各个层面（王红厂，2004）。

在儿童语言发展研究中，有学者关注到心理状态动词的获得。维拉、塔迪夫（Tuila Tardif, etc., 2000）调查了普通话儿童心理状态术语的获得过程,发现中国儿童的心理动词获得跟其他语言儿童的获得模式类似,都是首先获得愿望动词，然后是其他的心理状态术语。虽然获得模式类似，但是也存在文化差异。例如，中国儿童在很小的时候就开始使用愿望动词（早于西方儿童），但是中国儿童甚至成年人都很少在日常对话中使用信念动词。马丽雳（2002）的假装游戏研究了15个心理状态术语：知道、以为、骗、明白、假装、想、晓得、假如、要、懂、猜、希望、觉得、理和当。她把这些心理状态术语分为5类：真正指向心理状态类、习惯用语类、对话功能、表达行为意愿类和其他类。研究表明，3岁至5岁儿童心理状态术语的使用存在情景差异，即假装游戏情景中大于非假装游戏情景中，且随着年龄的增长具有“指向愿望—指向信念”的维度特征（任太艳，2006）。

儿童学习语言的过程，是一个创造的过程，是儿童对周围世界认知的过程。心理动词是汉语中一个非常重要的词类。在词汇意义上，动词是表达动作和事物之间联系的词语。就句法功能而言，动词是句子结构的核心。因此，无论是在词汇意义上还是在话语表达上，动词的发展就像名词一样，对儿童的语言发展有着重要的意义。通过对儿童正负面心理动词语料的个案分析，获取儿童心理动词的获得规律，不仅可以了解儿童使用心理动词的特点，还可以发展儿童语言教学，对儿童语言教学发挥指导作用。

二、研究设计

（一）研究对象

本研究使用的语料来自临沂大学认知科学与语言学能研究基地的“汉语儿童多模态口语语料库”。语料是在保证亲子活动自然开展和维持的前提下，在现实交际情景中进行的，主要包括讲故事、玩游戏、玩玩具、吃饭、唱歌、跳舞、画画等。本研究选取了一名女童GYC 1岁至3岁语料为研究对象探讨儿童心理动词的获得情况。

（二）心理动词的选择标准和范围

本节研究的心理动词参照《动词大词典》（鲁川主编，1994）和《现代汉语常用词用法词典》（顾士熙，2002）。通过语料的分析和整理，共发现1353频次的21个心理动词,如爱、猜测、理解、发现等。由于心理动词数量多，语法特征不一致，本研究从积极和消极这一语义维度出发，对出现的心理动词进行了筛选，选择了3个正面心理动词（“喜欢”“爱”和“高兴”）和4个负面心理动词（“疼”“烦人”“害怕”和“生气”）作为研究对象。

三、正负面心理动词获得特点

（一）首现时间

正面心理动词“喜欢”“爱”和“高兴”的首现时间分别为1;9;03、1;10;25和2;05;23（岁；月；天，下同）。首现例子如下：

1. 喜欢

CHI: 喜#喜欢姥爷.（1;9;03）

2. 爱

CHI: 爱姥姥.（1;10;25）

3. 高兴

CHI: 哎呀#不高兴了.（2;05;23）

负面心理动词“疼”“烦人”“害怕”“生气”的首现时间分别为1;8;06、1;8;13、2;01;27和2;06;28。其中“疼”和“烦人”的出现时间都略早于最早获得的正面心理动词“喜欢”和“爱”。

4. 疼

CHI: 嗯#疼.

CHI: 妈妈#疼.（1;8;06）

5. 烦人

CHI: 糖糖#嗯#就烦人.（1;8;13）

6. 害怕

CHI: 害怕.

CHI: 轰隆隆.（2;01;27）

7. 生气

CHI: 不要放了.

CHI: 我生气了.（2;06;28）

上面这些话语透露出GYC的积极和消极情绪。虽然有些交际情景不是很明确而且句子并不完整，但是清楚表达了儿童最直接的情感。

（二）频次分布

排除模仿和重复，7个正负面心理动词共出现了355次。其中积极话语187个，消极话语168个，正面心理动词的使用略高于负面心理动词。表2–4和图2–3显示了百分比。

表2–4　正负面心理动词的获得情况

分类	心理动词	首现时间	获得时间	使用频次	占比
正面	喜欢	（1;09;03）	（1;11;08）	132	37%
正面	爱	（1;10;25）	（2;01;19）	46	13%
正面	高兴	（2;05;23）	（3;06;26）	9	3%
负面	疼	（1;08;06）	（1;09;20）	95	27%
负面	烦人	（1;08;13）	（1;09;09）	16	4%
负面	害怕	（2;01;27）	（2;03;29）	35	10%
负面	生气	（2;06;28）	（2;06;28）	22	6%

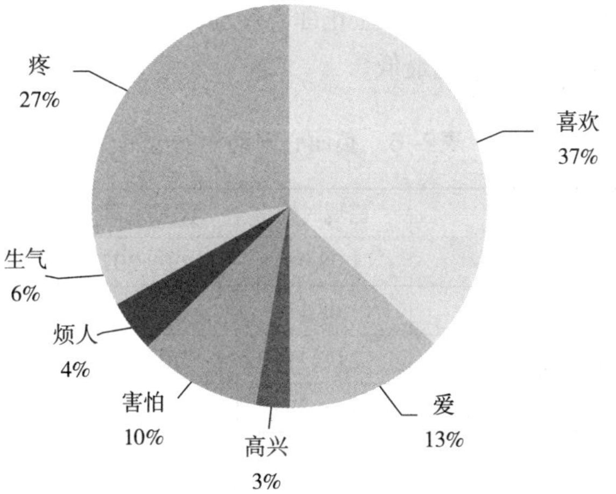

图2-3　正负面心理动词使用频次百分比

我们发现，三个正面心理动词“喜欢、爱、高兴”分别占37%、13%和3%，总计53%，四个负面心理动词“疼、烦人、害怕、生气”占比分别为27%、4%、10%和6%，总计47%，正面心理动词使用频次比负面心理动词高出了6%，这表明在儿童获得心理动词的过程中，正负面心理动词的获得情况基本相同，说明儿童对正负面心理动词的获得具有均衡性。

表2-5 正面心理动词的获得情况

动词	例子	首现时间	获得时间	使用频次	占比
喜欢	嘟嘟喜欢豆豆。	(1;09;03)	(1;11;08)	132	70%
爱	我爱妈妈。	(1;10;25)	(2;01;19)	46	25%
高兴	我也不知道它为什么不高兴。	(2;05;23)	(3;06;26)	9	5%

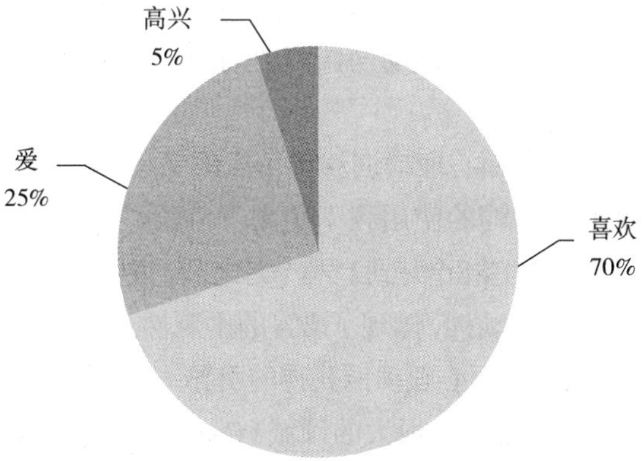

图2-4　正面心理动词使用频次百分比

由表2-5和图2-4可以看出，在正面心理动词中，“喜欢”最早获得且所占比重最高，“高兴”获得较晚且占比最低。

表2-6　负面心理动词的获得情况

动词	例子	首现时间	获得时间	使用频次	占比
疼	你疼不疼啊?	(1;08;06)	(1;09;20)	95	57%
烦人	糖糖烦人。	(1;08;13)	(1;09;09)	16	9%
害怕	我害怕慧老师。	(2;02;27)	(2;03;29)	35	21%
生气	因为爸爸生气了。	(2;06;28)	(2;06;28)	22	13%

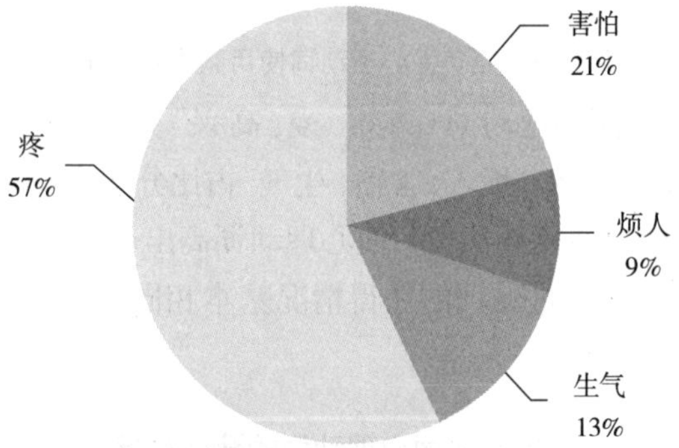

图2-5　负面心理动词使用频次百分比

在负面心理动词中，最早获得的是“烦人”和“疼”，其中“疼”的使用频次最高，为57%。

四、研究发现

儿童语言能力的发展是一个极其复杂的心理认知过程,是儿童整体认知能力的重要组成部分（李珂，2016）。心理动词作为动词的一个重要子类，在表达情感和思想方面起着重要的作用。

在本节中，通过对正负面心理动词获得情况的考察，我们发现在儿童获得心理动词的过程中，正面心理动词的使用频率稍高于负面心理动词，正负面心理动词的获得时间相差不大，集中在1岁8个月到2岁6个月之间，说明儿童正负面心理动词的获得具有均衡性。儿童的心理动词，体现了语言的主观性。这一发现提醒我们，要在均衡发展的基础上适度增加正面心理动词获得的引导。

儿童心理动词的研究是一个很大的领域（Carrie，1953）。下一步的研究中我们会拓展语料和研究对象的范围，细化研究分类，更多地了解儿童心理动词的获得特征，希望对儿童语言教学起到指导作用。

第三节　儿童数词的个案获得

一、研究背景与研究目标

数是人类语言最基本的概念之一，与个人的日常生活密切相关。中国作为四大文明的发祥地之一，早在甲骨文时代就出现了数字的概念（高仪贞，2017）。数字不仅用于计数，而且具有非数的性质，蕴含着丰富的文化意义。也就是说，数字被赋予了一些特定的价值。例如，在“一肚子气”中，这里的数字“一”表示“满”的意思，而不是指一个肚子。此外，温度、海拔等都是用数字表示的。

在儿童语言能力的发展过程中，数词的习得是至关重要的。可以肯定地说，研究儿童对数词的理解可以揭示儿童早期数学能力的性质（Wynn，1992）。儿童可以通过正确理解数词，把握他人的语言意图，更重要的是，可以为进一步的学习教育奠定基础。

永利（Wynn，1992）首次提出了“数字知识水平系统”，发现大多数两岁的儿童都处于第一知识水平；两岁半的儿童处于第二知识水平；三岁的儿童开始正确地对数字三作出判断，四岁的儿童可以掌握计数规则。许多研究表明，婴儿在早期就对基数概念有了理解。儿童可以通过视觉识别小的数字，而直到三到四岁，儿童才可以通过计数来理解更大的数字。乔丹和布兰农（Jordan & Brannon，2006）指出，7个月大的婴儿可以分辨出等量的刺激物。勒科尔和凯里（Le Corre & Carey，2007）认为习得数概念是一个缓慢、渐进的过程。对于孩子们来说，准确地从一数到十并理解数列中后面的数字比前面的数字大不是一朝一夕的事情。并且，儿童对十以内数字的大小也较难理解。迪昂（Dehaene，2008）提出假设：当个体习得数字符号时，他们只是简单地将阿拉伯数字与相应的数目联系起来。这一假设为数字符号系统理解上的差异提供了合理的解释，证实了学习经验和教育机会对定量表征的影响。早期的数学活动可以给儿童提供应用定量表征系统的机会，也可以提高他们的数学认知能力。坎特伦、萨福德和布兰农（Cantlon，Safford & Brannon，2010）发现，对于四以上的数字，个体的表征系统会受数量比例的影响。洛伦索（Lourenco，2010）和隆戈（Longo，2011）发现，若婴儿长期看到两个刺激中较大的一个刺激物用特定的方式进行装饰，随后他们会不习惯其中较小的刺激物采用相同的装饰方式。

在现代汉语中，数词成为独立的词类经历了一个漫长的过程。马建忠（1898）认为数词是形容词的一个子类。为了区分物质事物的数量，李进喜（1924）将数词作为形容词的一个小分类，称为“数量形容词”。吕树祥（1942）认为数词是指称代词，称为“数量指称”。直到1943年，王力先生才将数词从形容词中分离出来，与名词、形容词、动词等并列使用。随后，大多数语法作品都遵循了王力（1943）的这一观点。王红旗（1993）、吴慧英（1995）、张德新（1995）分别论述了中国传统的民族宇宙观、美学观和民俗观中所包含的数字。由于对数词范围的认识不同，学者们对数词的分类也不尽相同。胡裕树（1962）认为数词是封闭的词类。刘月华（1983）、邢福义（1986）、黄伯荣、廖序东（1997）等人都将数词分为基数和序数两部分。朱德熙（1982）认为数词由系数词、位数词和概数词三部分组成。张志公（1982）认为数字可以分为基数、序数、分数、倍数和概数。

金浩（2000）指出，数概念的习得初步形成有三个标志：把握十以内数字的实际意义，不受物体的大小、形状和排列的干扰确定物体的数量；识别十以内相邻数之间的关系；掌握十以内数字的组成。方格、田学红、毕鸿燕（2001）认为儿童基数概念的发展优于序数概念。周欣（2004）提出基数的发展使儿童能够将具体的实物与抽象的数字概念建立联系，从而考察集合之间的关系。赵振国（2009）发现学龄前儿童数量估算能力、数数能力与视觉空间认知能力之间存在显著的正相关关系，说明学前儿童的这种数学认知能力之间具有密切的关系。数数能力、视觉空间认知能力、数量估算能力三种认知能力在3岁至6岁儿童间具有同步性的发展趋势。韩璇琏、陈蒲晶和陈英和等人（2010）指出，物体的高表面相似性有利于儿童数概念的形成；使用数字标签有利于儿童数概念的发展。

在儿童的语言中，数字出现得很早，并且在习得数词初期经常出错，但在一段较短的时间之后，儿童可以正确地使用数词，并较少出错。他们在获得数词基本用法的同时，也可以掌握数词的其他用法。关于数词，儿童在早期可以习得哪些用法，又是怎样掌握数字的精确含义的，这些问题没有得到足够的重视。本研究以儿童GYC 1岁至4岁年龄段纵向追踪语料数据为研究对象，以数词为切入点，研究儿童数概念用法的习得，找出儿童在语言发展过程中习得数词的规律，以引导儿童在合适的时间及情境中习得数词。

二、数词习得相关理论及存在争议

格尔曼（Gelman）和他的同事提出幼儿天生具有数概念，并天生能理解数数原则。数数原则包括一一对应原则、稳定顺序原则以及基数原则。一一对应原则规定计数的项目必须与用于计数的一组数字标记一一对应；稳定顺序原则规定，数字标签必须有一个固定的顺序，在其中它们被一致使用；基数原则声明计数中使用的最后一个数字标记表示所计数项的基数值。

富森（Fuson）及其同事提出了“不同语境理论”，认为数字在不同的语境中具有不同的含义，儿童依次获得不同的含义，把每个数字作为不同的语境词汇来学习。

凯里（Carey）和同事们提出了“认知水平理论”，将儿童数概念的发展分为几个阶段。前知识水平阶段是指儿童根本不理解数字的含义。子层次理解水平阶段表明儿童只能掌握数字一到四。基数理解水平阶段意味着儿童可以在自己的数字范围内获得数字五以上的所有数字。

关于儿童数字概念的发展，有两个主要的争议。

第一个是数词习得的连续性和非连续性问题。连续性理论认为，数字是儿童和成人共享的。对于成年人来说，任何基数的意义（比如1、2、3等）都是由数字在序列中的位置决定的。例如，一个不会说俄语的人也知道第五十个数字在俄语中的意思是五十。儿童很可能理解这一点。更大和更精确的数值定义在本质上是不断发展的。然而，也有研究者认为，定量表征系统的能力有限，只能处理数字“一”到“三”和“四”。为了表示数字五和更大的数字，儿童必须掌握计数技巧。因此，正是数量表征体系的变化导致了这种发展的不连续性。

第二个是数概念的获得是后天学习的结果，还是与生俱来后天激活的。格尔曼和加利斯特尔(Gelman & Gallistel, 1978）认为，计数能力的发展是由计数的内在原理支配的。而以富森（1988）为代表的研究者认为，计数能力来自学习的经验。

三、数词个案习得考察

基数词在形式上相对简单，在儿童习得数词的过程中，也是最早出现的一部分。儿童GYC在1;02;15第一次使用数字一，之后，数词的输出是不间断的。

（一）基数词习得

1. 计数

在没有文字之前，人们通过在绳子上打结来标记东西的数量，数字的基本用法就是计数。在数词习得的过程中，儿童也首先习得数字的计数用法。

例1（GYC正在打球。）

CHI: 一#二#三#四#五#六#七#八#九#十#十一#二#三#五.

(1;08;19)

例2（GYC正在数僵尸。）

CHI: 一#二#三#四五六七八. (2;07;12)

例3（GYC正在数东西。）

CHI: 那一个呢? 这有三个? 四个#一二#五六七#八个. (2;10;07)

在1;03;28，GYC意识到数字的存在，但她认为数字是顺口溜一样，不断地重复。在此基础上，GYC在1;08;19时理解了数字的用法并可以用数词进行计数。例1中，GYC很难数出拍球的次数。每数一个数都必须有一个短暂的停顿来思考下一个数字。特别值得注意的是，在习得数字的前期，GYC并没有学习如何表达10以上的数字。当GYC表示10以上的数字时，只将其他数字放在10之后。因此，她需要通过后天的学习，掌握计数系统。此外，例2中，经过长时间的练习，GYC在2;07;12时可以使用数字快速计数，不再需要停下来思考。例3中，GYC可以直接识别出这里有3到4样东西，而不需要从1开始计数。因此，我们可以说GYC在2;10;07时可以准确地使用数字1到4进行计数。

2. 预备口令

例4 CHI：我会转这个门！一二三#一二三.　　(3;02;23)

例5（GYC正在和姥姥玩球。）

CHI：姥姥接着#一#二！　　(3;02;29)

数字的这种用法在生活中也非常普遍。例如，在拔河、赛跑等比赛中，人们通常使用这种表达"一、二、三开始!"或"一二，开始!"，其中数字一、二和三为参与者提供了短暂的准备和反应时间。在开始指令前加上数字一、二和三，比直接使用开始指令更容易被接受。因此，数字一、二和三的存在是一种习惯用法，已经成为必不可少的预备口令。例4中，GYC想要转动门，这里的数字一、二和三没有任何实际意义，而是在转门前的一个准备口号，在一二三之后立即用力转门的预备口号。例5中，数字一和二是一个给姥姥的信号，可以给姥姥两秒钟的准备和反应时间。如果GYC没有这样的预备口令直接扔球，那么这个动作对她的姥姥来说是仓促的并且难以及时做出反应的。

3. 时间名词

例6（录像开始。）

CHI：二零一#一五年，几月？八月.　　(2;10;07)

我们用数字来表示时间名词，如年、月和时间。这种用法在儿童习得数字的过程中是至关重要，并且是相对困难的。儿童需要花费很长时间，才能掌握如何使用数字来表达时间名词。在儿童数词习得的早期阶段，他们可以理解这种用法，但很难正确地使用数词去表达时间。例6中，GYC模仿录像开始的时间表述是在2;10;07。

4. 序数意义表达

例7（GYC正在找书。）

CHI：第四本.　　(3;12;18)

例8 CHI：谢谢三舅！　　(3;11;20)

例9（GYC 正在洗手。）

CHI：一手心二手背三交叉四关节.　　(3; 02; 23)

基数词用于计数，序数词用于表示序列。然而，在中国古代没有序数。因此，人们经常用基数来表示序数的意义。基数词的这种用法在现代汉语中也有所保留。例如，在亲属关系中，人们通常使用“二哥”和“三哥”来表达第二个哥哥和第三个哥哥，而不是使用“第二哥”和“第三哥”。这里的基数二和基数三表示的是亲属的顺序而非亲属的个数。这种用法通常也出现在组织机构中，如“一班”“二组”等。同样地，这里的基数一和基数二表达的是序数含义，表示第一个班和第二个组。例7中，GYC使用序数词“第四”表达第四本书。例8则出现亲属称谓“三舅”。此处数字“三”指的是排行第三，而不是三个舅舅。例9中，GYC用基数一、二、三和四来表示洗手的顺序。

（二）数量短语习得

例10 CHI: 一#大企鹅. （1;10;31）

例11（GYC在画画。）

CHI: 画一画. （1;10;31）

例12（GYC正在分西瓜。）

CHI: 一人一个西瓜. （2;06;13）

在现代汉语中，数词一般不直接与名词或动词连用，而是与量词结合来修饰名词或动词，也就是数量短语。数量短语通常可分为数字+名词，如“一条河”或“三只猫”以及数字+动词，如“看一眼”“走一趟”等。一般来说，数量短语中，数词是任意的，比如在短语“一个杯子”中，数字“一”也可以换成是三和四等，构成短语“三个杯子”和“四个杯子”。而有些数量短语中，通常按照习惯用法，量词只与固定的数字结合。如在“一片深情”中，人们通常不会将数字一换成其他数字进行使用。量词与名词的搭配是固定的，例如，人们通常用“一把椅子”，而不会使用“一只椅子”。数字直接修饰名词的现象也存在，如“七色花”“五线谱”等。此外，数字具有简洁明了的特点。有时数字直接修饰名词优于与量词结合，如“两直线相垂直”，“杭州一中学”等。例10中，在习得数词早期，GYC没有意识到数词一与名词企鹅之间需要量词进行连接。这是由于量词众多，且量词与名词之间搭配多是固定的，因此GYC需要花费较长时间掌握数量短语。例11中，GYC使用数量短语修饰动词。例12中，GYC使用数量短语修饰名词以及用数字直接修饰名词。

（三）数字“一”的习得

例13 CHI: 这个##不大#一#一样. （2;06;21）

例14 CHI: 一下雨风就大了. （3;06;11）

例15 CHI: 洗一下它. （3;08;28）

数字“一”作为基数是最小的正整数，作为序数表示第一。此外，数字“一”的很多用法也与人们的生活密切相关。例如在“她一进门”中，基数“一”表示动作是迅速的。在“一眨眼”中，“一”表示动作是轻微的。由数字组成的习语中，含有数字“一”的成语占很大的比例。例如，在“一见如故”中，数字“一”用于描述事物原始的形式。儿童习得数字“一”早期，可以掌握以下三个用法：例13中，数字“一”被“不”修饰，表达一致性；例14中，“一”作为强风的条件；例15中，“一”用来表达行为的短暂性。

四、数词习得分析

数字原本是数学中经常使用的计数符号，但在长期的发展中，数字不仅用于计算，还扩展了其文化内涵。不同的国家、不同的民族对数字有自己独特的理解和信仰（杜氏李，2014）。中国文化的方方面面都离不开数字，数字被赋予了不同的内涵。因此，在数词习得的过程中，儿童需要掌握数词的不同用法。此外，数概念的习得是天生具有还是通过学习经验获得，也是需要获取和分析的信息。

（一）数词的基本用法

在数词习得的早期，儿童长时间地模仿并重复数字，但并不理解数字的真正含义。经过大量的语言输入，通过不同的语境，儿童逐渐理解了数字的基本功能，即计数。在早期阶段，孩子们已经具备了数字一到十足够的语言知识储备。因此，当儿童的大脑发展到一定程度并理解了数词的功能后，对数词的应用发展很快。

通过表2–7，可以发现数字一到八使用频次最高，其中数字二和数字三的高频次是偶然的。在2;08，儿童GYC在动画片《熊出没》中认识了“熊大”和“熊二”两个动画角色。儿童GYC非常喜欢“熊二”，因此数字二在语料库中出现的频率较高。同样地，数字三的高频率是由于儿童GYC的亲属关系“三舅”。数字二和三出现在名字和亲属关系中，而不是用来计数。另外，在3;04，出现数字十一到十九，而此时GYC对这些较大的数字还处于模仿阶段，并没有使用这些数字进行计数练习，这使得数字十出现的频率较高。因此，从数词的计数功能方面，我们可以得出结论，数字一到八比其他数字的使用频次更高，并且这些数字的使用频次没有太大的偏差。儿童在4岁时能正确使用数字一到十进行计数，但只能熟练地运用数字一到八。

表2–7　GYC数词获得一览表

数字	首现时间	获得时间	使用频次	占比
一	1;02;15	1;03;28	87	6.70%
二	1;03;28	1;07;05	235	18.30%
三	1;01;13	1;03;28	225	17.50%
四	1;03;28	1;03;28	132	10.30%
五	1;03;28	1;03;28	179	13.90%
六	1;03;28	1;03;28	104	8.20%
七	1;01;19	1;01;19	99	7.70%

续表

数字	首现时间	获得时间	使用频次	占比
八	1;04;05	1;04;05	83	6.50%
九	1;03;28	1;03;28	48	3.70%
十	1;03;28	1;04;05	93	7.20%

（二）数词的其他用法

数字不仅用于计数，还有许多其他用途。但儿童对其他用法的习得过程是无意识的。儿童可以用数字来表示预备口号、时间名词等，但这些用法相比计数的用法显得相对较少。虽然数词的其他用法也很普遍，但家长更注重引导孩子掌握数数这一基本功能。但是，数字的其他用法是必不可少的。在学校教育的早期阶段，数词的习得尤其是时间名词的习得占很大一部分。因此，在数词习得的过程中，家长有必要引导儿童了解数词的其他用法。

（三）习得争论

关于数概念的习得是天生具有还是通过学习经验获得这一争论常被称为"先有原则"和"后有原则"之争。对于这一争论，理性主义、经验主义和社会历史主义给出了不同的答案。理性主义认为，人类大脑中存在一种固有的数概念系统，可以为以后数数能力的发展提供基础。经验主义认为，个体对数字的认知来源于对不同情况下经验的归纳。社会历史主义认为，数概念的获得是社会传递的结果。

一方面，根据理性主义的观点，"先有原则"支持数概念的习得是一种与生俱来的能力。格尔曼和加利斯特尔对数数能力的研究不仅表明儿童具有惊人的认知能力，而且发现数数在数概念的发展中起着重要的作用。他们认为儿童对数概念的习得受"数数原则"的支配。

另一方面，"后有原则"认为计数能力来自儿童的学习经验，符合经验主义和社会历史主义。新皮亚杰理论提供的实验数据表明，儿童数字概念的发展在很大程度上受到经验、实践和社会交往的影响。儿童通过在特定的情境中进行数数练习，才逐渐掌握数概念。

这两种不同的理论在不断的研究中分别找到了证据来证明他们的观点。在这种情况下，出现了"双边发展观"。该理论实际上是前两种理论融合的结果，认为儿童数概念的习得既受先天计数机制影响又受后天学习经验的影响。

对于儿童GYC来说，她在开始时不断模仿数字一到四，之后通过从一开始计数，GYC可以理解数字五到八的含义。正如格尔曼和加利斯特尔所指出的，儿童生来就具有"数数原则"。然而，通过语料分析可以得知，GYC不能准确表达十以上的数字，而是错误地使用"十一二三四"来表达数字十一、十二、十三和十四。此外，

GYC是通过自己在现实中的实际经验，掌握基数词的其他用法和定量短语的用法，而不是在第一次出现时便能理解如何使用它们。这一点正符合富森及其同事提出的“不同语境理论”。这一争论的两个不同方面都可以在GYC个案中找到。因此，我们可以得出结论，儿童数概念的习得既受先天计数机制影响又受后天学习经验的影响。

五、余论

通过个案语料库数据的分析，我们发现在数词的习得过程中，4;01以前，儿童可以正确地使用数字一到八进行计数，使用基数词表达预备口令、时间名词和序数词。另外，儿童可以掌握较少的数量短语和数字“一”的三个用法：条件、短暂行为和一致性。数据表明，儿童对数字的基本用法和内涵的掌握是一个漫长的过程，儿童数概念的习得既受先天计数机制影响又受后天学习经验的影响，符合“共同发展观”理论。

在数词习得的早期，父母通常引导儿童使用数词计数，儿童可以逐渐理解和掌握数字的基本用法，但如果数字不用来计数，儿童就很难清楚地理解数字存在的含义。在儿童习得的早期阶段，对数词其他用法的正确理解，可以使儿童提前掌握与数词相关的科学解释，为以后深入学习打下基础。它不仅能促进儿童大脑的发育，而且对儿童的语言习得具有一定的现实意义。

数词的用法众多。儿童什么时候习得数字的其他用法？儿童是在什么样的情况下习得这些用法的呢？毫无疑问，儿童需要花很长一段时间来掌握十以下的数字，而十以上的数字是相对容易掌握的。十以上数字的习得有什么规律？十以下数字的习得和十以上数字的习得是否存在差异呢？在此基础上，我们需要进一步对数字尤其是十以上的数字进行分析，并收集更多的个案习得数据进行对比分析，使研究结果更有说服力。

>>> 附注：

①首现时间为该话语首次自主产出并表达正确的时间，获得时间为连续三次自主产出并表达正确的时间。

②皮亚杰认为儿童早期的话语大部分是以自我为中心的，不为告知目的服务，不具有实际交际功能，只是儿童在进行活动和感受时说出的话语，虽然不对儿童产生质的影响，但也有一定的和谐之处。把儿童的自我中心言语描述成儿童积极活动的副产品，是其思维的自我中心性质的一种表现。在社会化语言出现后，自我中心语言就会完全消失。

③维果斯基认为自我中心言语也是一种社会性言语，而不是什么自我中心的表现；

儿童在没有交谈者的情况下，才有自我中心言语的产生，但它仍然是社会性言语；儿童在行动中遇到困难，经常会出现自我中心言语。这实际上是思维的有声表现，是一种言语的自我调节机能。

④周士宏认为用疑问形式表达祈使功能是世界语言的一种普遍现象，而以不确定的疑问表达委婉建议的祈使现象更为常见。

⑤冲突话语研究最早可以追溯到20世纪70年代末，布伦奈斯（Brenneis）等对儿童争辩性话语及其结构形式的研究，但是冲突话语作为一个术语首次出现于1991年。

⑥波梅兰茨（Pomerantz）的言语行为策略主要包括：沉默、拖延、要求澄清、部分重复、冷场的修复及话轮反复等。

第三章

儿童句末语气词的语用获得

第一节　儿童句末语气词"吧"的语用功能

一、理论背景与研究目标

言语行为理论（the speech acts theory）的基本前提是人们在说话时不光是说出话语，同时也在做事，即以言行事。"以言行事、言中有行"在哲学、语言学和心理学等领域具有重大意义和深远影响。其中以奥斯汀（Austin J. L.）与他的学生塞尔（Searle J. R.）的言语行为理论最为有名。塞尔言语行为的理论框架认为人类大脑的思维活动及心理现象如"知觉"（consciousness）、"意向"（intentionality）等是大脑生理机制的自然属性，"意向"令声音或文字变得有意义，语言交际通过心理活动变成现实。言语行为实际上是在"再现"世界，也是人类大脑的"延伸"。因此可以说言语行为理论是一种语言交际理论，心智哲学是言语行为理论的哲学基础。但是两位学者在具体的理论论述上是有分歧的，参见顾曰国（1994）的内容表现为表3–1：

表3–1　奥斯汀与塞尔言语行为理论比较

奥斯汀	塞尔
说话行为　发声行为 发音行为	发话行为
表意行为	命题行为
施事行为	施事行为：F（p）[1]
取效行为	取效行为

奥斯汀与塞尔的分歧在于对句义（sentence meaning）和语力（illocutionary force）之间的关系看法上，前者认为句义与语力是分开的，有着本质区别，后者认为句义与语力是密切相关的，有句子就有语力。塞尔把奥斯汀的"说话行为"中的"发声行为"和"发音行为"统一称为"发话行为"，然后用"命题行为"（the propositional act）代替“表意行为”，命题和语力是分开的，同一个命题可以使用不同的话语来表达，并且也具有不同的语力，例如：（1）斯姆经常抽烟。（2）斯姆经常抽烟吗？（3）斯姆，你要经常抽烟！（4）但愿斯姆经常抽烟（Searle, 1969:22）。这四个例子的命题都是相同的，抽烟（斯姆），语力却不同，依次为：“陈述”“提问”“要求”与“祝愿”。这样看来言语行为至少包括两个方面：意义与行为。塞尔把话语独立于语境的约定俗成的意义称为“句子意义”。在表达的过程中，话语又被语境赋予新的意义，那就是“语力”，“语力”是与交际意图有关的。

在塞尔建立了系统的言语行为理论后（包括：以言施事的4个条件，12条区分标准，5个类别，间接请求与间接承诺的9条规则等），还有其他一些语言学家也就这一理论进行研究、批评和修正。其中哈里斯（Harnish, 1994）主要研究了语气对以言施事行为的影响，并把英语的语气划分为三个主要类型——陈述、祈使与疑问，还涉及了语力、形式、内容、语用和语体风格对语气的影响等。

语言是认识人自身最客观最现实的一个方式，那么如何通过语言分析来揭示人的本质及其所在的世界或者说社会，就成为语言研究的重中之重，也可以说是语言哲学的终极目标。实际上可以把语言意义大致分为两个部分——客观意义与主观意义，前者指以物理世界为基础的客观的语言意义，后者指体现讲话者情况、态度、目的、评价等主观的语言意义。相比较而言，后者比前者要复杂得多，因为以物理世界为基础的客观意义尽管也很复杂，但是毕竟具有具体参照物，而主观意义则取决于人类的主观创造并没有有形的参照物。根据言语行为理论，言语行为中的意向行为就是重要的主观意义，即言语行为功能在语言中的体现。其中，言说行为是方式，意向行为是中心，取效行为是目的。前两者受讲话者控制，而后者则不受控制，也就是说话语输出后能够达到什么交际目的，取决于很多因素，并不是讲话者可以操控的。因此我们把意向行为看作言语行为的功能，以语用功能为研究对象进行言语行为的研究，也就是说以语气词为切入点，来研究语气对言语行为的影响。

儿童语言获得的过程主要体现在两个方面的发展——语言结构和语用功能。儿童语言获得发展过程也可以看作是语言在客观意义与主观意义上的发展，其中主观意义的发展很大程度上是儿童与他人交往能力的发展。因此，儿童语言语用功能的研究意义凸显出来。儿童语言语用功能的发展主要包括句类的发展与交际意图的发展。而语气词可以标示句子功能类别，语气词的使用涉及交际双方的社会关系和讲话者的主观态度。可以说研究儿童语言的语用功能的有效途径之一就是语气词。

二、个案儿童语气词整体使用情况

语气词是现代汉语中虚词的一个比较重要的词类，一般附着在小句上，表达讲话者的各种情绪、态度和评价等。语气词的使用反映了句子的不同表达类型和讲话者的言语行为功能。众所周知，语气词的语义比较“空灵”，并不能像实词那样给予几个固定的意义解释，它多依赖于语用因素。尽管学术界的语气研究已经较为广泛并深入，但是在现代汉语的语气系统、范围及其分类上还存在一些分歧。本研究主要参考“语法讲义”朱德熙（1982）、“现代汉语八百词”吕叔湘（1980）、“语气词与语气系统”齐沪扬（2002）和“现代汉语语气词的界定标准”王珏（2012）来对个案儿童使用的语气词进行筛选。先尽可能从整体上考察个案儿童使用语气词的情况，然后再选择典型语气词对其语用功能进行详细论述。

表3-2　WMX语气词使用情况一览表（1;06-4;00）

语气词（频次）	首现例句（时间）	获得例句（时间）
啊（379）	帽帽呀##车啊!（2;00;06）	嗯#XX帽帽啊！（2;00;06）看大鱼啊！（2;00;13） 我的熊#熊熊啊！（2;00;29）咱出去玩玩啊.（2;00;29） 出去啊.（2;00;29）
吧（2365）	爬吧！（1;08;26）	挖吧！（1;10;11）走吧！（1;11;02）走，走吧.（1;11;11） 看吧！（1;11;11）开吧！（1;11;11）
吗（1205）	打开吗？（1;11;28）	有吗？（1;11;28）妈妈的吗？（1;11;28）
呢（1146）	玩呢！（1;11;28）	这是嘛呢？（1;11;28）这呢#在这呢#在#这.（2;01;25）在那呢.（2;01;25）在这呢.（2;01;25）
的（277）	投它的.（2;02;27）	开车的.（2;03;05）挖沙的.（2;03;05）小鱼#在这里弄的.（2;03;05）
了1+2,了2（2261）	没了.（1;10;25）	掉了.（1;10;25）破了.（1;10;27）掉了.（1;10;27）
嘛（255）	这是嘛？（1;11;28）	干嘛的？（2;00;13）你干嘛XX.（2;00;19）干嘛？（2;00;19）
啦（220）	没啦.（1;10;25）	咋啦.（1;11;11）行啦.（1;11;11） 在这儿啦.（2;00;13）
哦（15）	你看,这还有一个哦.（2;04;02）	这是门哦.（2;04;02）都全都没有了#全都没有哦.（2;04;29）哎呦，我要吃了它了哦.（2;05;21）
嘞（9）	好嘞.（2;1;28）	小猫咪怎么叫嘞.（2;02;22）茂茂盖嘞.（2;02;22） 该茂茂搭嘞.（2;02;22）
喽（97）	出去玩#出去玩喽.（2;01;03）	回来喽#姐回来喽.（2;01;25）那个妈要把车开走喽.（2;02;00）歪倒喽.（2;02;00）又不见喽.（2;02;00）

从WMX的语气词使用一览表可以看出，WMX较早获得并经常使用的是六个典型语气词：了、吧、吗、呢、啊、的。由于“了”和“的”分别兼有其他助词功能（结构助词和动态助词），在具体语料的筛选上难度较大，在这一节里我们选取了四个典型语气词吧、吗、呢、啊中的“吧”，作为我们从语用功能角度重点分析的对象。

三、语气词“吧”的研究综述

对汉语语气词的研究可以说历时已久，在语言科学意义上的研究应始于《马氏文通》，但此后至新中国成立半个多世纪的时间里，汉语语气词的研究则处于萌芽时期。虽然如此，在这个阶段两位语言学大师——赵元任与吕叔湘还是着重开创了普（那时称为标准语）方、文言相结合的研究方法和揭开了整个近代汉语研究的新篇章。新中国成立后，语气词研究经历了三个阶段——兴盛期（50年代至60年代初）、停顿期（60年代至70年代）、繁荣期（80年代以来）（李小军，2007）。

“吧”作为典型的语气词，一直以来都是学界关注的热点和难点。传统语法已经察觉出“吧”的语气多样性，例如黎锦熙的“三分类”、王力的两种语气、吕叔湘的三种语气［“吧”的三分类：揣度事理、自我裁量、与人商请；两种语气：揣测与祈使；三种语气：测度、拟议与劝请（赵春利和孙丽，2015）］。结构语法在延续传统语法多样性的基础上，把“吧”的语法意义认定为“信疑不定”，其中的代表人物为丁声树、朱德熙、胡明扬、陆俭明、邵敬敏等。认知功能语法从语用与话语分析角度对讲话者的心理进行探讨并力求提取“吧”的核心语法意义，他们引入了言语行为和表意功能分层等理论，从概念、人际关系和语篇三大功能对“吧”进行研究。生成语法主要研究句末“吧”的句类标示功能，对于“吧”的研究经历了一个从标句词到程度标记再到句类标记逐步深入的过程。

相比较而言，“吧”在儿童语言获得方面的研究则较为薄弱。李宇明作为中国儿童语言研究方面的大家之一，较早对“吧”字问句方面的儿童语言获得进行了研究，例如，唐志东和李宇明（1989）对“吧”“吗”问句在儿童问句获得过程中的发展特点进行了研究；李宇明和陈前端（1998）的专著《语言的理解与发生——儿童问句系统的理解与发生的比较研究》使用个案纵向观察法与群案横向实验法对儿童的问句系统进行了考察。相关硕博士论文也有部分涉及语气词“吧”的研究，如钱益军（2003）、李慧敏（2005）、刘雅娟（2009）、陶小宇（2012）、宋晓琳（2013）、彭鹭鹭（2016）、郭秀丽（2016）等。理论上从“基于规则”到“基于使用”，方法上从纵向追踪到实验调查，语法解释上有系统功能、形式句法与言语行为等。本书是基于“临沂大学儿童多模态口语语料库”之“典型发展儿童长期跟踪口语语料库”中的WMX个案语料。尝试以WMX的个案语料在句类的基础上对“吧”的语用功能进行详细的分析，探讨儿童言语意图的发展状况，并试图对儿童语气词的语用功能建立一个网络模型，以期对儿童语言语用功能的发展有更深入的认识。

四、“吧”字句语用功能的发展

孔令达和李慧敏（2008）认为句子的语用分类一种是按语气来分（陈述句、疑问句、祈使句和感叹句），另一种是按言语意图来分，这也是儿童语言研究中常用的方法。但是这两种分类方法各有优缺点：使用句类对语用功能进行分类较为清晰，也是学界常用的方法，但却容易陷入语气与句类循环论证的误区；使用言语意图来进行分类，具有一定的合理性，但学界现在的分类还很难有一个较为统一的标准。因此本书将采用综合两种分类的方法，先把有语气词出现的句子分为陈述句、疑问句、祈使句和感叹句四大类，然后在每一类中按言语意图进行详细分析。

经过语料的检索发现WMX使用的“吧”出现在三个句类中：陈述句（78）、疑问句（486）和祈使句（1037）[除去凝固性用法：好吧（267），是吧（312），对吧（18），行吧（169）]。

为什么“吧”不出现在感叹句中呢？感叹句是讲话者用以表达感情的语句，而人类的感情通过话语表达出来的时候，具有排他的亲验性和自明性，也就是说这个情感是属于讲话者本人的，并不能进行共享和复制；也不需要进行商讨和征询意见（赵春利、孙丽，2015）。那么这个感叹句的两个特征正好与“吧”的核心意义“意向待定与商讨”是对立的，因此，“吧”不在感叹句中出现。

（一）“吧”字祈使句

根据董芳良（2016）对现代汉语常用的“吧”字祈使句的语用功能：命令、允许、催促、建议、邀请、无奈、请求、不耐烦，我们从语料着手，逐一分析儿童“吧”字祈使句的言语意图，主要有以下八种类型。

1. 命令

例（1）（WMX要吃芒果）给我弄开给我弄开吧.（2;07;22）

例（2）（大人正在压水，WMX想去压，但是压不了）妈妈你压吧#你压吧妈妈.（2;08;20）

学界有观点认为“吧”并不能用来表示命令，理由是命令为讲话者在主观意图明确的情况下发出的指令，与“吧”的核心意义是矛盾的。我们对儿童的语料进行了检索（后期会扩大检索范围），发现还是有一部分表示命令的祈使句会使用“吧”，从语用上看用，上“吧”后的命令祈使句的强硬态度有所减缓并且语气变得较为委婉，易于让人接受。例如，例（1）WMX想要吃芒果，他使用了“给我……”这个命令意味较强的句型，为了减缓态度的生硬并且和自己较低的社会地位相契合，句末使用了“吧”，从而让妈妈帮助他实现吃芒果的意愿，顺利完成交际。例（2）WMX的爸爸正在院里压水，WMX感觉到很新奇，所以也尝试去压，结果他力气太小根本压不动，所以他就对旁边的妈妈发出指令，让妈妈来压。如果不使用“吧”，不仅礼貌程度较低，也起不到缓解命令所造成的失礼程度。

2. 请求

例（3）（WMX想要拿着玩具熊和他妈妈一起去别的房间）熊熊#熊熊#走吧#妈妈#走吧！（2;00;29）

例（4）（WMX想要出去玩，于是发出请求）嗯嗯#走吧#出去玩玩吧！（2;01;03）

儿童由于年龄比较小，在谈话中的社会地位比较低，因此较多使用表达商量、请求的“吧”来进行交际，提请对方的注意并表达自己的恳切之情。若不使用“吧”会让人感觉意犹未尽，语气变得强硬，并且体现不出讲话者的诚恳。在表达请求与商量的语气时，“吧”着重表达的是讲话者的主观意愿。例如，例（3）WMX想要妈妈与他一同去别的房间，于是向妈妈发出请求，这里的“吧”的核心意义“意向待定”意味变得淡薄，重点是为了达到与妈妈一起去别的房间的目标，用“吧”来冲淡强制意味，从而达到自己的话语目标。例（4）为了增加礼貌程度，WMX使用了动词重叠“玩玩”来与“吧”搭配，从而减轻自己的请求对对方带来的困扰。

3. 建议

例（5）（WMX建议妈妈躺下，想在床上玩）你躺下吧妈妈.（2;01;17）

例（6）（WMX一边骑自行车一边建议）妈妈，咱俩骑吧！（2;04;23）

儿童在表达他想进行的动作或行为时，使用建议功能较多，这样可以减少被拒绝的概率，以便顺利实现他的目的。例如例（5）和（6），WMX的目的是在床上玩和妈妈一起骑自行车，于是他建议妈妈躺下和骑车，从而间接达到自己的交际意图。建议和请求有较为类似的语用功能，都是冲淡了“吧”的核心意义，重点是表达讲话者的主观意愿，区别在于请求是从自我角度出发而建议是从他人角度出发，目的却是一样的。

4. 邀请

例（7）（WMX邀请他妈妈一起玩）一起玩游戏吧.（2;10;17）

例（8）（WMX邀请他妈妈一起和他做手枪）我们做个做个手枪吧！（2;11;12）

儿童在接近3岁的时候发展出邀请功能，其实是体现了话语互动功能，这表示儿童的社会交往能力在这个阶段有所发展，并将持续发展下去。邀请功能是需要有一个共情的交际基础，儿童在这个基础上要求对方与自己一起做某事。使用“吧”可以增强话语的尊重感，减少对方的反感。例如，例（7）和（8）使用了“一起”与“我们”，实际上是把交流的双方放到一个利益共同体的位置，以共情为基础，突出交流双方的共同性，从而顺利达成原本的言语意图“玩游戏”和“做手枪”。

5. 催促

例（9）（爸爸的手机响了，WMX催促）快接电话吧！快接电话吧！（2;04;02）

例（10）（WMX催促妈妈和他一起玩）妈妈#你快跟我#我玩吧.（2;11;07）

儿童的催促功能与邀请功能发展的时间较为接近，应该是儿童具备一定的社会交往能力的表现。催促功能本来就暗含了“非礼貌”的意味，因此儿童使用“吧”来缓冲这个意味，弥补礼貌程度。例如，例（9）和（10）都使用了“快”这个副词来表达急促感，同时句末使用“吧”来进行缓冲，将之前“非礼貌”的意味冲淡，从而减轻交际冲突。

6. 允许

例（11）（WMX和小朋友一起吃东西）给别人一个吧.（3;05;27）

例（12）（WMX允许别人把东西拿走）拿去吧,给！（3;06;05）

允许功能要在儿童渡过自我为中心阶段后，才能有效使用，因为儿童的自我为中心阶段大概出现在2岁至4岁期间，各个儿童的相对时间段并不统一，因此这个话语功能出现的时间较晚。也就是说“吧”允许功能的使用需要以儿童的互动能力和社会交往能力为基础，在儿童意识到自己作为一个社会体是需要维护与他人关系的情况下的选择。有的语境中还会携带些许“勉强”的意味，例如例（12）中的“拿去吧”。

7. 不耐烦

例（13）（WMX想快点喝到东西）赶快吧.（3;06;12）

例（14）（摄像机录了很长时间比较热）那#那#那你还是别先录像了吧.（3;11;28）

8. 无奈

例（15）（WMX不想录像了，妈妈坚持要录）我还是自己玩吧.（3;11;21）

例（16）（WMX的拖鞋找不到了）那我还是这样光着脚吧.（3;11;28）

最后两个功能都出现得非常晚，应该归结于随着儿童年龄的增长，儿童的个体特征开始凸显，他们能够表达出自己的不满情绪，但是又受制于交际中的“礼貌”原则，因此在表达不耐烦和无奈的负面情绪时，也选择使用“吧”以冲淡交际冲突。例如，例（14）、（15）和（16）都使用了副词“还是”的“非断然”情态义，与“吧”的让步、犹豫的语气相呼应。

以上“吧”字祈使句8小类言语意图，可以进一步归纳为3大类语用功能——建议功能（催促、建议、邀请、不耐烦、无奈）、命令功能（命令、允许）、请求功能（请求）。“吧”的核心意义为“意向待定与商讨”，在建议功能中表现得最为典型，但由于儿童还处在语言发展阶段，使用“吧”的时候较少有同现的语气副词出现（例如“还是”“要不”等副词）。句子表达委婉语气和提高礼貌程度的语用效果就全部由“吧”来担负，因此儿童语言中“吧”的语用作用就显得尤为突出。在请求功能中，请求的恳切程度较为明显，如果去掉“吧”就无法体现讲话者的诚恳之情并使语气变得生硬。在表达这种强烈的请求情感时，“吧”的核心意义“意向待定”就被冲淡了，取而代之的则是讲话者的主观意愿，同时请求是讲话者出于自身利益而要求别人为自己做事，容易给别人带来麻烦和困扰。为了增加礼貌程度，在较少使用同现的副词情况下，儿童使用“尝试义”的动词重叠形式与“吧”呼应使用（例：出去玩玩吧。），从而在晚辈与长辈的话语交流中委婉地达到自己的目的。在表示权威性或强制性的命令祈使句中通常是不使用“吧”的，但是在儿童使用的命令祈使句中“吧”常起到缓和语气的作用，只是单纯表达说话者的情绪并同时缓解命令所造成的失礼程度。综上，“吧”在祈使句中的核心语用功能是缓和语气，它的核心意义“意向待定”随着语境、交际的目的、功能与讲话者的主观程度的变化而有所淡化，语法化程度不一。在建议功能中，其核心意义得到最为充分的体现，在其他两个功能——命令和请求中，其核心意义淡化，主要功能则是调节语气和表达讲话者情感。

（二）“吧”字疑问句

儿童语言中的“吧”主要分布于是非疑问句和缩略疑问句中，但是其核心意义可以总结为“揣测、征询”。WMX语料中的“吧”字疑问句言语意图，主要有以下四种类型。

1. 猜测

例（17）（姥姥和WMX一起看照片，WMX指着一张照片猜测）是姐姐吧#哎#是姐姐吧？（2;01;25）

例（18）（妈妈讲故事，里面涉及几个事物，WMX猜测其中一个的名称）面包吧？（2;06;11）

儿童使用“吧”来显示他自身对命题信息的揣测，从而向对方求证或征询。这里“吧”的核心意义“意向待定”得到凸显，实际上儿童心理已经有一个预设的答案但还是希望得到对方的回应和答复，在语篇上是属于话语的轮转。例如，在例（17）和（18）中WMX对于姐姐和面包提出揣测，然后期望姥姥和妈妈的答复，以求证或征询的方式把回答的权利交给对方。

2. 怀疑

例（19）（WMX尿裤子了，然后自己要求换裤子）怎么是湿的#不会是尿了吧？（2;04;15）

例（20）（WMX吃糖，想要吹出泡泡来，但是却没吹出来）没有吧？（2;06;24）

儿童用“吧”表示怀疑的言语意图比较少见，通常是在对自己的判断较为确定的条件下，为了不至于使自己的判断表现得过于武断，兼顾到双方的面子问题，从而使用“吧”来实现婉转功能。例如，例（19）WMX自己已经较为确信自己尿了裤子，但是为了使自己有个台阶下，以怀疑的口气加否定的形式来表达自己尿了裤子的事实，而且先把表面现象摆出来“怎么是湿的？”来引出后面所要表达的重点。例(20) WMX实际上已经确定这个糖是吹不出泡泡的，与自己的预期有差距，所以采用“吧”来表达自己怀疑的言语意图，同时也是期待话语交流的对方给予自己一个确定的答复，从而实现话语的轮转。

3. 求同

例(21)(WMX想表达妈妈没有生气的意思，并求得妈妈的共鸣)妈妈你这会儿不生气，对吧？(3;08;29)

例(22)(WMX和妈妈一起搭积木，妈妈说还有几个孔没插上，WMX说)就这样吧？(3;08;29)

儿童表达求同言语意图时，多用陈述句的形式加上“对吧”“这样吧”“行吧”“可以吧”等凝固形式，希望对方认同自己的观点或者意见，从而按照自己的预期进行相关的行为或者活动。例如，例(21) WMX不希望妈妈生气，他用否定形式与凝固形式“对吧”来表达自己的观点，同时迫切希望妈妈认同自己的预设即“不生气”从而成功达到言语交际目的。例(22) WMX想终止搭积木，因此使用“吧”来表达求同意图，希望妈妈放弃这个没有搭好的积木，转而陪他去玩别的玩具。

4. 祈请

周士宏(2009)认为“用疑问形式表达祈使功能是世界语言的一种普遍现象，而以不确定的疑问表达委婉建议的祈使现在更为常见”，如：

May I have your name, please?

儿童语言中也常用这种形式来表达“商量、建议、督促、询问”等附加意义。

例(23)(WMX不想看图片，和妈妈商量讲故事)给我讲故事吧？(2;05;07)

例(24)(WMX建议去米奇公园)去去米奇公园去吧？

例(25)(WMX想看电视，于是询问妈妈的意见)咱们看电视吧？妈妈！(2;01;03)

例(26)(WMX给爸爸按摩，然后询问爸爸)舒服吧？(2;02;22)

例(27)(WMX督促结束录像)结束了吧？ 结束可以-:#玩#玩什么呀？(3;00;05)

以上“吧”字疑问句的4小类言语意图，可以进一步归纳为3大类语用功能——婉转功能(猜测、怀疑)、求同功能与祈请功能。“吧”在疑问句末出现的频率比祈使句要低，但是比陈述句要高。在具体的语境中，疑问程度大大降低，有时只表达一种揣测的口气，猜测和怀疑等都可以归于婉转功能。因为此类表达使用“吧”并不影响句子的真值条件，而是令讲话者的判断显得并不那么肯定，语气变得缓和，可以婉转地表达讲话者所要表达的意思。“吧”的疑问句和陈述句都可以表达求同功能，讲话者实际上对自己的话是持肯定态度的，但是为了照顾对方的面子或者是迎合礼貌原则，而在句末使用“吧”，表面上看是要求对方发表意见，实际上是希望对方认同自己的观点。儿童由于在言语交际中处于劣势，他们更多地使用“吧”的求同功能（体现为凝固格式）。祈请功能是“吧”字疑问句较为经常出现的功能，实际上就是用疑问句的形式来表达祈使意图，即采用祈使句加上“吧”和疑问语调，较多地和祈使句中的建议功能相重合。总之，“吧”在疑问句中的婉转功能和祈请功能的核心意义是“意向待定”即不确定，求同功能表面上看也是表达了不确定，但是最终的目的则是为了让对方认同自己的观点并不是真的对自己的话语表示不确定。

（三）“吧”字陈述句

“吧”字陈述句的使用频率向来在三种句类中是最低的，可以用在句末表达不确定、猜测、无奈、应答、寻求认同等言语意图。下面我们详细分析WMX的“吧”字疑问句言语意图，主要有以下四种类型。

1. 猜测

例（28）（图画书上画着雪，WMX猜测）这下雪了吧.（2;06;11）

例（29）（外面传来声音，WMX猜测是唱歌的声音）它们是唱歌的声音吧.（2;11;21）

例（30）（WMX问他的滑板车在哪里，然后自己说）可能在大学里吧#在大学里.（2;10;25）

“吧”字陈述句和疑问句都有表猜测的类型，只不过陈述句的揣测意味没有疑问句强，并且陈述句的猜测实际上更接近于婉转表达，也更倾向于对方的认同。例如，例（30）使用了“可能”副词与“吧”搭配表达了自己的猜测意向，但接着又给予一个肯定的重复，这就很明显地表示这个“吧”的言语意图虽然是猜测，实际上的语用功能却是婉转表达。

2. 无奈

例（31）（WMX数数，他并不情愿数，所以表达了自己无奈的情绪）我自己数吧.（2;11;17）

例（32）（WMX想让妈妈帮他打开炉子，但是妈妈并没有帮他，于是他很无奈）打开炉子我自己打开吧.（2;11;21）

结合祈使句的无奈言语意图，我们发现儿童使用“吧”来表达无奈意图时基本是以“我”为主语，表达自己的情感与言语交流的对象无关，属于独白式的话语现象。实际上儿童在语言获得的早期是有大量的独白式话语出现的，只不过由于语气词一般带有较强的感情色彩，在语用中的功能较为突出，因此我们筛选出来的话语是交流性质的多一些。但是在“无奈”这个特殊的言语意图中，儿童表达的几乎都是对自己能力有限的一种无力感，因此就出现了一些独白式的话语，用以表达对自我的一种特殊的情感——不情愿的让步。

3. 应答

例(33)(WMX要打开窗户看看)MOT: 露出阳光来了是不是啊? CHI: 哦. CHI: 好吧. (3;05;08)

例(34)(讨论看电影的时候要拿着的玩具)MOT: 你留着吧#留着#等到下个星期领你去看电影的时候拿着. CHI: 那好吧.(3;05;15)

在表达应答的言语意图时,儿童较多使用固定的格式如“好吧、那行吧、可以吧”表示他们的某种同意,这种同意并不是一种直接的同意而是一种有保留的同意。但是WMX的语料只是使用了“好吧”这种格式,并没有使用其他的格式。刘雅娟(2009)发现在JBS的语言中只出现一列“可以+吧”格式的应答语,并且出现的时间很晚(3;04;28),因为是语气副词和语气词同现,对于语言发展的阶段要求较高。

4. 求同

例(35)(晚上WMX在玩小汽车,妈妈说楼下的叔叔会嫌吵,他换了个方式,想继续玩,并且他把决定权让给妈妈,形式上征求对方的意见,实际上希望对方认同自己的观点,允许他继续玩小汽车)这样也还行了吧. (3;08;29)

例(36)(WMX玩积木,他想要别的颜色,不想再要紫色的积木了,所以他希望妈妈认同他的观点)太多紫色了吧. (3;11;13)

“吧”的疑问句和陈述句都有求同的言语意图,表面上是征求对方的意见,实际上还是在自己预设答案的情况下,希望对方的认同和达成一致意见,进而最终实现自己的交际意图。例如,例(35)和(36)的预设是“继续玩”和“想要其他颜色的积木”并且非常迫切地想要达到自己的目的,如果直接要求对方按照自己的意愿行动,难免有失礼貌也不符合儿童较低的社会地位,因此以征求意见的形式求得对方跟自己一致的意见即求同。

猜测、无奈、应答都可以归属于“吧”的婉转功能,其核心意义为“意向待定”。“吧”在句末附着后,句子的本来意义并没有发生变化,也就是说没有将原本的“肯定”变成“将信将疑”,实际上却是凸显了“婉转表达”的话语效果。儿童在应答的时候使用“吧”,显得讲话者并非急切地执行对方的要求,给自己留有面子余地,有时还可以表示勉强同意和表示无奈的小类有所重合,表达了“不情愿的让步”。求同功能要从人际关系的角度来看,表面上是征求意见,实际上是希望对方认同并表达跟自己一致的意见,从而达成共识。

五、“吧”的语用功能网络

“吧”的核心语法意义在陈述句中表现为揣测义,在疑问句中表现为征询义,在祈使句中表现为商讨义,然后将三种意义进行归纳还原得出初始概念:意向待定。但是由于受到语境与句子功能的影响,“吧”的核心语法意义不能总是体现得那么明确与显著，而是伴随语气词的“空灵”的特质从而在不同的句子类型中表现为具有实在性的不同的语义与功能。

综上所述，“吧”的分布、言语意图和功能在不同的语境中可以有着不同的归类和解释，但是其核心基础是“弱传信”，核心语法意义为“意向待定”，即对自己的表达持确信态度但是出于礼貌或者社会地位考虑使用缓和、婉转的语气，表现为尽管话语发出者对自己的陈述有把握但却使用“吧”流露出讲话者的犹豫、不确定，在某些情况下还直接将话语决定权给予对方，征询对方的建议或决定。“吧”在陈述句和祈使句语篇上的功能较多地起到“语境关联”作用，标示该话语是由前话语或者情景而发，没有“吧”，句子则显得孤立；“吧”在疑问句中的语篇功能主要是增强互动而吸引对方的注意力，从而进行话题的轮转也就是标示话轮转换。因此我们把“意向待定”的核心语法意义、“弱传信”的人际功能与“语境关联”的语篇功能作为“吧”的核心特征，其他的语义和功能都可以从这三个核心特征中派生出来，在具体的话语中又有不同的言语意图，总结如表3-3：

表3-3　“吧”的分布、言语意图和功能

核心语义与功能	句子类型	语用功能	语篇功能	言语意图
“意向待定”“弱传信”与“语境关联”	祈使句	建议功能	语境关联	催促、建议、邀请、不耐烦、无奈
		命令功能	语境关联	命令、允许
		请求功能	语境关联	请求
	疑问句	婉转功能	话题轮转	猜测、怀疑
		求同功能	话题轮转	求同
		祈请功能	话题轮转	祈请
	陈述句	婉转功能	语境关联	猜测、无奈、应答
		求同功能	语境关联	求同

将“吧”的核心语义与功能、派生功能和言语意图的关系图示如下：

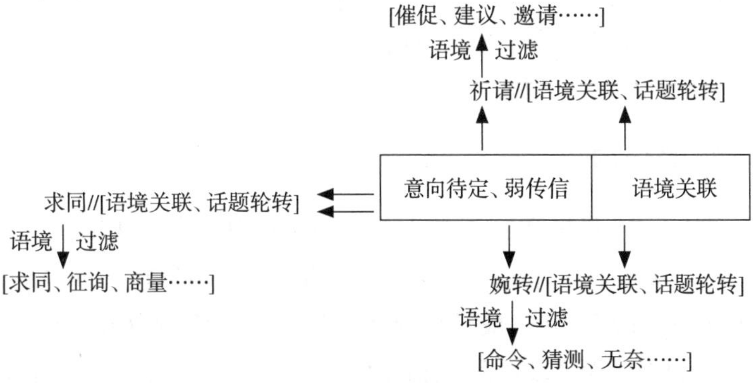

图3-1　“吧”的语用功能网络

我们将核心语义与功能放到图中连接的两个方框，代表三个核心特征；箭头表示来源的方向，一个箭头代表来源于一个特性，两个箭头来源于两个特性；//前是语用功能，后为言语意图，两者是共现关系，[ ]内的各项为选择关系。这里需要说明一下由于祈使句基本为祈请，所以细分为建议、命令、请求三大功能小类，实际上都可以归并为祈请功能。从以上的表格和图示中，可以清楚地看到儿童语气词“吧”的语用功能网络和其运转机制。由于我们分析的语料时间为1;05—4;00，儿童表达中较少在句中使用“吧”，因此我们没有将“吧”在句中的用法进行研究。还有语气词的语用功能在很多时候与语气副词连用时表现得更为突出，也是因为儿童语言发展阶段的局限，儿童使用语气副词与语气词一起表达语言的情况个案中也并不多见，这点可以继续扩大语料范围，以期能查找到更多的同现语气副词，当然也不排除同现语气副词较少的客观情况。

第二节　儿童句末语气词“啦”的获得发展

一、研究背景与研究目标

“啦”是现代汉语中使用频率较高且范围很广的一个语气词。学者们的研究角度主要从“啦”的功能和语义着手（黎锦熙，1924；吕叔湘，1944；赵元任，1979；朱德熙，1982；胡裕树，1991），描写语法主要尝试排除句子的本身意义来析取语气词意义（胡明扬，1987；储诚志，1994；屈承熹，2006；孙汝建，2006），采取新的分类意识，但没有进一步说明语气义素、语义和句法的获得研究，关注儿童语气词研究（钱益军，2003；李慧敏，2005；刘雅娟，2009；陶宇，2012；宋晓琳，2013），对于“啦”的语用研究较少。本研究利用汉语个案儿童GYC（1;01—4;01，150份）的纵向追踪自然产出语料，考察儿童句末语气词“啦”在祈使句、陈述句、疑问句和感叹句中出现的情况和获得过程，从而总结出儿童句末语气词“啦”的获得顺序、发展规律及影响因素，试图丰富儿童语言获得理论，以期对儿童语言教学和发展障碍儿童的语言干预起到指导和观照作用。

二、“啦”的分布

陈述句中的“啦”最早在2;03;22时出现（CHI: 呼#呼啦圈来啦）；疑问句中最早在2;07;12时出现（CHI: 什么一节节啦？）；祈使句中最早在3;05;08时出现（CHI: 不能加球球. 倒啦）；感叹句中最早在2;07;12时出现（CHI: 嗯#吓吓死人啦!）。在频次和比例上，陈述句的频次最多、所占比例最高，其次是感叹句，然后是祈使句和疑问句。

三、“啦”在句型中的使用

（一）疑问句中的“啦”

“啦”出现在疑问句末，言语意图各有差异。疑问句的核心功能是“疑”，具体的言语意图为求证。

CHI: 有没有啦？（3;12;11）

儿童在反问句中使用“啦”主要是将所疑惑的信息传递给对方并希望对方对所调动的信息进行反馈。

（二）感叹句中的“啦”

感叹句为表达感叹语气的句子。感叹句表达的感情是强烈的，也是多种多样的。语气词是表达感叹语气的常用方式。儿童获得的“啦”字感叹句，具体语用有以下几种：

1. 零意图

CHI: 蓝莓真香啊！蓝莓真香啦！（2; 10; 10）

2. 互动

CHI: 耶#我赢啦–:!（3; 12; 11）

儿童语气词“啦”在感叹句中的语用可以分为零意图和互动，但是涉及语境时可用来表达惊喜、赞叹、炫耀、烦躁等情绪。

（三）陈述句中的“啦”

我们将“n /v /pronoun + 啦”的简单模式划为陈述句，因为儿童在语言获得的初期较多使用这个固定模式来表达一种情绪，主要类型有以下几种：

1. 动词+啦

CHI: 大锤子来啦. 它怎么#.（3; 03; 28）

2. 述宾结构+啦

CHI: 他遇到了蛋糕啦.（ 3; 04; 04）

3. 述补结构+啦

CHI: 嗯. 贴好啦.（3;03;28）

4. 形容词+啦

CHI: 可危险啦!（3; 05; 08）

5. 数量词+啦

CHI: 就五个啦!（3;12;11）

陈述句中的“啦”构成形式比较多样，既可以是与动词相配合，也可以和述宾结构、述补结构、形容词和数量词相配合。因此在句子类型中，陈述句中的“啦”出现的次数最多。

（四）祈使句中的“啦”

祈使句的核心功能是“致使对方做某事”。“啦”在儿童语言中的体现多为命令和提醒。

1．命令

CHI: 快点接球啦.（3;12;18）

2．提醒

CHI: 看来这些花得浇点水啦.

“‘提醒’，‘命令’可分属于求应功能（提醒）和敦促功能（命令）。在‘求应功能’中，使用祈使句来表达指令，使用‘啦’来寻求对方的回应，共同组成完整的话语片段来实施交际目的。在‘敦促功能’中，依旧使用祈使句来提出要求，‘啦’则承载了‘催促’的情感，重点是‘强定’，‘求应’意味淡化”（张笛，2019）。

四、“啦”获得发展的初步分析

儿童在4岁之前已经基本获得“啦”的主要言语意图，也就是说4岁的儿童已具备了基本的、简单的社交技能，即便这种语用技能还较为幼稚和主观。“啦”的言语意图的获得顺序按照句类划分大致是：陈述句>疑问句>感叹句>祈使句（>表示早于）。

从1岁到2岁，儿童语言的发展进入特殊语言阶段。在这一阶段，儿童已经从呀呀学语发展到说出最早的独词句，这是真正的言语（true speech）的开始。也就是说当儿童获得了一定的语言能力的时候，便开始自觉地运用语言来表达自己的交际意图，主动地参与到语言交际活动中。儿童在这个阶段学会了会话，这是他们语言能力发展的重要标志。因为会话是儿童参与社会交往并向社会学习的一个有效途径。儿童通过会话活动加速了他们本身社会化的进程。语气词承载了大量的主观情感并具有较强的交互性，可以说是儿童自身内部情感与外部社会文化相互作用在语言上的体现。“三个层次相互影响、协调发展直至儿童获得语言，心智发展逐渐成熟并最终踏入社会”（张笛，2019）。

第三节　儿童句末语气词“吗”的获得发展

一、研究背景与研究对象

近年来，国际社会开始关注学前儿童语言的发展。在汉语中，句末助词有表达情态语气的作用。国外的研究集中在情态上，但是语气被视为语法范畴。同时，国内外对儿童使用句末语气词的研究很少，只有关于“吧”和“吗”的研究并且集中在粤语和日语上。目前的研究还没有对中国儿童句末语气词的发展提供一个系统的综述，大部分研究主要基于横断面实验，很少有研究者做过纵向观察和调查儿童在句末助词使用方面的发展。同时，从句子功能的角度研究语气词的语法意义和选择语气词的条件也很难找到。本节以临沂大学认知科学与语言学研究基地提供的中国儿童语言语料库为基础，运用定量和定性分析相结合的方法，探究一名1岁3个月的中国男孩对典型句末情态助词“吗”的使用情况。每周以不间断的自然状态录制一小时的视频，观察男孩对语言的使用及其发展。

本研究的语料来自一个出生于中国临沂市的男孩WMX。他的父母说普通话，他的祖母说方言和普通话，他大部分时间都和他的祖母在一起。男孩的语言输入包括普通话和方言，但这项研究将只关注普通话。在119次视频记录中，语料库中的语气词“吗”总共出现了1512次，这也是本研究语料库的来源。

二、语料库中出现的语气词

我们发现该儿童语料中有15个情态词，这些情态词包括6个典型的情态词（了、啊、吧、呢、吗、的）；5个非典型情态词（呕、唉、耶、嘿、欸）；4个合唱音调（啦、喽、哟、呗）。根据汉语表达习惯，6个基本句末助词的语用功能是:“啊”可以用于陈述句、祈使句、疑问句和感叹句；“吧”的基本意思是委婉语气；“了”包含明确的语气；疑问句中的“呢”用于提醒和加深语气；“吗”用于疑问句；“的”可以用于陈述句、祈使句、疑问句和感叹句。

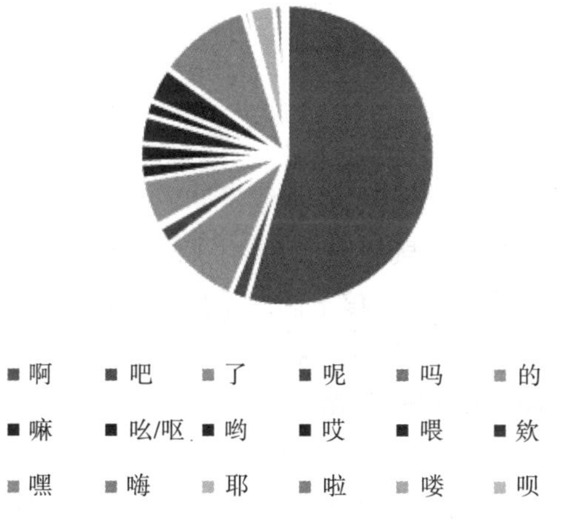

图3-2　WMX的句末助词的总产量

根据图3-2，我们可以发现，在整个词系的声调中，6个主句末助词（了、啊、吧、呢、吗、的）占很大一部分。生成图如图3-3所示。

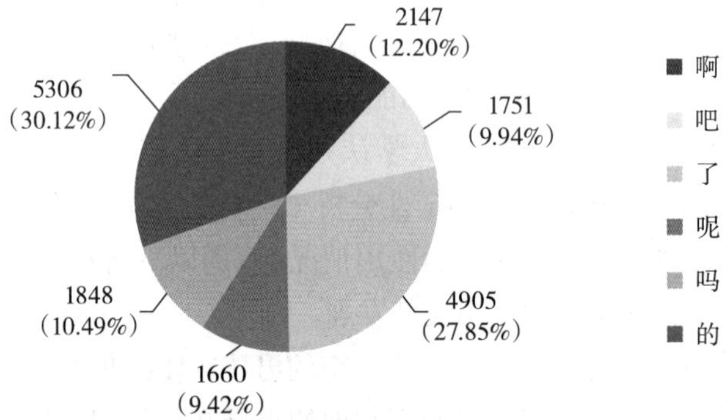

图3–3 WMX的六个主句末助词的总产量

图3–3给出了句子例子总数（17617句话）及其各自百分比的统计数据。“的”占句末助词总产量的30.12%，是最高的百分比，“了”的比例是第二高。“啊”和“吗”各占12.20%和10.49%。“呢”所占比例最低，为9.42%。

三、语气词“吗”的获得情况考察

（一）语气词“吗”的首现

“吗”在语料库中首次出现是在一岁十个月二十五天，对话如下所示：

*CHI: 洗手。

*MOT: 洗手啊?

*MOT: 洗洗手吧。

*CHI: 白白。

*MOT: 好了吧。

*CHI: 好了。

*CHI: 可以吗X?

上面对话中的句子显示了疑问语气。孩子们想洗手，然后孩子们的妈妈问男孩是否想洗手，并同意孩子们洗手。孩子们洗手后，他问他的妈妈他的手是干净的还是脏的。在这个句子中，使用“吗”表示孩子不确定事实。

（二）语气词“吗”的年龄分布

我们现在从WMX三岁半前的句法语料库中分布的“吗”一词的语气来考察儿童语言中“吗”一词的语气意义和语用功能，从而揭示“吗”一词的语气获得过程。通过不同阶段的获得过程差异，进一步探究“吗”一词的获得机制声调。“吗”在WMX语料库中出现了1848次（包括重复次数），虽然其中一些句子在语法上有错误，但并不影响对“吗”一词语气的分析。在这里，我们整理了不同年龄出现的WMX模态“吗”的数量，并将这些数据放入图3–4:

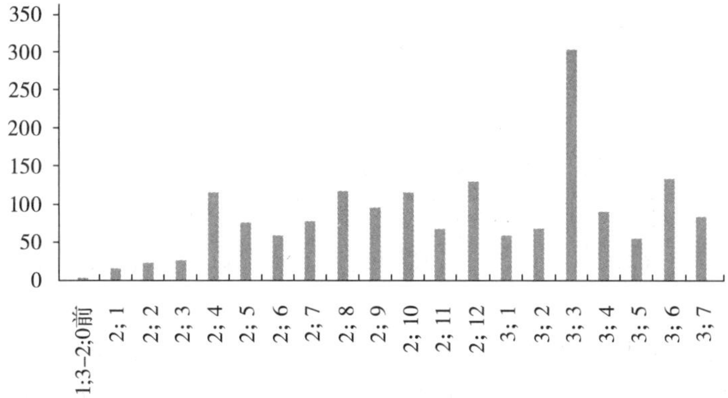

图3–4　WMX不同年龄阶段语气词“吗”的出现频率

从图3–4中我们可以看出，在两岁之前的语料中，情态助词“吗”总共出现在六个疑问句中，排除了四个发音错误和直接模仿的例子，只有两个带有“吗”的例子。这两个例子都是以积极的形式提出的。这两个问题的语境是：

（1）*CHI：可以嘛X？（1;10;25）

（2）*CHI：打开嘛？（1;11;28）

根据整理的语料库，语气词“吗”第一次出现在儿童一岁六个月时，出现的时间很早，第二个“吗”出现在儿童的一岁十个月二十五天，但是在这四个多月的时间间隔内，我们在研究过程中反复比对和辨认，发现一岁六个月时使用的“吗”很模糊，给人一种似是而非的感觉，所以我们认定第一次出现的“吗”是无效的。我们还发现当孩子长到2岁时，“吗”在句子中的使用变得比比皆是，比如2;2;27时使用否定形式；2;3;11出现缩略句。因此，我们可以认为1;10—2;2是“吗”的生成时期，从2;3进入开发阶段。

（三）语气词“吗”的特点

WMX语料中出现了1848个最后以“吗”结尾的句子，占句末例子的10.49%。其中，表达疑问语气的句子有1279个，陈述句有427个，祈使句有142个。图3–5展示了三种不同语气的百分比。

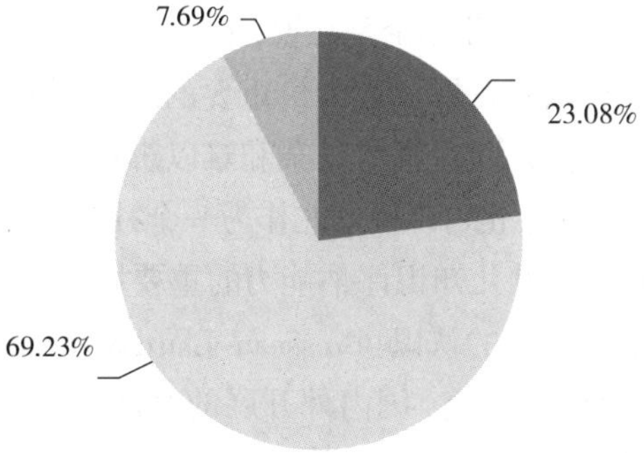

图3–5　“吗”的三种语气类型的百分比

四、对语气词“吗”获得的解释

本节的主要目的是从语义和句法的角度讨论“吗”作为语气助词的可用性。基于WMX的语料库，研究发现句末助词“吗”的首次出现时间为1;10;25，大部分“吗”表示疑问语气。从语义上看，当孩子们获得“吗”时，这意味着孩子们可以用他们的话来表达怀疑。我们假设儿童的大脑中有一个获得机制，当他们成长时，他们逐渐获得它。

儿童语言的发展离不开成人语言的展示。在幼儿时期，模仿是儿童学习语言的重要手段之一。在这个过程中，儿童学习句末语气词从机械性模仿过渡到选择性模仿。在统计语料库时，我们已经去掉了对句子的直接模仿，因为这种机械的模仿不是孩子的主动语言输出。很多时候孩子是利用间接的、选择性的模仿来学习语调的意思。孩子们在学习语气词时也会采取一些策略。首先是简单策略。同一个语气可以用不同的语法方式来表达，例如，在判断是非的疑问句中使用“吗”不仅可以表达疑问，还可以通过反复的疑问表达肯定和否定的结构。当孩子获得一种手段时，它会抑制另一种手段的获得，并延迟另一种表达语气的手段的获得。第二，尾部策略。语气附加在句尾，句尾是最有可能吸引孩子注意力的地方，使用句尾策略有利于语气词的获得。

第四节　句末语气词在幼儿选择性认知信任中的作用

一、研究背景与研究目标

在社会人际交往中，由于信息交流的复杂化，人们必须善于对信息来源，特别是信息发出者给予的信息进行判断与选择，从而推断对方的意图，有利于沟通的有效性并最终指导人们的学习。人们作为一个个独立的社会个体，其知识很多是从别人那里获取的，为了避免误导，人们需要对信息来源进行甄别即进行选择性信任（Sperber et al., 2010）。虽然幼儿不论是心智、语言还是其他能力都还处于不成熟的阶段，但幼儿期却是人类认知发展过程中最重要的阶段，他们通过与他人交流、互动来获取大部分的信息。但是面对缤纷复杂和难以辨别的信息源时，他们是如何进行区分并判断其可信度的呢？也可以说幼儿作为一个社会的初级参与者是如何进行选择性信任的呢？因此研究幼儿知识评估能力的重要性就凸显出来，可以加深我们对幼儿认知发展和社会化关系的认识（Brosseau-Liard & Birch, 2011）。

关于幼儿选择性信任的研究，国内外开展的时间并不长，基本开始于本世纪初，属于一个新兴的研究点。国外相关研究表明幼儿主要是有选择地信任有知识的、曾经提供过准确信息的人；而不去信任那些没有知识和曾经提供过不准确信息的人（Birch, Vauthier & Bloom, 2008; Corriveau & Harris, 2009; Koenig & Harris, 2005; Sabbagh & Baldwin, 2001; Sabbagh & Shafman, 2009; Kim, Kalish, Weisman, Johnson & Shutts, 2016）。从研究的模式来看，主要有物体命名（Koenig, Clément & Harris, 2004; Koenig & Harris, 2005），多重任务（Clément, Koenig & Harris, 2004），相对准确的物体命名（Pasquini, Harris, Tivnan & Koenig, 2006）。从影响幼儿选择结果的因素来看，主要有信息提供者的可靠性（Koenig, et al., 2004; Clément, et al., 2004; Corriveau & Harris, 2009; Birch et al., 2008; Jaswal & Neely, 2006），专业性（Koenig & Jaswal, 2011; Kushnir, Wellman & Gelman, 2008; Kushnir, Vredenburgh & Schneider, 2013; Sobel & Corriveau, 2010; Sobel & Macris, 2013），年龄（Jaswal & Neely, 2006; Vanderborght & Jaswal, 2009），熟悉程度（Corriveau & Harris, 2009; Matsuia, Yamamoto, Miura & McCagg, 2016; Gaither, et al., 2014; Corriveau, et al., 2009），语言线索（Kinzler, Corriveau & Harris, 2011; Matsuia, et. al., 2016; Koenig, 2012; Bernard, Mercier & Clément, 2012; Corriveau, Kinzler & Harris, 2013），自信程度（Tenney, Small, Kondrad, Jaswal & Spellman, 2011; Sabbagh & Baldwin, 2001; Birch, Akmal & Frampton, 2010），道德（Lane, Wellman & Gelman, 2013; Doebel & Koenig, 2013; Mascaro & Sperber, 2009），旁观者（Fusaro & Harris, 2008）等。从主要的理论解释来看，主要与心理理论有关（DiYanni & Kelemen, 2008; DiYanni, Nini & Rheel, 2011; Fusaro & Harris, 2008; Brosseau-Liard, Penney & Poulin-Duboi, 2015; Vanderbilt, Liu & Heyman, 2011）和与执行功能有关（Lucas, Lewis, Pala, Wong & Berridge, 2013; Lane & Harris, 2014）。

相比较而言，国内的研究开始得比较晚。较早关注这一主题的是张兰萍和周晖（2009; 2011）的研究，他们分别从选择性信任的持续性和人际信任的关系，选择性信任与亲社会行为及决策判断的关系来探讨我国幼儿选择性信任的认知能力。随之，国内根据国外的研究热点对中国的幼儿进行了相关研究：信息提供者的可靠性（李庆功，徐芬，周小梅，2012a，2012b；周海丽，周晖，2014），道德（车翰博，2014；马夏霞，2013；程艳，2015）和旁观者（曹梦露，龚文进，汤永隆，2012）。还有综合多个因素的研究，例如综合可靠性和旁观者（王颖，2012），综合认识性和社会性线索（林佳颖，2017），综合心理理论与执行功能（丁雪辰，桑标，潘婷婷，2017）。

根据信任的标准模型，国外将信任划分为两种不同的类型或维度：基于认知的信任（cognition-based）和基于情感的信任（affect-based）（Lewis & Weigert, 1985; McAllister, 1995; Weber, Malhotra & Murnighan, 2004）。Lewis和Weigert认为，认知信任是基于人的可信任程度的理性判断，而情感信任则基于人的情感依赖。就其性质来讲，情感信任更有可能在熟悉和密切的人际关系中产生。在言语交际中，认知信任是指听话者对讲话者能够提供准确可靠信息能力的信任，而情感信任是指听话者对讲话者自身的善意的信任（Mayer, Davis & Schoorman,1995）。国内则依据信息提供者的个人特征，将选择性信任划分为认识性线索和社会性线索。认识性线索主要从信息提供者的知识方面进行划分，包括知识的可靠性、相关性和知觉通达等；而社会性线索主要涉及幼儿对信息提供者的熟悉程度、习俗性和道德品质等方面（张耀华、朱莉琪，2014）。虽然两种划分方法从细节和范围上可能有所不同，但是基本上是沿着认知和社会两条线进行的。本研究拟选取第一种类型或者说是线索，来考察3岁至4岁幼儿选择性信任的情况。

相关研究表明3岁的幼儿具有一定的选择性信任能力（Jaswal & Neely, 2006; Corriveau & Harris, 2009; Rakoczy, Hamann, Warneken & Tomasello, 2010），但是并不完备（Clément, et al., 2004）。原因可能是由于其记忆持续的时间短或者执行能力有限导致他们只能用较为简单直接的方式进行处理。不过3岁的幼儿是有能力分辨信息提供者的知识状态并从知识丰富或具有确定性态度的信息提供者那里成功地学习一个新词（Birch, et al., 2010; Jazwal & Malone, 2007; Sabbagh & Baldwin, 2001）。与3岁的幼儿相比，4岁幼儿的选择性信任的能力发展得已经较为完善，但是还有一些复杂的任务不能完成（Robinson, Haigh & Nurmsoo, 2008; Lucas, Lewis, Pala, Wong & Berridge, 2013; Doebel & Koenig, 2013）。我们的研究拟锁定儿童认知警戒早期阶段，探测信息提供者的语言线索（句末语气词）在幼儿进行选择性信任时所起的作用。因此选择的幼儿年龄段为3岁至4岁，目的是密切关注幼儿对信息提供者话语的语言线索（意向确定和意向待定）保持敏锐度的情况。幼儿对信息提供者的知识能力和表达信心的敏感性可以提高他们对信息提供者可信度的整体判断。有研究对幼儿关于信息提供者话语命题的态度理解进行了调查（Brosseau-Liard & Poulin-Dubois, 2014; Matsui, Yamamoto & McCagg, 2006; Matsui, Rakoczy, Miura & Tomasello, 2009; Matsui et al., 2016）。其中以Moore和他的团队进行的一系列实验研究为代表。他们测试了幼儿是否能够区别由两个信息发出者使用一对词语（think vs know）来表达相互矛盾的判断从而识别隐藏对象的位置，例如“我知道它在红色盒子里”和“我认为它在蓝色盒子里”（Moore, Bryant & Furrow, 1989）。实验结果表明，3岁和4岁的幼儿之间有明显差别：4岁幼儿能够区分出两个动词所表达的不同态度，而3岁幼儿却不能。在另一项研究中，他们使用了“must”和“might”等情态动词为语言线索，如“必须在红盒子里”和“可能在蓝盒子里”（Moore, Pure & Furrow, 1990），发现幼儿对情态表达的理解与对心理动词的理解有很强的相关性。Sabbagh和Baldwin（2001）调查了幼儿是否更喜欢选择从知识丰富的信息提供者那里进行词汇学习。结果显示3岁幼儿对信息提供者的不确定表达可能具有一定的敏感性。此外，3岁幼儿成功表现的部分原因可能是由于使用了单词学习模式。然而，Sabbagh和Baldwin的实验刺激是由完全肯定表达和完全否定表达组成的，因此他们可能不足以挖掘幼儿对信息提供者肯定程度的理解。鉴于此，Matsui等（2016）使用了日语中的语气词yo（确定）和kana（不确定）来测试日本的幼儿对信息提供者所表达态度的理解和选择性信任。儿童的发展包括三个方面，生理发展、认知发展和社会情绪发展，它们互相交织共同推动儿童的个体发展。语言是衡量儿童认知发展的一个重要指标，而语气词作为汉语一个单独的封闭性词类，是人们情感表达的重要载体，具有较强的主观性和交互性，从一定程度上可以作为幼儿认知和社会情绪发展的双线索。但无论是国内还是国外都鲜见利用语气词为线索进行幼儿早期认知和社会情绪发展的研究，因此关于语气词在选择性信任中的敏感度的性质和作用需要进行更多的研究。

二、句末语气词的选取

（一）研究方法

1. 语料的使用情况

我们关于儿童句末语气词获得研究的四名幼儿的语料来自“汉语儿童多模态口语语料库”中的“典型发展儿童长期跟踪口语语料库”（该语料库的具体建设情况请参见：谢楠和张笛，2017）。四名幼儿的基本情况见表3-4：

表3-4 四名汉语幼儿的基本情况

序号	性别	开始年龄-转写结束年龄	父母及主要看护人情况	语料密度
1	女	1;01;06-4;01;02	普通话/普通话/部分北方方言，硕士，博士	每周一份（150）
2	女	1;01;12-3;12;28	普通话/普通话/部分北方方言，博士，硕士	每周一份（142）
3	男	1;08;20-4;06;23	部分北方方言/普通话/北方方言，学士，硕士	每周一份（140）
4	男	1;03;20-4;01;05	普通话/普通话/部分北方方言，学士，硕士	每周一份（140）

2. “啦”和“吧”的选取情况

幼儿姓名是首字母的缩写，语气词出现的频次是按例子（token）进行统计的，不计算连续重复和儿歌中的例子，首现时间为该语气词首次非模仿产出并表达无误的时间，获得时间为连续三次非模仿产出并表达无误的时间。四名幼儿“啦”和“吧”的产出情况见表3-5：

表3-5　四名汉语幼儿"啦"和"吧"的产出情况

儿童姓名	语气词（频次）	首现例句（时间）	获得例句（时间）
GYC	吧（1231）	吃吧！（1;09;09）	吃吧！（1;10;04）吃吧！（1;10;04）
SWK	吧（1042）	走吧！（1;09;04）	领吧！（1;09;25）起吧！（1;09;25）
WJH	吧（1789）	这个吧！（1;09;25）	这样吧！（1;09;25）<还要>还要吧？（1;10;09）放这边吧.（1;10;09）没有<有>有锅吧.（1;10;09）
WMX	吧（1348）	爬吧！（1;09;26）	挖吧！（1;11;11）走吧！（1;12;02）走.走吧.（1;12;02）
GYC	啦（402）	呼啦圈来啦.（1;10;25）	两个#还没讲这个啦!（1;11;08）去啦.那那来啦.（1;11;27）倒啦.（1;11;27）我的熊你来啦.（1;11;27）
SWK	啦（560）	没啦.（1;08;21）	没有没有啦.（1;08;21）走啦.（1;09;04）
WJH	啦（770）	就来啦.（1;08;27）	吃奶啦.（1;10;09）都搁盘啦.（1;10;18）
WMX	啦（475）	没啦.（1;11;25）	咋啦?（1;12;11）行啦.（1;12;11）

（二）语料分析及讨论

讲话者表达确定/非确定态度的语言手段有很多，例如可以使用心理动词（认为/猜测）、情态副词（好像/肯定）、情态动词（可能/一定）或句末语气词（吗/吧）等词汇来表达。当这些词汇项目被用来表达讲话者态度的确定/非确定时，通常被称为标记语，与句子主体缺乏结构上的关联（Dehé & Kavalova, 2007）。换句话说，表达讲话者确定/非确定态度所运用的语言手段与话语所表达的命题无关，即不决定命题的真值，而是讲话者主观意图或态度的一种表达，体现了交际的交互主观性。Blakemore（1987）认为标记语的蕴含意义可以分为两类：概念意义和程序意义。概念性标记语与概念内容有关，并能够影响话语的显性内容，起了命题间的概念联系作用并体现了话语的语义特征；而程序性标记语则与概念内容无关，不连接命题关系，但既能够影响话语的显性内容又影响隐性内容，并促使听话人获得最佳关联解释。在关联理论的框架内，包括语气词在内的语法化项目被处理为程序性（非表征）意义，有助于对概念性（表征）意义的解读。程序性标记语的主要功能是通过对话语的理解所推论出来的短语对听众进行引导，框定话语范围并令话语表达的主观意图更加显著，从而有利于听众的理解。

幼儿在两岁左右已经完成了大部分句末语气词的获得（彭鹭鹭, 2016），包括典型语气词（的、了、吧、吗、啊、吧）和非典型语气词（嘛、啦、哦、嘞、喽、呗、哎等）。

本研究需要的语言线索，即需要句末语气词表达的核心言语意图为意向确定和意向待定。根据现代汉语的现有研究成果，“啦”是“了”和“啊”的合音，黎锦熙（1924）认为“啦”是“了”的变体，略带感叹的口气，表示语气的完结。孙汝建（1999）认为“啦”增添了肯定、确认的口气。由于“啊”的交互主观性较强，从而也令“啦”带上了一些感情色彩并且互动性较强。齐沪扬（2002）认为“吧”主要表达祈使和揣测，张小峰（2003）提出“吧”是介于“疑”和“信”之间的“不确定”语气。赵春利和孙丽（2015）认为“吧”的核心语义为“意向待定”，“吧”的有无在于增添或者消减讲话者的“不确定性”。我们根据研究二的实验设计，结合语气词的核心言语意图，选择了“啦”和“吧”作为意向确定和意向待定的语言线索。

根据表3–5，四名幼儿“啦”和“吧”基本于1岁9个月至1岁11个月首现，并都于2岁左右获得。研究二选取的实验对象为3岁至4岁，该年龄段的幼儿都已经完成了“啦”和“吧”的获得并能够正确使用，对于这两个语气词的核心言语意图也具有感知的敏锐性，能够区分对自己的陈述有信心或没信心的信息提供者（Matsui, et al., 2016）。然而，尚无研究进一步调查3岁至4岁的幼儿能否将这种感知运用到选择性信任和词汇学习上去，即他们能否避免从使用语气词“吧”（意向待定）来表达对自己的陈述持不确定性态度的信息发出者那里学习新词。例如，一个成功的学习者应该能够避免选择对自己的陈述持不确定态度的讲话者提供的线索去学习一个新词，也就是说这个讲话者提供的信息很可能是不正确的。本研究的目的是调查中国3岁至4岁的幼儿能否根据语气词所蕴含的主观意图（意向确定vs意向待定）来分辨信息发出者的可靠性程度并且选择信任对自己的陈述具有信心的信息发出者，最终从意向确定的讲话者那里学习一个新词，同时避免从意向待定的信息发出者那里学习。

三、句末语气词与幼儿选择性信任在词汇学习中的作用

（一）研究方法

1. 被试

从山东省某市一所幼儿园随机抽取典型发展的56名幼儿，分为两个年龄组：28名3岁幼儿［年龄范围：3;01–3;11；M =42（个月），SD=4.15，女童16名，男童12名］和28名4岁幼儿［年龄范围：4;01–4;11；M = 54（个月），SD=3.47，女童13名，男童15名］。每个年龄段的幼儿随机分为两组，每组14人，每名幼儿各参加一次“啦”和“吧”的实验。所有幼儿以前均没有参加过类似实验，并取得幼儿园和幼儿父母的同意。

2. 实验材料

实验地点选取为幼儿园独立并安静的房间。实验物品有：两组同样的手偶，每

组各2个（粉色兔子和白色奶牛）；两组同样的毛绒玩具，每组各12个形态各异且幼儿较陌生的玩具；4个收纳盒；28张彩色毛绒玩具图片，其中包含4个目标玩具的图片、12张幼儿熟悉的玩具图片、12张不熟悉的玩具图片；一段电话录音。

3. 实验程序

实验步骤分三个任务：被试首先进行选择性信任任务，然后是词汇学习任务，最后是理解任务。任务改编自前人的研究范式（Sabbagh & Baldwin, 2001; Matsui, et al., 2016），并根据我国的文化情况进行微调。三个实验步骤皆包含两个条件：（1）意向确定条件。实验员向幼儿介绍目标玩具时使用句末语气词“啦”；（2）意向待定条件。实验员向被试介绍目标玩具时使用句末语气词“吧”。两个奶牛手偶分别负责一个条件，两个兔子手偶分别负责一个条件。奶牛手偶的目标玩具总是命名为飞妮，兔子手偶的目标玩具总是命名为爱达。确定条件奶牛手偶与待定条件兔子手偶为一组，待定条件奶牛手偶与确定条件兔子手偶为一组。每个年龄段的两组被试被随机分配到其中一组并且两组实验程序相同。每组2个实验员，28名被试（14名3岁幼儿和14名4岁幼儿）。

（1）选择性信任任务

每个实验员单独一间房间，并分别控制一个手偶作为“命令下达者”。选择性信任任务开始时，包括目标玩具在内的3个玩具被摆在桌子上，实验员与被试分别坐在桌子两侧，并控制手偶向被试介绍这三个玩具：“小朋友，你好！我是奶牛/兔子。很高兴认识你。现在我要去操场上玩一会。这里有我最喜欢的三个玩具，你可以陪它们玩哟。”接着手偶消失，实验员和被试一起互动玩玩具。确定条件下的实验员使用句末语气词“啦”来表达对玩具玩法的信心充足（例如：这个玩具这样玩啦！）。而待定条件下的实验员使用句末语气词“吧”来表达对玩具玩法的信心不足（例如：这个玩具这样玩吧？）。幼儿熟悉三个玩具后，开始第一个选择性信任任务。实验员播放电话录音并要求被试注意听：奶牛/兔子请人将飞妮/爱达送到操场上（小朋友你好啊，我就是刚才的奶牛/兔子，我现在在操场上和其他小朋友玩，你能帮我把飞妮/爱达找出来送给我吗？谢谢你了！）。为了检查被试对录音的理解，实验员要求孩子重复录音信息，随后，实验员命名目标玩具。确定条件下的实验员指着目标玩具，使用句末语气词“啦”来命名玩具（例如，这个叫飞妮/爱达啦。）；而待定条件下的实验员使用句末语气词“吧”来命名玩具（例如，这个叫飞妮/爱达吧。）。然后实验员要求被试从3个玩具中选择飞妮/爱达并放到收纳盒里，以便拿到操场上陪奶牛/兔子玩，并把剩余2个玩具收起来，第一个任务结束。

（2）词汇学习任务

实验员向被试展示奶牛/兔子的玩具相册。每本相册包含3张被试熟悉的玩具图片、3张被试不熟悉的玩具图片，以及1张飞妮/爱达的图片。实验员要求被试给每个玩具进行命名（词汇学习），重点是正确命名飞妮/爱达。幼儿有两次机会进行命名，第一次不论对错，实验员都回答好的，第二次实验员可以进行诱导（例如：这是刚才看到的玩具吗？它叫什么特殊的名字？）。第二次命名完成后，第二个任务结束。

（3）理解任务

词汇学习任务结束后，被试立即进行理解任务。实验员要求被试从随机显示在桌子上的6个玩具中选出目标玩具飞妮/爱达，选择完成后，第三个任务结束。随后实验员给予幼儿一个棒棒糖作为实验奖励。

（4）结果记录

选择性信任任务中，幼儿根据含有意向确定核心言语意图的“啦”的话语进行成功选择的记为1分，不成功的记为0分；根据含有意向待定核心言语意图的“吧”的话语进行成功选择的记为1分，不成功的记为0分。词汇学习任务中，幼儿根据“啦”进行成功词汇学习的记为1分，不成功的记为0分；根据“吧”进行成功词汇学习的记为1分，不成功的记为0分。理解任务中，根据“啦”进行成功理解的记为1分，不成功的记为0分；根据“吧”进行成功理解的记为1分，不成功的记为0分。

（二）结果分析及讨论

1. 结果分析

表3-6　3岁至4岁幼儿在所有任务上得分情况一览表

	3岁组				4岁组			
	M	SD	正确率	*t*（26）	M	SD	正确率	*t*（26）
选择性信任任务（啦）	1.93	0.27	0.97		2.00	0.00	1.00	
选择性信任任务（吧）	1.07	0.73	0.54	4.76**	1.36	0.63	0.68	3.80*
词汇学习任务（啦）	0.71	0.61	0.36		1.21	0.70	0.61	
词汇学习任务（吧）	0.50	0.52	0.25	1.00	0.79	0.58	0.40	1.77
理解任务（啦）	1.50	0.52	0.75		2.00	0.00	1.00	
理解任务（吧）	1.14	0.66	0.57	1.59	1.57	0.51	0.79	3.12**

注：每个任务的最高分为3分。 $^{**}p<0.001$ $^{*}p<0.05$

表3-6显示了两个年龄组在所有任务上得分的平均值及标准差。在第一个选择性信任任务中，我们使用2×2双因素方差分析，使用幼儿选择性信任任务中得分的

正确率为因变量，年龄（3岁vs 4岁）和语气［确定（啦）vs 待定（吧）］为固定因子。数据分析发现语气的主效应显著（$F(1,51)=50.89$, $p<0.001$）。进一步分析发现幼儿在确定“啦”条件下（$M=1.96$, $SD=0.19$）的表现优于待定“吧”条件下的表现（$M=1.21$, $SD=0.69$）。年龄的主效应不显著（$F(1,51)=0.52$, $p>0.01$，年龄和条件之间的交互作用不显著（$F(1,51)=1.21$, $p>0.01$）。实验结果表明当信息发出者对自己的表达很有信心时，3岁至4岁幼儿选择信任这个信息发出者，并做出正确选择；当信息发出者对自己的表达信心不足时，3岁至4岁幼儿没有选择信任这个信息发出者。根据表3，独立样本t检验显示3岁组幼儿在确定“啦”条件下的表现与待定“吧”条件下的表现具有显著差异；同样4岁组幼儿在两个条件下的表现也具有显著差异，两组幼儿都倾向于信任确定“啦”条件下的信息发出者。

第二个词汇学习任务，同样进行双因素方差分析。数据分析发现语气的主效应显著（$F(1,51)=19.86$, $p<0.001$）。进一步分析发现幼儿在确定“啦”条件下（$M=0.96$, $SD=0.69$）的表现优于待定“吧”条件下的表现（$M=0.64$, $SD=0.56$）。年龄的主效应不显著（$F(1,51)=0.24$, $p>0.01$，年龄和条件之间的交互作用不显著（$F(1,51)=0.24$, $p>0.01$）。实验结果表明当信息发出者对自己的表达很有信心时，4岁幼儿选择信任这个信息发出者，进行词汇学习的正确率高于随机水平（50%）；当信息发出者对自己的表达信心不足时，4岁幼儿没有选择信任这个信息发出者，进行词汇学习的正确率低于随机水平。3岁幼儿在这个任务上完成的情况不好，即3岁幼儿虽然能够感知到语气词表达的态度的不同（确定 vs 待定），但是可能由于任务复杂性、认知程度局限性和记忆非持续性等原因，还不能很好地进行词汇学习。根据表3，独立样本t检验显示3岁组幼儿在确定“啦”条件下的表现与待定“吧”条件下的表现不具有显著差异；同样4岁组幼儿在两个条件下的表现也不具有显著差异。

第三个理解任务，同样进行双因素方差分析。数据分析发现语气的主效应显著（$F(1,51)=29.92$, $p<0.001$）。进一步分析发现幼儿在确定“啦”条件下（$M=1.75$, $SD=0.44$）的表现优于待定“吧”条件下的表现（$M=1.36$, $SD=0.62$）。年龄的主效应不显著（$F(1,51)=0.34$, $p>0.01$，年龄和条件之间的交互作用不显著（$F(1,51)=0.72$, $p>0.01$）。实验结果表明当信息发出者对自己的表达很有信心时，4岁幼儿选择信任这个信息发出者，并能进行正确理解；当信息发出者对自己的表达信心不足时，4岁幼儿理解的正确率随之降低，但仍高于随机水平。3岁幼儿在“啦”条件下的理解任务完成情况较好，高于随机水平；在“吧”条件下的理解任务完成情况随之降低，接近随机水平。根据表3-6，独立样本t检验显示3岁组幼儿在确定“啦”条件下的表现与待定“吧”条件下的表现不具有显著差异；而4岁组幼儿在两个条件下的表现则具有显著差异。

2. 讨论

任务一中，3岁和4岁幼儿都能够根据句末语气词表达的态度差异来进行选择性信任，即他们选择对自己的话语具有信心的信息发出者，并对自己话语不具有信心的信息发出者保持警惕。国外类似的研究结果表明，3岁幼儿不能理解讲话者用“I think”和“I know”等插入语或者“might”和“must”等情态词所表达的主观态度（Moore, et al., 1989）。Matsui, et al.（2006）也表明，3岁的日本幼儿能通过两个句末语气词“yo”和“kana”来理解讲话者的确定性，但不能在“I think”和“I know”这对插入语的基础上进行确定性与不确定性的区分。这些发现表明，虽然3岁幼儿在一定程度上能够理解信息表达者的确定/待定态度，但是对他们来说不同的词汇项目难易程度不同。句末语气词是程序性标记语，“I think”和“I know”则属于概念性标记语，3岁幼儿对于程序性标记语的理解比概念性标记语要容易，或者说3岁幼儿已经能够理解程序性标记语表达出的态度上的不同，但是却不能通过概念性标记语来理解，但4岁幼儿能够通过这两种标记语来理解。根据信息发出者提供的确定/待定的态度信息（认知信任）来进行选择性信任的相关研究已经证明幼儿可以像成年人那样基于信息的准确性和知识性来对信息发出者的可信度进行评估。这个能力在3岁至5岁之间就开始发展了（Sabbagh & Baldwin, 2001; Koenig & Harris, 2005; Pasquini et al., 2007;丁雪辰等, 2017）。本研究为该结论增添了新的证据，3岁的幼儿也有能力评估信息发出者的可信度，他们是根据句末语气词这种程序性标记语为语言线索对信息发出者的态度进行评估的，并且与日本的相关研究结论一致（Matsui, et al.,2006;2016; Matsui & Miura, 2009）。根据丁雪辰等（2017）的研究，中国幼儿的选择性信任的发展要早于西方幼儿，那么语气词是否在其中扮演了一定的角色呢？汉语和日语等汉藏语系与英语和法语等印欧语系相比具有一类特殊的词类——语气词，因此说汉语和日语的3岁幼儿都能够根据信息发出者使用程序性标记语（语气词）表达的确定/待定的态度信息来进行选择性信任，而西方幼儿却在4岁才能够利用一些概念性标记语来对信息发出者进行选择性信任的评估。这值得进行进一步的深入研究，来揭示话语标记与幼儿选择性信任之间的关系。

任务二中，句末语气词的主效应显著，即3岁至4岁幼儿在进行词汇学习时，都能够感知到信息发出者的确定/待定态度，并且倾向于确定态度的信息发出者。但是任务完成的情况一般，没有显示出显著性差异，即3岁至4岁幼儿的任务完成正确率虽然有差距但是没有统计学意义。3岁幼儿普遍表现较差，低于随机水平，受任务复杂性、认知局限性和记忆非持续性的影响颇深。4岁幼儿在“啦”条件下进行的词汇学习的正确率高于随机水平（50%），在“吧”条件下的正确率则低于随机水平。可以看出，4岁幼儿具有一定的词汇学习能力，与3岁幼儿相比在感知信息发出者的确定/待定态度的基础上进行词汇学习的表现要好一些。Sabbagh & Baldwin（2001）研究认为与3岁的幼儿相比，4岁幼儿因为具备了心理理论能力，因此在进行词汇学习时的表现要好。由于我们没有进行心理理论测试，不能直接得出该结论，但是可以推断3岁和4岁这两个年龄段，在词汇学习上可能会有一个阈值，即4岁幼儿既然能够通过程序性标记语和概念性标记语来对信息进行选择性信任，那么在词汇学习上也同样表现出高于3岁幼儿的阶段性特征。相关研究也表明在幼儿的选择性信任方面，4岁是一个重要的年龄段，4岁至5岁的幼儿进行选择性信任任务的得分高于3岁幼儿（Ganea, Koenig & Millett, 2011; Koenig et al., 2004; Koenig & Harris, 2005; Luu, de Rosnay & Harris, 2013;丁雪辰等, 2017），即4岁幼儿的选择性信任能力已经发展到一个更高的阶段。

任务三中，句末语气词的主效应显著，即3岁至4岁幼儿在进行理解时，都能够感知到信息发出者的确定/待定态度，并且倾向于确定态度的信息发出者。3岁幼儿表现尚可，两种条件下的理解正确率皆高于随机水平，4岁幼儿在“啦”条件下进行理解的正确率为100%，在“吧”条件下的正确率也高于随机水平，并具有统计学上的显著效应。在理解任务中，4岁幼儿的表现明显好于3岁幼儿。除了第二个任务中提到的阈值原因，我们认为记忆的持续性也起了较为重要的作用。经过前两个任务后，3岁幼儿记忆力的局限性开始凸显，他们可能已经很难清晰地记住玩具的样子和名字，从而导致任务准确性的降低，而4岁幼儿工作记忆的能力与执行能力皆高于3岁幼儿，从而能够成功完成理解任务。

那么为什么词汇学习任务完成情况最差呢？可能因为研究范式的问题，词汇学习任务要求幼儿对7张图片分别命名，幼儿首先要对图片进行识别，然后进行加工、运算与搜索等心理认知活动，最后使用清晰无误的语言表达出来，任务难度明显高于其他两个任务。如果抛去词汇学习任务的复杂性，并结合第一和第三个任务较好的完成情况，至少可以推测4岁幼儿具备在选择性信任的基础上对新词汇进行学习的能力。

四、研究发现

（一）汉语中表示意向确定和意向待定的一对句末语气词“啦”和“吧”基本于幼儿1岁9个月至1岁11个月时首现，并于2岁左右获得。

（二）3岁和4岁说汉语的幼儿都能够根据句末语气词表达的态度的不同来进行选择性信任，即他们选择对自己的话语具有信心的信息发出者，并对自己话语不具有信心的信息发出者保持警惕。话语标记与幼儿选择性信任之间存在一定的关系，中国和日本的幼儿之所以在3岁时就能够表现出较强的选择性信任能力可能是因为较早获得程序性标记语（句末语气词）。

（三）不论是选择性信任还是词汇学习和理解，4岁都是一个重要的年龄段，即4岁幼儿的认知信任和学习新词的能力都发展到一个更高的阶段。

（四）与4岁幼儿相比，3岁幼儿在词汇学习和理解方面受任务复杂性、认知局限性和记忆非持续性的影响较大。

第四章

儿童言语的心理情绪、态度与行为策略

第一节　儿童言语的心理情绪与态度

一、研究背景与研究目标

个体认知能力的发展过程既要受到外界刺激、自身生理、已有知识结构、认知结构等确定性因素的限制，又要受到思维和非线性相互作用等不确定性因素的影响，还要受到一些随机的突变和偶然性因素的扰动，如失误与直觉，是一个确定性与偶然性、稳定与发展、量变与质变、竞争与协同辩证统一的不断变化发展的过程。个体发生研究是一个跨专业的研究课题，任何一个语言学理论都不是完美的，需要多学科、多方法地运用才能揭示儿童语言的个体发生实质。在此我们借助系统思想、功能思想、层次化思想、渐变体思想、语境思想、言语行为理论、系统功能语言学、认知语言学等理论与思路构建一个儿童语言自适应系统，以全局的系统观去考察儿童言语心理情绪与态度。

儿童作为生态系统的一个存在物，基于互动本能，在文化语境和情景语境的刺激下以及物质环境和社会互动的驱动下，大多是成人语言的输入抑或其他社会模态符号的影响，通过自组织机制，神经元群的发育选择和经验选择促使儿童逐渐产生高阶意识，即意义潜势的萌芽，抑或心理图画，形成模糊的信息流，再经过内部模型中的共生规则或组块聚集，以及神经系统的处理加工和言语理解系统的反应进行反馈，语言便涌现，即产出清晰的信息流；儿童再根据自我的反应模式不断地调整对环境的适应度或修改规则探测环境的反应，并根据环境的反应再次调整自己的语言结构和行为，逐渐构建个体化的意义系统网络，同时也是集体意义潜势的一部分（谢翠萍，2015）。个体化的意义网络一旦建构，儿童便能反复运用、选择并创造新的意义潜势，其语言系统以扩展或投射的递归式路径得以演化，这就是语言个体发生的路径。具体模式见图4–1：

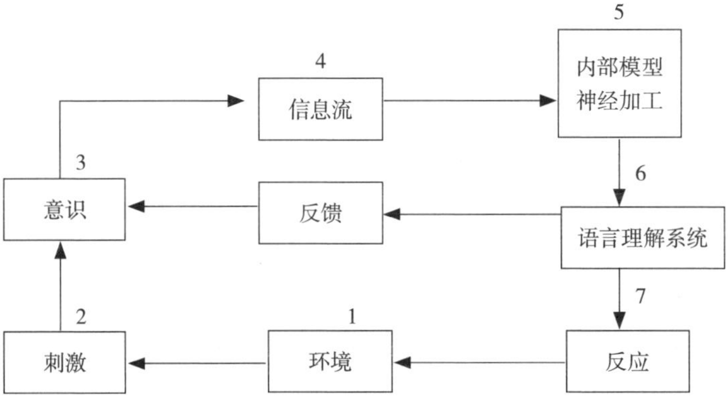

图4-1　儿童语言自适应系统的运行模式

儿童语气系统的建构过程是一个复杂的自适应系统，涉及多方面的语境因素、心理认知、经验结构和社会互动等复杂的相干因素，是意义潜势在词汇语法层面上的逐级实现的过程，反映了儿童心理认知域的扩展和心理思维过程。该过程我们以语气词“吧”的具体实现路径为例，请见图4-2。但是这个路径只是一个实现过程，并不是现实的话语交流的具体步骤，也就是不能说儿童心理有了一个情感或态度需要表达，然后选取了言语意图之后随即体现在言语行为，儿童很可能在多轮话语后才体现出他/她的心理认知。

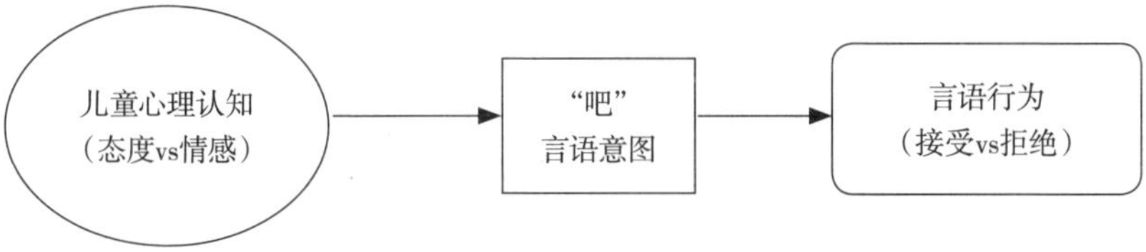

图4-2　语气词“吧”的具体实现路径

本节使用的语料为“儿童多模态口语语料库”中个案儿童WMX从3;01;05到4;01;05一整年（50个小时）的家长儿童话语交流录像。提取句末含有“吧”的对话进行整理，搜集到489个对话片段。下面就结合具体的例子，分析两类体现儿童心理认知的话语片段，考察普通话儿童话语交流时的具体心理情况。鉴于此次儿童心理分析是一种尝试性的分析，不再对所有的话语片段进行统一的整理，只是提取典型例子进行解释说明，后续的研究可以在较为成熟的分析模式基础上对话语片段进行进一步的整理。

二、儿童态度的心理和认知状态

儿童表达客观情况时，会向他人传递自己的态度和看法，表达他们对命题真值的认识或事件现实性状态的认识。这主要涉及对事物的肯定、否定态度，有关命题真伪的评估，有关能力的评估，对情理许可的评估，对事件现实性的评估（彭利贞，2005）。

所有的句子不是肯定就是否定（吕叔湘，1982）。我们将肯定与否定对应分析为接受和拒绝的形式和内容，然后把它们从儿童态度角度分为以下几个小类：对他人问话的肯定/否定回应；对他人观点的认同/不认同；对他人指令意图的同意/不同意；对他人指责的否认、辩解和反驳。

（一）肯定回应/否定回应

儿童心理认知中承认事物的存在，承认事物事理的真实性，表示正面态度。主要指对问话的肯定性回应。

例1

CHI：回家吧！妈妈.

CHI：回家吧！

MOT：上哪去？

MOT：那是你的家？

CHI：是的.

MOT：嗯？

CHI：xx妈妈.

CHI：xx再配一个门-：.

MOT：行你来干吧我在这给你录像.

（3;01;20–7，—岁；月；天–片段编号，下同）

儿童否认事物的存在或事物的真实性，表示反面态度。主要指对问话的否定性回应。

例2

CHI：嗯#戴墨镜.

MOT：都带上墨镜了.

CHI：不是吧#是眼镜.

MOT：啊#为什么要带上墨镜啊？

CHI：不是#墨镜.

CHI：这是眼镜.

MOT：啊#带上墨镜就是眼镜.

MOT：他们为什么要带上眼镜？

MOT：你猜猜他们为什么要带上眼镜不行吗？

MOT：嗯？

MOT：因为在太阳光下#太阳光#太#太刺眼了#是不是啊？

CHI: 不是.

MOT: 刺得眼睛疼就得带上墨镜.

MOT: 保护眼睛#是不是啊?

CHI: 那我#我怎么不带眼镜呢?

MOT: 因为#等着你到夏天的时候我也给你买个眼镜带着.

MOT: 保护眼睛.

CHI: 可是#我我不是没有#眼镜.

CHI: 我不要眼镜. (3;04;10−6)

(二) 认同/不认同

儿童使用“对”“嗯”“没错”等词语，表达他/她与他人有相同观点、看法，从而从心理上产生“共鸣状态”。

例3

CHI: 好#圆的可以吧?

MOT: 可以.

CHI: XXX.

MOT: 我要一个!

CHI: 还有一个红的+/.

MOT: 不是我要一个就可以#这是一个吗?

CHI: 对呀!

MOT: 你看好这是一个吗?

CHI: 我#给你一个红色的. (3;02;28−17)

儿童使用“不对”“没有”“不是”等词语，表达与他人有不同观点和看法，从而体现了心理上的“不认同感”。

例4

CHI: 是带灯的鞋是吧?

MOT: 什么的鞋?

CHI: 是这个是#不是带灯的鞋?

MOT: 蛋糕的鞋?

CHI: 不对#不是蛋糕的鞋.

CHI: 是#是不是带灯的?

MOT: 啊?

CHI: 是不是带灯的鞋? (3;03;19−3)

(三) 同意/不同意

儿童使用“嗯”“好”“好吧”“可以”等词语表达对他人指令、意图的肯定性回应，心理上是“顺从状态”。

例5

CHI：看一集贝瓦儿歌吧？

MOT：等录完像呀！

CHI：录像结束！

CHI：结束！

CHI：结束了吗-:?

MOT：没有.

CHI：结束了.

CHI：妈妈这个还没削呢.

MOT：你削吧.

CHI：好吧. （3;02;14-8）

儿童使用“嗯”“不行”“不要”“不能”等词语，表达对他人指令、意图的否定性回应。不同意包括不同意接受，不同意服从，心理上是“逆反状态”。

例6

CHI：妈妈我们来唱#唱#卖火柴的小女孩吧！

SIS：我们看[！]过了我们看成语故事吧！

CHI：不行+//.

SIS：背古诗好不好？

CHI：妈妈我们来看小#小卖火柴的小女孩吧！

MOT：你们上#楼顶上玩一玩吧！

SIS：咱们去吧.

CHI：我不去[.]我不去[.]. （3;07;15-1）

（四）否认

儿童不承认他人指责的内容，心理上有种“委屈状态”。

例7

CHI：你看一个葫芦吧？

GRA：什么葫芦？

CHI：嗯.

CHI：我的葫芦.

GRA：你的葫芦？

CHI：我的葫芦.

GRA：哎#又弄进去啦.

CHI：没有弄进. （3;03;26-5）

（五）辩解

当他人认为说话人不对，对说话人进行指责和批评时，说话人说明原因进行辩解，儿童心理上有种“争辩状态”。

例8

CHI：妈再去把那蓝色#剪断怎么样?

MOT：行了别再打那个主意了.

MOT：就这两个就行.

CHI：我X那伞吧?

MOT：你再说我就不理你了

MOT：你再这样的话明天我就把伞送给别人去.

MOT：你不爱惜你的伞.

CHI：我爱[！]惜.

MOT：爱惜你的伞你把他那上面那哨子剪下来.

CHI：妈妈去#去X上的那哨子解下来.

CHI：妈我们玩哨[！]子吧?

CHI：我们玩那个蓝色的. （3;10;15−3）

（六）反驳

提出理由或根据来否定对方的意见、说法，断定一个或一些判断的真实性，通过推理形式确定另一判断虚假或其论证方式不能成立。儿童反驳他人时，经常使用问句形式增强语气，儿童进行反驳时的心理是“不服气状态”。

例9

CHI：妈你帮我喝了吧?

CHI：我马上就要打嗝了呀妈妈.

CHI：妈我马上就要打嗝了呦.

CHI：我又咬手指头了妈.

MOT：手指头好吃吗?

MOT：好吃就吃掉吧明天不吃早餐了直接把手指头当早餐.

CHI：啊 #不要.

CHI：那我用什么当手指呐?

MOT：那你为什么把手指头放到嘴里咬?

CHI：我害怕#我害怕那个#我害怕这#我害怕这#这个#我害怕那个#他#他我那个帽子掉下来了我就咬手#手指头.

……

MOT：你咬手指头和帽子掉下来有什么关系吗?

MOT: 一点关系也没有吧?

CHI: 一点关系有.

CHI: 一点关系有!

CHI: 不跟#不跟你玩了.

MOT: 那你走吧#不跟我正好.

MOT: 我还不想跟你玩了来.

CHI: 我跟[！]你玩.

CHI: 我跟你玩.

CHI: 我#我#要是帽子掉下来了然后呢我就#他一掉下来之后#他要掉下来之后我就咬手指头.

CHI: 然后呢他就#他在#在那个天空中的时候#然后呢我一咬手指头他就上去了.

（3;11;04–9）

（七）估测

不确定的判断或认识。儿童使用“应该”“可能”“一定”“好像”“也许”“肯定”等副词表示对情况的估测。儿童的心理是“猜测状态”。

例10

CHI: 爸爸怎么还不来呀?

MOT: 找爸爸干吗?

CHI: 爸爸应该给我拿药是吧?

CHI: 爸爸去拿药是吧?

MOT: 你咳嗽了以#你咳嗽的时候疼吗?

CHI: 疼. （3;08;01–8）

例11

CHI: 你看车灯坏了吧–:?

CHI: 开坏了怎么修呢?

CHI: 我们#我们找一个XX可以吗?

CHI: 找到一个XX.

CHI: 我找到一个XX妈妈.

MOT: 哎#你看我搭的是什么?

CHI: 好像是创可贴啊–:! （3;02;28–14）

（八）怀疑

对事实或他人话语的真实性表示不很确信，这时儿童的心理是“怀疑状态”。

例12

CHI：嗯#戴墨镜.

MOT：都带上墨镜了.

CHI：不是吧#是眼镜.

MOT：啊#为什么要带上墨镜啊?

CHI：不是#墨镜.

CHI：这是眼镜. （3;04;10–6）

（九）必须

儿童使用“一定”“得”“必须”等词语表示从事理上或情理上的必要，心理状态是“强制状态”。

例13

MOT：那你打开吧.

CHI：好我按开.

CHI：我得唱我得唱歌.

CHI：我我我爸爸的的的手机吧.

MOT：是你爸爸的手机铃声–:.

CHI：它就像我.

CHI：它就像爸爸的手机一样–:. （3;02;00–11）

三、儿童情感的心理和认知状态

语言有表达情感的功能，情感是个体对各种认知对象的态度体验和相应的心理反应，是一种精神上的感受和体验（罗黎丽，2012）。情感与需要相关，需要是情感产生的重要基础。根据需要是否获得满足，情感有肯定或否定的性质。凡是能满足需要或能促进这种需要得到满足的事物，便引起肯定的、积极的情感，如喜爱、愉快等；凡是不能满足这种需要或可能妨碍这种需要得到满足的事物，便引起否定的、消极的情感，如憎恨、不满意等。

语料中，儿童的情感表达也有积极、消极之分。愉悦类情感就属于积极情感，它包括爱、喜欢、高兴、如愿；消极情感分为不如意类情感、不满类情感，还有害怕、着急、担心、无奈。不如意类情感的刺激物往往是事物或事态，不满类情感的刺激物往往是他人的不利言行。不如意类情感有不喜欢、不如意。不满类情感的宣泄形式有抱怨、斥责、责令。除上面列举的类别之外，还有庆幸、意外、领悟、无所谓、看不起、追问、夸奖、夸耀。追问的目的是满足好奇，夸奖、夸耀是表达对别人和自己的欣赏和肯定。

（一）愉悦类情感

儿童在表达此类情感时，心理状态是“积极的状态”，并且自己的情绪也是乐观向上的。

例14

CHI：可爱吧.

MOT：你说呢?

CHI：可爱.

MOT：我怎么没觉得可爱呀.

CHI：可爱.

MOT：一点都不可爱#不就这么一个形状吗？有什么可爱的.

CHI：可爱-:.

MOT：我还觉得你挺可爱嘞.

CHI：它也可爱#你看. （3;03;26-1）

例15

CHI：那现在#汽车可以进去了吧?

MOT：嗯-：可以了.

CHI：现现在xx了吧?

MOT：可以进来了.

MOT：哇-：塞-：.

CHI：终于出来了-：.

MOT：终于出来了. （3;01;25-7）

例16

CHI：爸爸我吃这个#烤#烤#烤排吧.

MOT：吃吧.

CHI：真好吃那!

CHI：原味. （3;08;29-11）

例17

MOT：你喜欢奶糖还是水果糖?

CHI：水果糖和+//.

MOT：你坐下!

CHI：水果糖.

MOT：看不着你了吧?

CHI：水果糖好吧-:?

CHI：我喜欢水果糖[.]#我我喜欢水果糖[.]!

CHI: 水果糖[.]水果糖[.]! (3;05;27-3)

(二) 不如意类情感

儿童在表达此类情感时，心理是“消极的状态”，并且自己的情绪带有负面情感。

直接表示不喜欢。

例18

CHI: 这牛奶都坏了.

CHI: 这牛奶都坏了吧.

CHI: 啊#我不想要这种吸管#我不喜欢大吸管.

MOT: 来.

MOT: 那用什么样吸管.

CHI: 啊[-:]我我不想要这#放到锅里面.

MOT: 刚才这吸管让锅给煮煮烂了. (3;08;29-1)

常用“哎哟”“啊噢”“啊”“哎呀”“倒霉”“惨了”“糟了”惊呼感叹不如意。

例19

CHI: 这是#这是字母歌#是字母歌#我不要拿字母歌#你别弄字#字母歌吧#哎呀#别弄字母歌呀!

MOT: 嗯.

MOT: 那弄小人#把小学生放在这!

CHI: 不想#不想把鞋子放在这#把学校不能放在这.

MOT: 那放在哪啊?

CHI: 大门#人撒在大门这了. (3;01;17-8)

(三) 不满类情感

抱怨：陈述他人不利言行及其影响，表达不满。儿童的心理处在一个“埋怨状态”。

例20

CHI: 嗯喝[!]罐头吧.

CHI: 我去拿碗.

MOT: 不行.

MOT: 不能再喝了.

MOT: 喝了两个罐头了#不能再喝了.

CHI: 我还要.

CHI: 你不是刚才说的吗?

MOT: 刚才说什么?

CHI: 喝吗?

CHI: 你不是刚才说的喝吗?

MOT: 嗯.

CHI: 我拿一#那快打开吧.

CHI: 嗯.

CHI: 我快点喝.

CHI: 赶快吧. （3;06;12−8）

斥责: 使用带负面评价义的词语表达对他人的否定态度。认为对方的言行不符合言行规范, 是不道德的、不正常的, 不可接受的, 儿童心理是“批评状态”。

例21

CHI: 把这个放在后边吧.

MOT: 对[.]对[.].

MOT: +"一录像就不舒服.CHI:

CHI: 爸爸真是的#一给录像就不舒服是不是? （3;00;05−5）

例22

CHI: 他坏蛋吧#妈妈.

MOT: 他怎么坏蛋了?

FAT: 坏蛋.

CHI: 坏蛋#我说.

CHI: 你#坏蛋[!]你看#你偷看我的#积#木.

MOT: 他偷看你的积木了? （3;00;05−10）

责令: 通过对他人下达指令的方式表达对他人的不满。要求停止或改变不如意行为, 可以通过威胁警告增强指令的强迫性, 儿童的心理是“不满状态”。

例23

MOT: 来把鞋子脱下来来.

CHI: 我不要#! 脱#鞋!

CHI: 不要脱下鞋吧−:!

CHI: 我不#我不想脱鞋−:.

CHI: 妈妈我不想脱鞋.

CHI: 妈妈我不想脱鞋妈妈. （3;05;08−1）

（四）担心

有顾虑, 怕发生不如意的事情, 不放心。儿童的心理是“不放心状态”。

例24

CHI: 那个不凉快吧妈妈.

CHI: 这个太热+//.

MOT: 妈妈像你这么小的时候家里没有电风扇就用这个.

……

MOT: 自己扇一扇.

CHI: 可是-:.

CHI: 可是-:.

CHI: 摔碎了的话那怎么#怎么办呢?

MOT: 对呀!#电扇要摔碎了怎么办呀?

MOT: 就得用扇子. （3;00;05-8）

（五）害怕

因某些原因而心中不安或恐慌。常使用“怕”“不敢”来表达害怕。儿童的心理是“害怕状态”。

例25

CHI: 公交车行吧-: .

MOT: 不行-: .

MOT: 上这边来坐好哪有公交车.

CHI: xx看的.

CHI: 有.

CHI: 哎呀.

CHI: 公交车在那.

MOT: 你坐在这我去给你拿.

CHI: 我怕. （3;01;25-2）

例26

CHI: 妈我#我钻进去吧?

MOT: 你能钻进去吗?

MOT: 你这身子小肯定能钻进去.

MOT: 去吧.

CHI: 妈他止#跑到那[！]里.

MOT: 嗯.

CHI: 可是我不可能#我不想喜欢黑的地方.

MOT: 没事啊#在床底下就是看不见灯.

MOT: 没有什么东西可怕的快去吧.

CHI: 嗯#可是我不敢.

CHI: 没有人陪我.

MOT: 那我更不敢.　　　　　　　　　　　　　　　　　(3;11;04−6)

(六)催促

因事情紧急，一时无法达成而产生的情绪。儿童经常通过重复使用“快点”“怎么办”来表达着急。儿童的心理是“焦虑状态”。

例27

CHI: 妈妈x#跟我一起玩.

MOT: 跟你一起玩#我不想和你一起玩!

CHI: 快#快点吧##快点妈妈.　　　　　　　　　　　　(3;01;03−6)

(七)无奈

表达对人或事没办法的心情。儿童常使用“(我)只能……了”“没办法”来表达无奈。儿童的心理是“无可奈何状态”。

例28

MOT: 你在幼儿园里表现的好吗?

CHI: 嗯, 好吧.

MOT: 那你为什么在家里不好好表现啊?

CHI: 那#我就没办法了.

MOT: 为什么没办法了?

CHI: 因为我真[！]的没办法了.

CHI: 我想了这[！]么多的办法都没有办法了.　　　　　(3;11;04−5)

(八)希望

想达到某种目的或实现某个需要。儿童心理是“渴望状态”。

例29

CHI: 放点盐#吧! #<放点盐>[.]<放点盐>[.].

CHI: 好.

CHI2: XX是数字啊!

CHI2: 割点草#茂茂.

CHI: 放点盐.

CHI2: 这个也是XX茂茂.

CHI: 我想弄点盐[！]!

CHI2: 这里面有#有##盐!　　　　　　　　　　　　　(3;02;20−2)

(九)庆幸

发现事情意外地得到好的结局。常用的词语有“幸好”“差点”。儿童心理是“庆幸状态”。

例30

CHI: 妈差点把地#差点把地下室就给忘了是吧?

MOT: 啊?

CHI: 差点把地下世界看蚂蚁的事忘了是吧?

MOT: 地下室看蚂蚁什么意思?

CHI: 地下世界看蚂蚁你忘了是吧?

MOT: 地X事件看蚂蚁#地下世界看蚂蚁啊?

CHI: 嗯对地下世界看蚂蚁你忘了是吧?

MOT: 什么?

CHI: 他差#差点把蚂蚁给忘了. (3;10;01–9)

(十)领悟

觉醒明白。在认识上由不知道转为知道,由模糊转向清楚,由错误转向正确。常带“原来”“怪不得”“难怪”“我知道了”,常带叹词“哦”。儿童心理为“顿悟状态”。

例31

CHI: 会说话吧.

CHI: 会说话吧妈妈.

MOT: 它–:不会说话.

CHI: 它还有嘴巴呢?

MOT: 你问问它会说话不? 你问问它.

CHI: 你会说话不?

CHI: 哦哦#它不说话.

CHI: 妈#它不会说话. (3;00;13–7)

例32

CHI: 妈你舍得xxx就开了吧?

CHI: 嗯嗯#在这玩.

CHI: 这#我看一只什么.

MOT: 不行#录像的时候不能看贝瓦儿歌.

CHI: 再看一次行吗?

CHI: 看一只什么#我看一只什么?

MOT: 什么都不能看.

CHI: 我都要看#老鼠#哦#我知道了.

CHI: 两个东西都可以看.

CHI: 两个东西都#要#看.

CHI：两个东西都#要看#两个都系都##要##看.　　(3;01;17–1)

（十一）意外

结果超出了人的心理预期，有惊叹、惊奇等情况。儿童心理是“超预期状态”。

例33

CHI：妈妈#给我#按#好吧?

FRIEND：你看这个沙发底下有很多东西.

MOT：是吗?

FRIEND：是啊#你过来看看.

MOT：让茂茂去看看.

CHI：好的.

CHI：我看看.

CHI：哇这么多!　　(3;07;01–5)

（十二）夸耀

向别人显示甚至夸大自己的长处、优势或能力。儿童心理是“展现自我状态”。

例34

CHI：看我厉害吧！#妈妈–:.

CHI：我厉害吧?

MOT：厉害#你把那什么弄出来了.

CHI：在这个妈妈.　　(3;00;05–5)

（十三）夸奖

使用积极评议表达对他人的欣赏。儿童心理是“评价状态”。

例35

CHI：妈我爸爸好强壮呀!

CHI：都抱得动这么大的西瓜.

CHI：爸爸好厉害呀!

CHI：爸爸厉害吧?

MOT：厉害!

MOT：真棒!

CHI：我爸爸棒吧?

MOT：你爸爸真棒呀!　　(3;11;00–1)

儿童的态度表达除了能表达肯定和否定、相信和不相信、同意和不同意、认同和不认同这些确定的/不确定的态度或心理认知状态外，还能表达估测、怀疑、犹豫等几类处于不定的心理认知状态。儿童能自如地表达积极类情感心理和消极类情感心理。积极类情感包括喜欢、高兴等积极心理状态。消极类情感除了不喜欢、不如意、不满外，还包括担心、催促、害怕、无奈等消极心理状态。消极类情感心理中，表达不满的较多，包括斥责、责令、抱怨。除此之外，儿童还能表达希望、庆幸、醒悟、意外，会夸奖他人，也会夸耀吹嘘自己。

四、儿童言语情绪与态度的初步解释

本节以含有“吧”的多轮话语片段为研究对象，将其中涉及的儿童态度和情感从心理状态方面进行了分析，试图揭示表面话语背后儿童的心理和认知状态。抛开普遍语法（人类头脑中的一种内在的语言机制）而言，儿童语言的涌现就是在众多语言主体的不断互动过程中通过聚集而发生的，在互动本能的内驱下，幼儿通过群体协调机制和一般的学习策略（例如共享注意力、模式发现能力等），能够主动地模仿、发起互动并感知他人情感，逐渐表达内部和外部世界经验，以此获得语言，反过来也促进了儿童的个体认知能力的发展。

语境制约着意义的选择，话语角色关系由社会和意义系统决定，儿童的意义潜势是由自己的心理意图或主观性驱动，即互动本能的驱使，同时只有在照看者或其他听话人接受的情况下，通过互动磋商，其心理意图才能实现，也就是说儿童的心理意图是通过说话人、听话人和语境三者之间的互动作用实现的，这种社会意义导致了儿童心理状态的动态性和复杂性。鉴于儿童心理状态的动态性和复杂性，本节的分析可能远远不能充分探测到儿童的内心世界，需要借助更先进的手段（脑电、眼动和磁共振）来进一步分析儿童在表达其态度和情感时大脑的运作机制。

第二节　儿童与家长的言语行为策略

一、理论背景及研究目标

（一）理论背景

儿童语言的获得与发展过程主要包括两个方面——语言结构（语音、语义、句法等）和语用功能（话语、语境、语篇等）。整个儿童语言获得的过程也是语言的客观意义（以物理世界为载体）与主观意义（讲话者的情况、态度、目的和评价等）交互发展的过程，其中主观意义的发展主要是儿童社会化（socialization）的发展即在人际关系中恰当和有效地使用语言，与他人交往能力的发展实际上意味着儿童作为一个社会人身份的构建（Russell & Grizzle，2008）。因此，儿童语言语用功能的研究意义就凸显出来，其研究核心主要是言语行为或者交际能力，是人们在讲话时通过语言来表达交际目的或意图的行为。奥斯汀（Austin）认为人们讲话时并不是仅仅在表达或描述什么，而是在实现某些行为，例如：请求、宣布、道歉、抱怨等；并

且将言语行为分为三个部分：说话行为（locutionary act）（发声、发音、表意）、施事行为（illocutionary act）、取效行为（perlocutionary act），这就是著名的言语行为理论（Speech Act Theory）（Austin, 1962）。奥斯汀的学生塞尔（Searle）对这个理论进行了丰富和发展，建立了系统的言语行为理论（包括：以言施事的4个条件，12条区分标准，5个类别，间接请求与间接承诺的9条规则等），揭示了言语意图和言语行为之间的关系并成为后来话语分析规则制定与实施的基础（Searle, 1965, 1975, 1979）。随后的一些语用学家又对该理论进行了扩展，进一步提出讲话者实施言语行为策略的理论基础和具体实施方法（Leech, 1983; Verschueren, 1999; Brown & Levinson, 1978; Bialystock, 1990）。可以说使用语言实际上是一种选择，选择使用合适的语言形式就意味着有策略地使用语言。研究儿童的言语行为策略实际上综合了儿童的语言表达能力和表达意图，是儿童语用研究的一个重要方面，对儿童语言发展具有重要意义（程璐璐、尚晓明，2017）。言语行为策略的运用涉及儿童社会技能和认知技能的获得即在交际场合下按照语用规则和社会规约去得体并有效地使用语言。这种技能在一定程度上具有阶段性特征，可揭示儿童社会化发展的心理过程。而且他们会根据自我的感知、判断、推理从而有意或无意地采取适当的言语行为策略，直接或间接地推进或制止话语进程，最终实现他们的交际目的或言语意图。

（二）研究基础

有关儿童语用和言语行为的研究国外已经发展得较为成熟，1996年尼尼欧和斯诺（Ninio & Snow）的著作“语用发展（Pragmatic Development）”的出版（Ninio & Snow, 1996），标志着该领域从零星探索研究转入到系统全面的研究并超越了以前的传统认知方法（Piaget, 2002）和社会文化理论（Vygotsky, 1986），切入点分别有话语标记（Kyratzis, 2007; Dumas, 2016; Uno, 2016）、言语行为（DeJarnette Rivers & Hyter, 2015; Nguyen & Nguyen, 2016; Chang, 2016; Wilson, 2013）、层级含义（Noveck, 2001; Chierchia, Crain, Guasti, Gualmini & Meroni, 2001; Papafragou & Musolino, 2003; Pouscoulous, Noveck, Politzder & Bastide, 2007）和隐喻（Rubio-Fernandez & Grassmann, 2016; Taylor, 2012; Melogno, D'Ardia, Pinto & Levi, 2012; Annaz, Van Herwegen, Thomas, Fishman, Karmiloff-Smith & Rundblad, 2009）等；研究方法主要采用跨界面对比分析法、文化心理学方法与混合研究法（姜占好、刘萍、康佳萍，2017）；理论框架有奥斯汀（Austin, 1962）和塞尔（Searle, 1965, 1975, 1979）的言语行为理论、布朗和赖文森（Brown & Levinson）的面子理论（Face Theory）（Brown & Levinson, 1978）、利奇（Leech）的礼貌原则（Politeness Principle）（Leech, 1983）、格莱斯（Grice）的合作原则（Cooperative Principle）（Grice, 1975）与斯珀伯和威尔逊（Sperber & Wilson）的关联理论（Relevance Theory）（Sperber & Wilson, 1986）等。以上可以看出国外儿童语用和言语行为的研究已经从多角度、多

理论、多群体和多学科展开，但国内该领域的研究相对滞后，直至2000年前后才开始进行研究。先是介绍国外的儿童语用和言语行为的研究成果（刘金花，1997；陈新仁，2000），然后主要从以下几个方面进行：周兢关注的是3岁前汉语儿童从前语言到语言转换阶段的语用交流行为发展（周兢，2006）。尚晓明与程璐璐主要从儿童言语行为的理论与实践、知识图式与言语行为实施后取得的效果进行研究（程璐璐、尚晓明，2017；尚晓明，2011，2013，2016）。刘森林以建构主义理论为指导，探讨学龄前儿童言语行为和认知语用能力发展的规律（刘森林，2007）。谢书书和张积家主要从心理学角度采用实验的方式对儿童言语行为的元认知发展进行研究（谢书书、张积家，2007）。彭小红等使用语料库的语料对儿童违反会话原则的话语进行分析；从语用策略角度对话轮转换进行分析（彭小红、曾平凤，2014；彭小红、张思，2012；黄宇、彭小红，2010）。罗黎丽使用5岁儿童的会话语料，探讨儿童在语境中如何选择言语行为策略和语言形式与他人进行沟通和表达自己的意图（罗黎丽，2012）。还有具体分析儿童某种言语行为的研究，包括请求（陈依菲、韩戈玲，2013；李晓君，2016）、不满（张格，2016）和重复（王沛洁，2011）等。以上研究表明无论是理论构建、语用交流行为发展、认知发展、语用策略发展还是某种言语行为的具体分析都主要从儿童角度进行，较少涉及家长的言语互动对儿童言语行为策略获得的影响与作用。虽然儿童语言获得有其先天的发展规律，家长的言语行为可能不是儿童获得语言的决定性因素，但是每当对儿童语言发展进行研究时，总是绕不开家长对儿童语言发展的影响。因此关于儿童与家长言语互动模式或者言语行为策略的研究具有重要意义，但是相关研究却较为薄弱。孔俊文通过实地录像分析，关注汉语儿童和家长对话中的指示言语行为（孔俊文，2011）。杨金焕以4岁至5岁的儿童为研究对象，从儿童–成人与儿童–同伴两种角度分析儿童话语能力（杨金焕，2016）。胡海丽以语用标记关联模式（Pragmatic Markedness Relevance–Model）为理论框架对中美父母拒绝子女策略的差异进行研究（胡海丽，2013）。还有部分学者从教育学和心理学角度探讨亲子情绪谈话与儿童情绪社会化发展之间的关系和妈妈语对儿童语言发展的影响（陆芳，2017；曾洁、刘媛，2017）。

（三）研究目标

国内外的研究已经从传统的仅关注儿童语言结构的获得转向同时关注儿童的语用能力与言语行为的研究，这实际上是儿童语言获得的两个主要研究领域，并且近年来后者发展的势头较为迅猛。由于话语研究的特殊性，国内外的研究基本上都是基于语料库的研究，部分采取国际通用标准CHILDES，并且聚焦于儿童自身话语的研究多，关注儿童与家长言语互动和行为策略的少。儿童的言语行为策略实际上是儿童语言主观性研究的一个方面，而体现语言主观性的语言手段有很多，例如印欧语系中的情态词、副词、特殊句式和韵律等；汉藏语系中除了以上手段，还有一个较为特殊的虚词类——语气词，用来表达人们对某一事件的主观感受或评价并增加言语的感情色彩，位置经常位于句中和句末。由于语气词的存在在语系上具有局限性，因此在把汉语作为第二语言学习语气词的过程中，汉语学习者经常走两个极端：在该用语气词时候没有用，不该用的时候又用了（赵果，2003）。但是一语的获得即儿童语言获得的过程中，语气词很早就能被儿童获得并很少出错。那么儿童为什么对语气词的感知如此敏感？既然语气词承载了人们大量的主观感受和感情色彩，那么如果从带有语气词的话语为切入点对儿童与家长的言语互动和行为策略进行研究，是否可以更深入地窥见儿童的内心世界？儿童语气词方面的研究大多为语言获得研究（李慧敏，2005；刘雅娟，2009；钱益军，2003；宋晓琳，2013；陶宇，2012），罕见从话语分析角度对儿童含有语气词的话语进行言语行为策略分析的。我们的研究拟从语料库中提取含有句末语气词“吧”的语句和上下文，使用言语行为理论为指导，全面细致地对儿童和家长的言语互动和行为策略做出较为科学系统的剖析。

二、研究对象与研究方法

大部分儿童在1岁至1岁6个月进入独词阶段，然后是双词阶段，最后是句子阶段（彭鹭鹭，2016）。而儿童的语用发展阶段可以说是语言获得中比较晚的一个阶段。语用能力的获得是指通过语言成功地从事社会交往所必须掌握的一种知识积累的过程。语用技能包括:社会认知概念；会话保持技能；社交背景；个人社交技能等（陈新仁，2000）。一般情况下，儿童大概在3岁时能够流利地使用母语，有学者认为在这个阶段，儿童似乎并不费劲就能够掌握语言的各个方面，包括句法、语义、语音等（Zsuzsanna，2015）。但是，要成为一个能够积极参与人际交往的人，就需要对情境、语境、语言、社会和文化等因素进行协调并运用。由此可见，儿童语用能力发展能够反映儿童话语能力的社会化程度。以话语能力的一个重要指标——话轮（turn-talking）为例，研究者需要了解儿童掌握话轮转换规则的阶段性特征、总体发展趋势和影响因素。查尼（Charney）的研究发现，8个月至9个月的儿童对于话轮系统已较为熟悉，当他们能够开口说话时就能够与看护者进行长时间的交互对话；但是儿童在与同伴交流时对话轮规则的掌握要差一些，大概在4岁左右才能够使用一些简单基本的保持话轮的技巧（Charney，1980）。因此我们将此次研究的语料范围定在3岁至4岁这一个阶段，目的主要是抓住语气词获得的基本完成阶段到言语策略开始发展阶段的过渡性时期，从而在儿童语言发展两方面（语言结构和语用功能）交织的条件下，对儿童与家长的言语互动和行为策略进行研究。

本研究使用的语料为临沂大学认知科学与语言学能研究基地的“汉语儿童多模态口语语料库”中一名儿童WMX从1;03;20到4;01;05近三年（140份）的语料。

该儿童出生于北方普通家庭，智力正常，没有认知障碍，父母均在临沂工作，学历均为大学本科以上，父亲是律师，母亲是高校教师。采集录像频率为每周一次，每次为一小时不间断，录制的视频使用多模态专业语言学标注软件ELAN（EUDICO Linguistic Annotator，以下简称ELAN）进行转写并且使用录写赋码系统CHAT（Codes for the Human Analysis of Transcripts）与自动分析系统CLAN（Computerized Language Analysis）进行语料提取与分析。

现代汉语典型语气词有6个，分别为：啊、吗、的、了、吧、呢（胡裕树，1991；黄伯荣、廖序东，1991）。其中"吧"的使用频率较高，用法和功能也较为复杂。我们检索了语料库中个案儿童的语料并对其"吧"字句的获得情况和使用环境进行列表如下：

表4-1　WMX句末语气词"吧"的出现情况一览表

顺序	出现句类	例子	首现时间	获得时间○11	频次
1	祈使句	走吧！	1;08;26	1;11;11	1037
2	缩略问	行吧？	1;11;11	2;00;13	605
	疑问句	是这个吧？	1;11;28	2;00;29	486
3	应答语	好吧.	2;00;13	2;01;17	161
	陈述句	他说进来吧.	2;01;28	2;02;14	78

可以看出该名儿童在2岁左右已经获得"吧"的主要用法，句末语气词"吧"可以出现在祈使句、疑问句和陈述句中，具有复杂的言语意图，能够表达儿童多种主观情感和交际意图。因此我们选择WMX3岁至4岁年龄段的儿童-家长话语交流录像（3;01;05–4;01;05，共50小时）并提取句末含有语气词"吧"的对话进行整理，搜集到599个对话片段，按照话语次轮回应进行划分（首轮是带"吧"的表示建议、请求、命令、邀请、催促等句子），主要是两大类——儿童自我回应（110个片段）与家长回应（489个片段）。下面结合具体例子，分析两类话语片段，考察普通话儿童及家长言语互动和行为策略的情况。

三、研究结果与分析

（一）儿童自我回应

"儿童自我回应"是指以儿童发出的"首轮带'吧'的表示建议、请求、命令、邀请、催促等句子"，话语次轮还是儿童自我回应，家长没有参与。这种情况下的话语可以分为2类——重复（42个片段）、自说自话（71，其中有3个片段是重复+自说自话）。关于儿童自我言语理论主要有两种观点：一是皮亚杰（Piaget）将儿童的自我中心言语分为三种（重复、独白和集体独白）并进而总结为两大类——自我中心的和社会化的，但归根结底他的自我中心言语理论体系的中心思想是儿童思维的自我中心主义○2（Piaget, 2002）；二是维果斯基（L. Vygotsky）则认为儿童自我言语是一种内隐的社会性言语，并不像皮亚杰认为的那样随儿童年龄的增加而消失，而是变成了内部言语○3（Vygotsky, 1986）。两位著名心理学家在儿童自我言语的理论机制、功能、发展和最终走向方面都有不同的见解，主要是社会化方面的分歧。实际上不论是儿童自身还是儿童与家长之间的社会化，都既含有社会相互作用而导致的儿童自我内部的认知矛盾，也含有儿童和家长一起进行创造、整合与发现的过程。因此，都可以用来探讨儿童的言语社会化问题。

1. 重复

“重复”可以分为两类——“无意义的话语重复”和“有意义的话语重复”。“无意义的话语重复”指儿童为了享受掌握讲话技能而带来的愉悦感从而重复一些话语和音节，他并没有讲话的对象，甚至当他讲的话语是有意义的，情况也是如此。这可能是婴儿时代所遗留下来的痕迹即自娱自乐时婴儿发出的连续而无意义声音的一种延续，并没有明确的目的性和社交性（在语料中出现11个片段）。当儿童所说的话属于第一类无意义重复时，前提条件是儿童知道他有对话对象，但他并不在乎对方是否在听他讲话，也不关注对方的反应。这种讲话行为是以自我为中心的，一部分的原因是他只是对自己讲话，但主要原因是他并没有按照听众的观点讲话并且任何在他身边的人都将被当作是他的听众，他假想着有听众并能听懂他的话。例如：

例1

CHI：我去水里吧-:!

CHI：你给我先拿着#妈妈.

CHI：我#我XX.

CHI：我还没#装水呢.

CHI：妈妈我还没装水呢!

CHI：我还没装水呢#妈妈.

CHI：还没装水呢妈妈.

CHI：还没装水呢-:?

MOT：没#怎么没装水#那里边不有的#是水吗?

CHI：还没装完呢!

CHI：还没装呢[.]还没装呢[.]还没装呢[.]. （3;01;05−3）

例2

CHI：太多紫色了吧.

CHI：太多紫色了我不要很多紫色.

CHI: 能不能绿色.

CHI: 能不能绿色.

CHI: 能不能绿色#这边XX是黄色.

CHI: 你看我穿的什么. (3;11;13-12)

从例1中可以看出，WMX一开始的要求“我去水里吧–:!”和“你给我先拿着#妈妈.”并没有等到家长回应，就一直重复没有装水的问题，直至家长反问“那里边不有的是水吗？”儿童并没有给予理睬，还是在重复没有装水的问题。虽然他也在话语中夹杂着对妈妈的称呼，但他并不是要和妈妈交流装没装水的问题，而是沉浸在“自我中心”的世界中，为了感到说话的愉快而重复这些话语。例2，WMX先是嫌太多紫色，不要紫色，然后提出要求要绿色，又说黄色，最后自己转换话题。从头到尾没有要求家长给予回应。这种无意义的重复所起的作用可以看作一种游戏，儿童只是为了讲话而重复，只是为了满足自己讲话的需求和愉悦感，全程不要求外界回应，也不需要听众。

“有意义的话语重复”指儿童重复的意图是在于强调或者引起家长的注意，直至家长回应，是具有社交性质的（31例）。我们尝试用语言数量相似性原则来解释儿童的这种需要家长回应的重复话语。在认知语言学中，句法象似性有两种——成分象似性（句法成分与经验结构成分相对应）和关系象似性（句法成分之间关系与经验结构成分之间关系相对应）。象似性原则主要有三类——距离象似性、顺序象似性和数量象似性（Ungerer & Schmid, 2007）。就数量象似性原则而言，概念越重要，信息加工越不可预测，语言数量越多；反之亦然。其认知基础是：语符数量的多少，对引起人们的注意力和凸显信息的重要性具有决定性的影响。例如：

例3

CHI: 跳来跳去吧?

CHI: 可以在沙发上跳来跳去吧?

CHI: 我在沙发上#跳吧?

MOT: 跳吧#跳来跳去吧. (3;01;05-17)

例4

CHI: 有小车吧?

CHI: 小车是吧?

CHI: 有小车是吧?

MOT: 没有小车啊!

CHI: 嗯. (3;02;06-15)

例3中，WMX通过不断重复“跳”和其同义词组“跳来跳去”和微调问句（一般疑问句调整为是非疑问句并添加地点最后调整成有主语的疑问句○4）来引起家长的注意，并且家长最后也使用相同的词语进行回复，和儿童进行互动。儿童通过其朴素的认知概念“重复语句以引起家长的注意来凸显这个语句的重要性”来最终获取交际的成功。例4中WMX先用是非疑问句提出问题“有小车吧？”然后使用“是吧？”进行缩略问，接着又将前面的是非疑问句和缩略问整合起来，再次提问“有小车是吧？”，反复提出要求直至引起家长的注意得到肯定或否定的答复。从这两个例子我们还可以看出，不论是有意还是无意，每次的重复都不是一成不变的，儿童进行了问句的调整。也可以说，儿童的“有意义的话语重复”体现了初步的认知和社交技巧，年幼的儿童就懂得利用“重复”来提请家长的注意，要求家长与其进行互动，然后进一步推动话轮的更迭。

2. 自说自话

“自说自话”是指儿童自己对自己说话，似乎正在大声进行思考，并不是对任何人说话。维果斯基认为儿童的“自说自话”是出于自我防卫和自我指导，语言在这里可以充当帮助儿童考虑自身行为和选择行动的思维工具。随着儿童年龄的增加，根据任务的难易程度，儿童表现出对“自我言语”运用的差异性。如果任务容易，他们就较少运用自我指导语言并内化为内部语言，也就是类似于成人思考与行动时的自我对话。而且后来也有相关研究表明，当任务困难，在过程出错或继续进行遇到问题时，儿童会较多地使用“自我言语”（白学军，1990）。

例5

CHI：车#它会自己跑是吧？

CHI：它这个车.

CHI：备轮胎破了#备轮胎破了.

CHI：备轮胎破了.

CHI：备轮胎坏了#备轮胎坏了. （3;03;05–13）

例6

CHI：一会儿把它弄#弄#弄#弄#弄#弄#睡觉吧.

CHI：然后打#我的球.

CHI：球#然后呢.

CHI：我是要#要它起床一下.

CHI：要要它起床一下.

CHI：它在.

CHI：它的XX.

CHI：嗯#起床了. （3;04;16–6）

例5儿童先问“车#它会自己跑是吧？”然后自己又说“备轮胎坏了”，可能是发现车不能跑了，然后自己说出不能跑的原因。这里实际上表现了他对某件事的整个思维过程，从提出问题（它会自己跑是吧？）到发现问题（它这个车.）到找出问题的原因（备轮胎坏了.），也可以说是利用“自我言语”来进行自我指导。例6是提出要求，然后自己往下叙述要做的事情，是对整个过程的一个梳理。先要做的是把玩具“弄睡觉吧”，然后自己去打球，打完球又要让玩具起床，这样看来儿童是在描述自己所做事情的基础上，通过出声的语言来指导自己的行为。

（二）家长回应

相邻对（adjacency pair）是根据会话时人们总是交替发言这一事实，为了利于进行会话结构的分析而提出的话语单位（Sacks, Schegloff & Jefferson, 1974）。指两段相互关联而又依次出现并由不同讲话者说出的话语，根据话语出现的先后顺序分为前件（first pair part）和后件（second pair part）。相邻对的核心特征是：一、至少两人轮流进行讲话；二、在出现顺序上后件必须跟随前件，而隶属于同一个“相邻对型”，例如“提问—回答”，“打招呼—打招呼”，“邀请/建议/请求—接受/拒绝”等类型。

我们这里的“家长回应”是借用相邻对的概念，把儿童发出的“首轮带‘吧’的表示建议、请求、命令、邀请、催促”等句子作为相邻对前件，把话语次轮是“家长回应（共489个片段）”的句子作为相邻对后件，并且根据家长回应的情况分为四个类别——接受（298个片段）、拒绝（110个片段）、问句（57个片段）和话题转换（24个片段）。从语料中可以看出，家长对于儿童发出的话语回应为“接受”的占总片段数的60.94%，超过了半数。剩下的为“拒绝”占22.49%，“问句”占11.65%，“话题转换”占4.91%。

1. 接受

在近61%的家长回应方式为“接受”的话语片段中，有155个片段是多轮话语片段，也就是说儿童或家长随即进行了回应令这个话题的话轮得以继续。剩下的143个话语片段由于话题转换、打断或者对话人物转换等没有形成多轮话语片段。从数量上来看“多轮话语片段”与“非多轮话语片段”的比例较为接近，“多轮话语片段”的比例稍高一点（52.01%）。“接受–多轮话语片段”的具体情况又可以分为两种——“接受–多轮话语片段（家长轮–34个片段）”与“接受–多轮话语片段（儿童轮–121个片段）”，下面我们就这两种情况进行言语行为策略分析。

接受–多轮话语片段（家长轮）：“接受–多轮话语片段（家长轮）”指的是在多轮话语片段中，话轮得以继续是由家长进行的，可以见下面的图示：

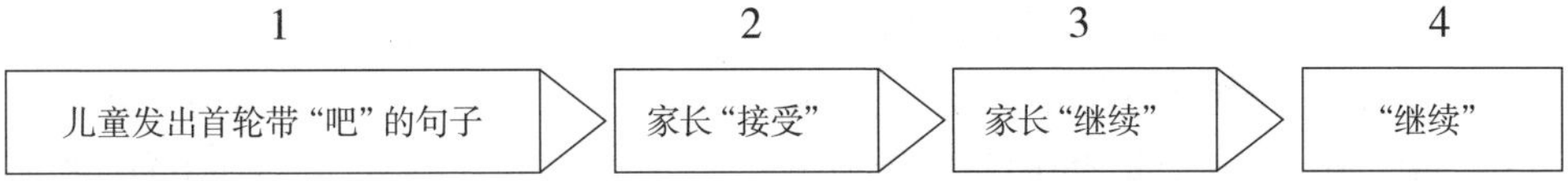

图4–3　接受–多轮话语片段（家长轮）

在第3个图框中，家长对前面儿童的“建议、请求、命令、邀请、催促等”在“接受”的态度上进一步采取策略。主要有“提出要求”“建议”或“提问”，例如：

例7

CHI：拿电扇去吧？

MOT：好–:

MOT：坐好–:!

CHI：XXX.

CHI：我去+//.

CHI：我有点热#妈妈.

MOT：一会儿[.]一会儿[.].

MOT：我给敞开窗户.

MOT：我给找扇子扇扇#啊.

CHI：还是电扇XX.

CHI：还是电扇+//.

MOT：电扇#在录像机里的声音太响了#呼呼的.

MOT：哥哥姐姐就+/#到时候转的时候.

（注：风扇的声音可能会影响语料转写时听不清楚）

CHI：妈妈XX吗!

CHI：妈妈你给我找一块糖吃吧？

CHI：找一块糖妈妈.

CHI：找一块糖. （3;03;05–11）

例7中，WMX先提出要求“拿电扇去吧？”，家长同意并提出要WMX“坐好”（实际上这里家长并不是真的同意去拿风扇），WMX接着要求自己去拿并阐述理由“我有点热”，家长才给予三个理由不开风扇，但是WMX坚持自己的要求，家长只能再次试图劝服WMX，最后WMX提出另一个要求（吃糖）而结束本轮对话。

例8

CHI：你画我的手是吧？

MOT：对#我画你的手.

MOT：把你的手画成一棵大树好不好？

CHI：我手#啊#不要.

MOT：让让他手上长上树叶叶来.

MOT：真可爱呀!

CHI：妈妈在这玩这个游戏吧. （3;09;04–7）

例8中，WMX先询问“你画我的手是吧？”，家长肯定回答并建议“把你的手画成一棵大树好不好？”WMX不同意，家长坚持，然后以WMX同意而结束本轮对话。

例9

CHI：你想吃面条是吧？

MOT：嗯.

MOT：你想吃什么？

CHI：你想吃面条.

MOT：是的#我想吃面条.

CHI：方便面好吧？

MOT：好#方便面也行.

CHI：我去拿盘子.　　　　　　　　　　　　　　　　（3;03;05–7）

例9中，WMX先询问家长“你想吃面条是吧？”，家长肯定回答并提问WMX“你想吃什么？”，WMX还是坚持自己的看法要求妈妈吃面条，家长接受该意见后，WMX进一步提出建议问“方便面好吧？”，家长同意，最后以WMX去实施而结束本轮对话。

例10

CHI：用#用这个当小花的家好吧？

MOT：好.

MOT：怎么做？

MOT：你教我好吗？

CHI：这样做#放到花瓶里.

MOT：哦.　　　　　　　　　　　　　　　　　　　　　（3;08;06–5）

例10中，WMX先征询意见，家长同意并提问“怎么做？”并要求WMX教她，最后以WMX进行示范结束本轮对话。

在“接受–多轮话语片段（家长轮）”中家长主要是采用“提出要求”和“建议”的言语行为策略来推动对话的继续进行，较少使用“提问”（8例）。可能是因为家长考虑在儿童3岁至4岁年龄段，使用“提问”方式推动话轮继续对于儿童来说还是有较大难度，直接用意义比较清晰的“提出要求”和“建议”来说比较明确且容易。

接受–多轮话语片段（儿童轮）：“接受–多轮话语片段（儿童轮）”指的是在多轮话语片段中，话轮得以继续是由儿童进行的，可以见下面的图示：

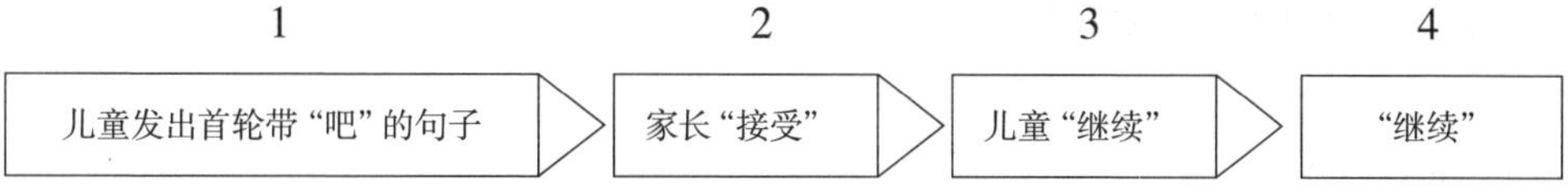

图4–4　接受–多轮话语片段（儿童轮）

在第3个图框中，是儿童就前面家长接受自己发出的“建议、请求、命令、邀请、催促等”话语基础上进一步所采取的策略。主要有“进一步的要求”“提问”“重复”和“解释”，例如：

例11

CHI：那有一个白色楼#我看看着#看看吧！

MOT：你看看吧！

CHI：嗯#xxx#窗户打不开#妈妈给我打开呀！

MOT：嗯嗯#看.

CHI：看.

MOT：哎呦#快点好了#别在那站着了#怪吓人的.

CHI：看到#看到#我看到了.

CHI：我看到人了. （3;01;17−3）

例11中，在首轮话语中WMX提出要求，家长同意并接受，然后WMX进一步要求家长给打开窗户，家长同意但稍后提出异议，最后以儿童达到看人的目的而结束本轮对话。

例12

CHI：妈妈我们出去玩一玩吧！#太阳已经都出来了.

MOT：好#等一会儿哈.

CHI：妈妈太阳怎么不出来呢？

CHI：妈妈太阳怎么不出来−:？

MOT：太阳躲到云彩里去了.

CHI：太阳为[！]什么不出来？

MOT：太阳想出来出不来了在云彩里玩着.

MOT：被云彩挡住了. （3;05;08−4）

例12中，WMX提出“出去玩一玩”，家长接受，WMX进行两次提问“太阳怎么不出来？”，家长给予解释，WMX还是继续提问，最后本轮对话以家长的进一步解释结束。

例13

CHI：这是#这是#这是是隧道吧？

MOT：对呀#是是是一个大门#往里一个大门#你看看.

CHI：都都是隧道那#它是隧道#这个#它是.

MOT：嗯嗯.

MOT：你看这.

CHI：看隧隧.

MOT：嗯好#我们在上边在给它.

CHI：这不是隧#这是隧道.

CHI: 这是隧道呀!

MOT: 是隧道.　　(3;01;17−7)

例13中，WMX首轮发话不确定“是隧道吧？”，家长确认，儿童反复确认，后面几次轮转都是儿童在主导并反复讨论“是隧道”，最后以家长再一次确认后本次话轮结束。在“接受–多轮话语片段（儿童轮）”中，儿童使用“重复”这种回应策略在语料中出现了20例，在这里儿童利用“重复”策略，无外乎两种情况——“无意义的重复”与“有意义的重复”，和前面分析的情况类似，此处不再赘述。

例14

CHI: 是钩子是吧? 图图.

CHI2: 是.(这里的CHI2是指小伙伴“图图”)

CHI: 是钩子.

CHI: 钩东西的−:.　　(3;02;20−1)

例15

CHI: 还是开这[!]辆[!]车吧.

MOT: 啊#好.

CHI: 我这[!]个车快#要是没油了吗? 没#就#就#就开[!]到加油站.

CHI: 然后呢#然后呢加完油了.

CHI: 然后呢#别加太[!]满了.

CHI: 然后[!]呢#他就会爆炸.　　(3;08;21−1)

“接受–多轮话语片段（儿童轮）”中儿童使用的最后一种回应策略是“解释”，数量很少（8例）。例14中，WMX对于钩子的用途进行解释“钩东西的”；例15中，WMX的建议得到接受后，对车进行了一系列的假设、解释和幻想。儿童在现阶段所采用的“解释”话语策略的特点是：比较简单的逻辑解释，并沉浸在“自我世界”中，并夹杂着一些幻想。

2. 拒绝

家长回应方式为“拒绝”的话语片段占片段总数的22.49%，经过语料排查我们发现有97个片段是多轮话语片段，也就是说在家长“拒绝”的情况下，儿童或家长还是使得这个话题得以继续，剩下的13个话语片段由于话题转换、打断或者对话人物转换等没有形成多轮话语片段。从数量上看，“拒绝”的话语片段大部分是“多轮话语片段”占88.19%，“非多轮话语片段”的比例为11.81%。也就是说家长采取“拒绝”的话语态度后，大部分的话语还是就该话题进行下去了。“拒绝–多轮话语片段”的具体情况又可以分为两种——“拒绝–多轮话语片段（家长轮–19个片段）”与“拒绝–多轮话语片段（儿童轮–78个片段）”。

拒绝–多轮话语片段（家长轮）：家长轮由于片段较少（19个），主要的策略和

“接受”小节中的策略雷同——“进一步要求”“建议”或“提问”，但是由于“拒绝”话语的属性，家长的言语策略多了一个“解释”，即对自己“拒绝”的原因进行解释，例如：

例16

CHI：塞不进去.

CHI：这个很大塞不进去哦.

CHI：这个吧?

MOT：不是塞进去的哈!

MOT：是这样#一开这个地方.

MOT：这个里边#你看看.

MOT：你看看里边是.

MOT：四个东西.

MOT：四个小牙牙. （3;02;14-7）

例16中WMX建议塞铅笔去旋笔刀里，家长否定了他的建议并进一步进行了解释和演示。

波梅兰茨（Pomerantz）在“相邻对”的基础上，提出了“优选策略”和“非优选策略”（Pomerantz，1978，1984）。当第一段话语呈现后，第二部分与第一部分相关的话语回应策略有两种：优选（preferred option）（接受）和非优选（dispreferred option）（拒绝）。进一步解释即“优选策略”是指那些直接地、即刻执行的行为；“非优选策略”是指那些找借口、拖延执行的行为。例如，如果第一段话语为“邀请”“建议”“请求”或“命令”等，第二段话语的回应如果是“接受”那么即是“优选”，反之是“非优选”；同样，对对方观点的同意与否也是“优选”与“非优选”之分（武宜金、王晓燕，2010）。实际上，此处的“非优选”应答也可以认为是“冲突话语”（conflict talk）○5或者说是由于会话中采取了“非优选策略”，因而导致了双方的话语冲突（Woolfson，1991）。冲突话语普遍存在于交际中并且与缓和话语相比具有更鲜明的特征和更突出的交际属性，因此吸引了众多学者的研究兴趣，也提出了一些具体的分析模式（Eisenberg & Garvey，1981；Vuchinich，1986；冉永平，2010；赵英玲，2004）。

拒绝-多轮话语片段（儿童轮）：由于我们是以儿童带“吧”的句子为首轮，那么第二轮回应要么是儿童要么是家长。如果第二轮是儿童回应那么就不符合严格的话轮轮转，因为从儿童到儿童没有体现不同说话者的“相邻对”要求。如果第二轮是家长，那么就符合严格的话轮轮转即体现了不同说话者的“相邻对”要求。再看第二轮家长回应的态度，如果是“接受”又不符合“非优选”的标准。那么只有当儿童带“吧”的句子为首轮，第二轮是家长回应“拒绝”，第三轮是儿童回应，才符合这节要采取的“非优选策略”分析的对话要求。我们主要根据波梅兰茨（Pomerantz）

提出的话轮分析中使用的言语行为策略○6并根据具体的话语情况进行调整（Pomerantz, 1984）。对筛选得到的78个符合条件的相邻对进行“非优选应答”言语行为策略分析，得到6种策略：（1）完全否定；（2）解释；（3）纠正；（4）坚持；（5）请求；（6）转换话题。下面举例进行分析。

（1）完全否定。指讲话者对前话轮中的话语进行直接并完全的否定，包括对命题、假设等的否定。例如：

例17

CHI：你给我讲故事吧？

MOT：讲不了了我困得慌#你给我讲一个吧？

CHI：我不会！

MOT：你不会啊？

CHI：我不会.

CHI：不会[！]. （3;10;15–8）

在例17中，WMX的拒绝方式是用“不会”表达他的否定意愿来执行话语行为。

（2）解释。指讲话者的意图被前轮话语否定或拒绝后，他会进一步进行辩解或阐释意图执行的原因，例如：

例18

CHI：真好吃好吃吧？妈妈.

MOT：我觉着脏#还好吃嘞！

CHI：不一样那个大#大#比比不一样#比大.

CHI：比它比不一样妈妈.

CHI：XX比不一样–:妈妈.

MOT：什么不一样？

CHI：两个糖浆还不一样[！]–:!

MOT：哦#两个糖浆不一样啊！是的. （3;02;14–15）

例18中WMX先提出问题“好吃吧？”，家长给予拒绝，然后WMX就进行了辩解，说明两个糖浆是不一样的，所以其中有一个是好吃的，最终家长同意他的解释并结束话轮。

（3）纠正。讲话者利用“非优选应答”话语策略来否认并在此基础上纠正错误信息或错误估计。“纠正”包含两个步骤，鉴定前一句话是错误的为前提步骤（有时是隐含的），而后提供正确的信息进行替代。

例19

CHI：这样像一个喷泉是吧？

MOT：是喷泉吗？

CHI: 不是#这#这样像一个X滑梯.

CHI: 妈这样像一个滑梯像吗?

CHI: XXX.

MOT: 嗯#真的像一个滑梯来.

CHI: 这[!]样像滑梯吗?

MOT: 这样#你说呢.

CHI: 像#滑梯.

CHI: 然后呢.

CHI: 他从这#一#二#三#四#五#六. (3;04;16-2)

例19中,家长先采取“反问”的形式对WMX前一句话进行否认,WMX进而使用“纠正”策略表示“是滑梯”,然后对这一话题继续讨论并进一步确认。

(4)坚持。当说话者的话语被拒绝后,说话者并没有放弃而是继续坚持自己的意见,通常会达到预期目标。

例20

CHI: 我快下[!]去吧.

MOT: 不能下去.

CHI: 我要上那[!]里头.

MOT: 那里可脏了.

MOT: 哎呀啊!

CHI: 妈妈你也过来吧?

MOT: 我不想过去#太脏了.

CHI: 你一X.

CHI: 妈#你看#这.

CHI: 嗯#看我刚才#这样X.

CHI: 一蹦#我就#蹦蹦过来.

CHI: 我一.

CHI: 我一蹦#我就蹦过来了.

CHI: 我一蹦#我就蹦过来了.

CHI: 你也蹦过来吧.

MOT: 好吧. (3;06;12-1)

(5)请求。当说话者的话语被拒绝后,说话者会转而提出其他请求或者方案,从而尽可能实现自己的预期目标,也可看作是曲线救国。

例21

CHI: 我吃蛋糕吧.

MOT: 妈妈做的南瓜##南瓜馒头你吃吧?

CHI: 哎呀.

MOT: 拿一块.

CHI: 我要吃火腿肠.

MOT: 吃饭的时候就着火腿肠.

MOT: 现在不能吃.

CHI: 还是可以xxx.

CHI: 现在我可以吃#现在我想喝#现在我想吃了!

CHI: 给我#你给我打开.

MOT: 我不想给你打开#等一会.　　(3;01;17–5)

例21中, WMX提出吃蛋糕, 家长拒绝并希望他吃南瓜馒头, WMX转而提出要吃火腿肠, 家长还是没有同意, 儿童继续表达要求并希望家长给打开, 家长让他等一会, 根据后面的语料最终结果是吃上了火腿肠。

(6) 转换话题。通常是指讲话者对交流对方的话语不做正面回复, 而是采取躲避的策略或转而使用与主题不相关的话语来进行回应。"转换话题" 在语用层面上属于委婉表达, 对于直接且生硬的消极拒绝来说, 属于积极拒绝, 是对问题进行回避从而避免直接冲突。转换话题后, 需要的回应没有预期进行, 这样落空的言语行为属于 "非优选策略", 例如:

例22

CHI: 带#带一种像薯条的东西一种行吧?

MOT: 像薯条的东西不就是垃圾食品吗?

CHI: 几点了?

MOT: 到十点了.

CHI: 看我的这表.

MOT: 这个地痒痒吧?

CHI: 妈十#十点又要干嘛了?

MOT: 十点应该睡觉了.　　(3;11;04–10)

例22中, WMX想带薯条去幼儿园的分享课去分享, 家长采用反问句的形式拒绝了WMX的要求, 儿童随即进行了话题转换问 "几点了?", 家长的注意力成功被转移, 避免了 "带垃圾食品出去" 这个议题的话语冲突。

在所选的语料中, 儿童在78个 "非优选应答" 中大部分使用了 "坚持" (29例) 和 "请求" (28例) 策略, 占总 "非优选应答" 回应方式的73.08%, 其他四种策略占26.92%。总的来说, 儿童的 "非优选应答" 回应结构比较简单, 但是大部分能够达到其预期目标。也就是说家长表明了 "拒绝" 的态度后, 儿童总是想方设法进一步说服家长。但儿童在“非优选应答”回应时选择使用的策略具有直接性和明确性，与成人在交际中使用多种语用策略来减轻面子威胁不同，儿童只是单纯地想要达到自己的预期目标，并不会过多地考虑其他因素，因此较多使用“重复”和“反复要求”“请求”等简单的策略。儿童的语言能力决定了输出的语句，但儿童的认知能力能够影响言语行为策略的选择与应用，这需要拓展研究角度，从心理语言学和认知语言学方面进一步研究。

3. 问句

“问句”回应是指儿童发出的“首轮带‘吧’的表示建议、请求、命令、邀请、催促等句子”的话语次轮中家长采取“问句”的方式进行回应（57个片段），占整个家长回应片段的11.65%。这里的“问句”不包括反问句，因为反问句的态度立场比较明确，可以归入“拒绝”的类别中去。家长的“问句”回应主要包括三大类——“不确定”（嗯？啊？等）、“特殊疑问句”（what、which、who、why、how、where、how many、how much）和“是非疑问句”。我们经过语料筛查发现，几乎所有的问句都有话语继续，也就是说家长采取“问句”这种回应方式后，儿童基本上都会就此进行话题的继续，多采取“回答”“坚持”“解释”“重复”与“要求”等手段。下面就两个较为典型的多轮话语片段进行分析。

例23

CHI：你给我讲个故事吧？妈妈.

MOT：讲个什么故事？

CHI：讲这个.

MOT：你给我讲一个吧.

CHI：那#那我听什么呐？

CHI：你给我讲个故事就睡觉吧妈妈？

CHI：妈你给我讲吧？

CHI：讲呀!

CHI：妈你谁让你不讲的？

MOT：我不想讲了.

MOT：没有人让我不讲.

CHI：给我讲吧？

MOT：我不想讲.

CHI：妈你给我讲个故事吧？

MOT：你#你听了那么多年的故事了#你听了三年的故事了.你该讲给我听了.

CHI：啊你给我讲个故事吧#妈妈.

CHI：你给我讲个故事吧妈妈？

MOT: 讲哪个故事?

CHI: 讲这个.

MOT: 将你幼儿园里学的那个故事.

MOT: 小狗和洗啊欧力上沙漠的故事.

MOT: 走进大熊猫.

MOT: 海底探险. (3;10;15−6)

例23中，WMX先提出要求，家长以“问句”的形式回应“讲个什么故事”（what），儿童回答，家长没有立刻答应而是提出了“反请求”（当讲话者使用另外一个请求来拒绝前一个讲话者的话语行为时，这种应答就被称为“反请求”），儿童不同意反问“那我听什么呐？”并接着和家长谈条件，讲明讲个故事就睡觉，并且继续反复要求讲故事，见家长没有反应又问“谁让你不讲的？”，家长回应“不想讲。没有人让我不讲。”，儿童还是继续要求讲故事，家长仍然拒绝，儿童继续要求，家长再一次“反请求”（你#你听了那么多年的故事了#你听了三年的故事了。你该讲给我听了。），儿童还是继续要求（2次），家长最后妥协问“讲哪个故事？”，儿童达到目的，整个话轮至此结束。整个话轮可以进一步总结为以下过程：

儿童要求→家长问句（what）→儿童回答→家长反请求→儿童坚持（反问、讲条件、反复要求2次、问句质问）→家长拒绝→儿童坚持→家长拒绝→儿童坚持→家长反请求→儿童坚持（重复2次）→家长问句（which）→儿童回答→家长接受

整个对话经过了14次话语轮转，家长进行了两次“反请求”与两次“拒绝”，儿童用了“要求”“坚持”“重复”“回答”“讲条件”“质问”等言语行为策略，最终达成目的。

例24

CHI: 妈去医院吧?

MOT: 嗯?

CHI: 去医院吧?

MOT: 去医院干嘛?

CHI: 去医院给爸爸看看#爸爸说的XX.

MOT: 爸爸有点感冒没事.

CHI: 没事+/.

CHI: 妈#比比它的高度到到哪?

CHI: 你帮我拿球行吧?

MOT: 嗯−:.

CHI: 妈怎么光闭着眼呀?

MOT: 我想睡觉了.

CHI：那你不给我做XX你不给我#帮#那你怎么帮我录像呀？

MOT：是呀.

MOT：要使劲睁着眼#我使劲睁哈.　　(3;11;04-6)

例24中，WMX提出要求，家长用“不确定（嗯？）”来发问，儿童重复要求一次，家长问“去医院干嘛？”，儿童回答理由，家长表明态度“没事”不需要去医院，儿童重复家长的话语重点“没事”，然后自己转换了话题并提出新的要求，家长接受，儿童再一次话题转换（问句），家长回答，儿童陈述不应该睡觉的理由，家长接受，整个话轮至此结束。整个话轮可以进一步总结为以下过程：

儿童要求→家长问句→儿童重复要求→家长问句→儿童回答→家长拒绝→儿童转换话题并提出新要求→家长接受→儿童转换话题→家长回答→儿童说服→家长接受

例24中，如果转换话题就算话轮结束的话，到第7步这个多轮话语就算完成了。为了更全面地考查这个多轮话语片段，我们将紧接的两次话题转换也呈现出来。从这个多轮话语片段可以看出，实际上是儿童占主导地位，在引导家长的交际思路。从以上两个例子中还可以看出儿童使用的交际策略截然不同：例23，儿童一直是一个“坚持主义者”，不厌其烦地反复提出他的要求，用尽各种话语策略，不达目标绝不罢休（进行了14轮的轮转，家长的两次“反请求”都以失败而告终）；而例24，儿童提出要求后，在第7轮中儿童就主动进行了话题转换。究其原因，还是和儿童的“自我中心”心理有关，第23例是儿童想要听故事，自己有着强烈的欲望和渴求，因此与家长进行了多轮对话，最终达成目标；而第24例是关于爸爸去不去医院的问题，在得到家长的否定回答后，儿童重复了家长话语的重点“没事”，紧接着就转换了话题，并且新的两个话题都与自己息息相关。虽然在这个3岁至4岁年龄阶段，儿童心理还是以“自我中心”为主，但是也已经发展出相对成熟的“社会化”话语策略和意识，甚至可以承担多轮话语片段中的主导角色，引导家长按照自己的思路进行交际。

4. 话题转换

“话题转换”是指儿童发出的“首轮带‘吧’的表示建议、请求、命令、邀请、催促等句子”的话语，次轮中家长采取“话题转换”的方式进行回应（24个片段），占整个家长回应片段的4.91%。经过语料筛查，家长“话题转换”失败的片段有9个，即儿童还是就以前的话题继续进行讨论并没有放弃该话题，例如：

例25

（MOT：我明天把这个交给老师吗？）

CHI：妈妈玩个这个吧？#玩这小孩的.

MOT：我问你#明天上幼儿园的时候把这个交给老师好吗？

CHI：妈小兔子回家去吧！

CHI：送小兔子回家是吧？

CHI：妈这是小兔子回家是吧？

CHI：妈这是小兔子回家是吧？

MOT：是的.

CHI：妈这是小兔子回家是吧？

MOT：是的.

CHI：我想玩小兔子回家.

CHI：这是游戏图.

CHI：这是我想玩游戏视图.

CHI：妈这是画画的是吧？

CHI：从这起吧#生日先画出来好吧？

MOT：我们把这个画画上吧#画上#然后然后参加比赛好不好.

CHI：一起把那个#都先画出来.　　(3;09;04-6)

例25中，前提是家长已经说过一次"要交给老师"，WMX没有接话而是提出要求"玩这个吧？"，家长重复前面的要求，儿童不予理睬开始进行游戏"小兔子回家"并重复3次，家长同意，儿童又重复1次，家长同意，儿童再次提出要求并具体解释，家长被成功转移注意力，儿童达成目标。整个话轮可以进一步总结为以下过程：

儿童新要求→家长重复旧要求→儿童继续新要求（重复3次）→家长接受→儿童重复要求→家长接受→儿童重复要求并解释 →家长接受并提出意见→儿童接受

这样看来，此次的"话题转换"是失败的，加上前面的语境，家长共提出两次要求，儿童以自己的新要求驳回（新要求共出现四轮），主要采取了"要求""重复"和"解释"等话语策略，并且儿童处于多轮话语的主导地位，也就是说儿童不仅能够拒绝家长的"话题转换"而且在整个多轮话语片段中起到主导作用，最终实现自己想要的预期目标。总体上来看，过半数的家长"话题转换"是成功的（62.5%），但是儿童以一个话语交际的弱势群体角色（年龄小、依赖性强、社会地位低）还是能够在37.5%的"话题转换"中拒绝家长的引导从而坚持自己的立场，这已经出乎我们的意料。通常而言，根据合作原则的关系准则，对话双方应该努力使问答一致，不然就会答非所问，即家长进行"话题转换"时，儿童应该遵从家长的思路进行回答，然而在实际的言语交际中儿童经常问东答西，答非所问。实际上儿童在交际中并没有做一个完全的被动者，他们有时会为了礼貌打破会话原则从而取得社交平衡；或者使用自己的言语进行打岔，从而对不感兴趣的话题进行婉拒。

四、儿童与家长的言语行为策略探讨

儿童的语言发展从来都是一个复杂的过程，而语用的发展从儿童与他人交流伊始就伴随着语言获得一起进行，相辅相成。本研究以儿童首轮含“吧”的句子为切入点，将话语片段分为两大类——“儿童自我回应”与“家长回应”，通过对具体话语片段的文本分析探讨了儿童和家长的言语行为策略。

（一）“儿童自我回应”的言语行为策略

处于3岁至4岁年龄段的儿童，大部分语言结构已经获得，可以较为自如和流利地与家长进行沟通，但是我们的研究发现“儿童自我回应”话语还是占总输出话语的18.36%，并且这些儿童自我回应话语并不单纯是儿童沉浸在自己的世界中“自说自话”的表现。根据我们的数据，只有1.84%的“儿童自我回应”话语是一种单纯的重复且不具有目的性；剩下的近17%的“儿童自我回应”话语，都具有明显的交际性和社会性，不能归结为儿童原始、幼稚的本能，而是儿童社会化的表现。即便是儿童使用“重复”这种言语行为策略，也有很大一部分话语是为了提请家长的注意，并且儿童会有意识或无意识地变换句型，体现出儿童朴素的认知概念即“重复语句以引起家长的注意来凸显这个语句的重要性”。儿童在使用“自说自话”这种言语行为策略时，较多的是一种思维的表征即用语言表达出内心所想或者指导行动，有相关研究表明这种“自说自话”具有一种“自我调控”的功能，来源于社会交流（李佳礼，2009）。这样看来，“儿童自我回应”的言语行为是遵循以下发展路径的：无意义的话语重复→有意义的话语重复→自说自话（自我调控）→社会性言语（与家长的对话与互动）。

（二）“家长回应”的言语行为策略

我们抽取的话语片段大部分回应是“家长回应”，占总输出话语的81.64%，表现出儿童这个年龄段的话语绝大部分都是需要家长回应即儿童交际的目的性很强。“家长回应”主要有四个言语行为策略——“接受”“拒绝”“问句”和“话题转换”，我们在此基础上提出了接受/拒绝–多轮话语片段（儿童轮）/（家长轮）的分类方法，并引进“非优选应答”言语行为策略对儿童回应的策略进行了分类和分析。研究发现家长对于儿童发出的话语回应为“接受”的言语行为策略较多，超过了半数，剩下的策略为“拒绝”“问句”和“话题转换”。这反映出家长至少是母亲对儿童的回应策略大部分是支持的是正面的，对儿童的行为主要采取的是鼓励态度，这也符合母亲“慈母”这一中国传统文化和社会角色的定位。

在家长回应方式为“接受”的话语片段中，“多轮话语片段”与“非多轮话语片段”的比例各占一半，没有明显的分布特征。在“接受–多轮话语片段”中家长对儿童的话语回应策略主要有“提出要求”“建议”和“提问”，其中家长较多使用“提出要求”和“建议”的言语行为策略以此来推动对话的继续进行，较少使用“提问”。家长很可能考虑到使用“提问”推动话轮继续对于这个年龄段的儿童来说还是有较大难度，直接用意义比较清晰的“提出要求”和“建议”来说比较明确且容易。儿童对于家长的言语行为策略主要有“进一步的要求”“提问”“重复”和“解释”，并主要使用前两种言语行为策略。有趣的是，虽然家长较少使用“提问”对儿童进行回应，但是儿童却较多使用“提问”这种言语行为策略。那么是否从侧面反映出，虽然家长的语言输入对于儿童语言获得具有重要影响，但却不是决定性因素，儿童自身的语言获得和发展是有一套自我运行机制的。不过这个问题不在本研究的讨论范围之内，是属于儿童语言获得领域的终极“柏拉图”问题。但在“接受–多轮话语片段”中“家长轮（34个片段）”的数量明显少于“儿童轮（121个片段）”的数量，也就是说在“接受–多轮话语片段”中儿童占据了相当多的话语轮转的主动权，这也是令我们意想不到的。

在家长回应方式为“拒绝”的话语片段中，“多轮话语片段（88.19%）”与“非多轮话语片段（11.81%）”的比例悬殊，也就是说家长采取“拒绝”的话语态度后，大部分的话语还是就该话题进行下去并形成“多轮话语片段”。在“拒绝–多轮话语片段”中，由家长继续下去的只有19个片段，远远少于由儿童继续下去的78个片段。其中家长所采取的言语行为策略和“接受”小节中的策略雷同——“进一步要求”“建议”或“提问”，但是由于“拒绝”话语的属性，家长的言语行为策略多了一个“解释”，即对自己“拒绝”的原因进行解释。而儿童所采取的言语行为策略则较为多样，达到6个，包括“完全否定”“解释”“纠正”“坚持”“请求”和“转换话题”。儿童在“非优选应答”回应方式中较多使用了“坚持”和“请求”言语行为策略，占总“非优选应答”回应方式的73.08%，其他四种策略占26.92%。总的来说，儿童的“非优选应答”回应结构比较简单，言语行为策略也往往很直接和明确，但是大部分能够达到预期目标。也就是说家长表明了“拒绝”的态度后，儿童并没有放弃而是想尽办法进一步说服家长，但较少像成人那样使用较为高级的语用策略来减弱面子威胁的程度，比如使用委婉语、反语、比喻性语言等。儿童只是单纯地想要达到自己的预期目标，并不会过多地考虑其他因素，因此较多使用“重复”“反复要求”和“请求”等简单的言语行为策略，这不仅与他们的语言水平还与认知水平有关。现阶段儿童还是作为一个初级的社会人，随着儿童能力的全面发展，他们会获得更多更复杂的言语行为策略，直至成长为一个真正成熟的社会人。

但是我们发现在话语次轮中家长采取“问句”和“话题转换”的言语行为策略进行回应时，几乎所有的问句儿童都会继续进行下去，多采取“回答”“坚持”“解释”“重复”与“要求”等手段；家长的“话题转换”也不是都取得了成功，有大概三分之一的话语由儿童就以前的话题继续进行讨论并没有放弃该话题。以上两种话语次轮的情况中，儿童大多处于多轮话语的主导地位，也就是说儿童不仅能够回答家长的问题或者拒绝家长的话题转换而且在整个多轮话语片段中能够起到主导作用，通常是家长妥协儿童最终实现自己的交际目的从而结束整个多轮话语。这显示出在整个言语交际的过程中，3岁至4岁的儿童并不是处于完全的弱势和被动的境地，而是在交际过程中体现出自己的主动性、能动性与创造性，已经开始发挥自己作为一个初级社会人的功能。“冲突模型理论”提出虽然儿童还处于语言和认知的发展阶段，但是他们对于外界影响并不是被动地完全接受，而是在一定程度上拥有自己的想法和意志，导致他们使用某些特殊形式对行为做出反应（Schatte, 1991）。儿童对行为进行反应的方式并不总是被动地顺从，可能会与家长和社会需要相对立相冲突。那么看护者的最终任务是使儿童顺应社会行为模式，这一转变或适应是一种痛苦的发展过程，其中充满了儿童和家长、同伴或者看护人的冲突。但是我们这里的“顺应社会行为模式”并不是要求儿童一味地顺从家长只做一个“听话”的好孩子，而是需要家长充分认识到儿童作为一个社会人的家庭地位，家长与儿童在相互作用的过程中，双方均起积极的双向影响作用，是相互适应而不是相互冲突。

五、对儿童教育的启示

（一）儿童言语行为策略研究对儿童教育的启示

通过对“儿童自我回应”言语行为策略的研究，发现绝大多数的“儿童自我回应”是儿童社会化的表现。这提醒我们不论是家长还是幼儿教育者都要重视儿童特定阶段的“自言自语”，不能生硬地打断或者禁止儿童的“自言自语”，也不能认为儿童这种行为是不良的或不好的，而应该采取鼓励的措施，顺应儿童的心理要求，将这种“自言自语”作为儿童学习的一种策略或者理清思维的一种方式。尤其是“自言自语”较少的儿童，家长和幼儿教育者更应该鼓励他们使用这种方式来进行出声思维，而不是一厢情愿地认为这样的儿童听话、安静，从而导致这类儿童在语言发展上的迟缓。当儿童使用“重复”这种言语行为策略时，家长和幼儿教育者应该意识到大部分时间儿童并不是简单地无意义地重复话语，应该保持足够的耐心仔细倾听儿童的话语，鼓励他们最终清晰而明确地表达出自己的交际目的，不能为了片刻的安静而制止儿童的重复话语。幼儿园期间的教育占据了儿童学前教育的重要部分，对儿童的发展影响巨大，幼儿教师尤其不能过度干涉儿童的“自言自语”，有的教师为了维持课堂纪律，可能会粗暴地制止儿童“自言自语”。我们的研究表明这种干涉不仅是无效的，而且不利于儿童的身心发展，教师可以耐心询问儿童“自言自语”的内容，采取温和的方式引导儿童的注意力重新集中到学习上去。

（二）家长言语行为策略研究对儿童教育的启示

通过对“家长回应”言语行为策略的研究发现，儿童3岁至4岁年龄段的话语绝大部分都得到家长回应，即从家长方面来看，家长对儿童的话语反应较为及时，尊重儿童的独立人格，注意以平等的态度来对待儿童；从儿童方面来看，儿童话语的交际性和目的性很强，他们明确要求家长对自己的话语及时回应。“家长回应”主要采取的言语行为策略有“接受”“拒绝”“问句”和“话题转换”，其中“接受”是家长使用较多的言语行为策略，这从侧面反映出该名儿童的家长是“民主型”或者“宽容型”家长，能够减轻儿童的“自我为中心程度”，帮助儿童适应社会，也可以说家庭教养方式能够影响家长与儿童的互动与沟通。还有家长的文化水平和收入也会对儿童的语言发展产生影响。本个案儿童家长进行亲子话语交流时，采取的态度和言语行为策略具有针对性和科学性，例如家长对于儿童的话语回应策略主要采取“提出要求”和“建议”，较少使用“提问”。说明该家长能够考虑到在儿童3岁至4岁年龄阶段，应该使用明确且儿童容易接受的言语行为策略，重视培养儿童的积极情感，减少他们的挫败感。家长和幼儿教育者还应该充分尊重儿童的人格和思想，给儿童平等的决策权利和选择自由，允许儿童提出不同见解和意见，也可以让儿童充当话语交际的主导者，从而提升儿童的主动性、能动性与创造性。在儿童的成长过程中，家长和幼儿教育者应该本着积极的双向影响原则，与儿童在相互适应中一同成长，注重引导儿童对他人和社会的积极情感，避免消极情感，从而最终促进儿童社会化的发展。

六、余论

本研究在个案语料的基础上，尽量全面细致地对儿童和家长话语中的言语行为策略做出较为科学系统的剖析。但儿童语用发展与语言结构的发展相比，更是一个长期的过程，直至持续至青春期。我们研究的言语行为策略仅是一个特定的阶段时期，下一步的研究需要持续追踪被试儿童，并扩大语料的使用范围，在语料库的基础上考察学前儿童的言语交流情况，对补充和完善儿童语用获得规律和指导学前儿童语言教育均具有较大的理论和应用价值。

>>> 附注：

本节曾发表于《学前教育研究》，收入本书略有修改。是山东省社会科学规划研究项目“基于语料库的儿童句末语气词获得研究”（16CZWJ27）的阶段性研究成果，并得到“2016年山东省高等学校优秀骨干教师国际合作培养项目”和“临沂大学认知科学与语言学能研究基地”的经费资助。

①首现时间为该话语首次自主产出并表达正确的时间，获得时间为连续三次自主产出并表达正确的时间。

②具体来说，皮亚杰认为儿童早期的话语大部分是以自我为中心的，不为告知目的服务，不具有实际交际功能，只是儿童在进行活动和感受时说出的话语，虽然不对儿童产生质的影响但也有一定的和谐之处。把儿童的自我中心言语描述成儿童积极活动的副产品，是其思维的自我中心性质的一种表现。在社会化语言出现后，自我中心语言就

会完全消失。

③具体来说，维果斯基认为自我中心言语也是一种社会性言语，而不是什么自我中心的表现；儿童在没有交谈者的情况下，才有自我中心言语的产生，但它仍然是社会性言语；儿童在行动中遇到困难，经常会出现自我中心言语。这实际上是思维的有声表现，是一种言语的自我调节机能。

④周士宏认为用疑问形式表达祈使功能是世界语言的一种普遍现象，而以不确定的疑问表达委婉建议的祈使现象更为常见。

⑤冲突话语研究最早可以追溯到20世纪70年代末，布伦奈斯(Brenneis)等对儿童争辩性话语及其结构形式的研究，但是冲突话语作为一个术语首先出现于1991年。

⑥波梅兰茨(Pomerantz)的言语行为策略主要包括：沉默、拖延、要求澄清、部分重复、冷场的修复及话轮反复等。

第五章
自闭症儿童的语言认知机制与语言干预

第一节　话语线索在自闭症儿童理解反语时的作用

一、研究背景

反语指讲话者话语表达与其潜在意图相反的情况(Grice, 1989),意味着字面意思和交际意图之间的差异(Mey, 2001)。使用反语时,讲话者的意图通常不同于话语的字面含义,就像字面上积极的陈述被用来作负面的评论(反语批评,例如对刚刚在人行道上绊倒的人说“真优雅!”)或者使用字面上的否定评论作出积极的评价(反语赞美,例如对刚刚赢得彩票的人说“狗屎运!”)。反语可以用来实现一些社会交际目的,特别是传达间接态度和戏谑。在功能上,反语批评比直接批评要更委婉一点。例如,反语批评(“你是一个真正的天才!”)被认为比直接批评(“你是如此愚蠢”)更含蓄一些。换一种说法,反语可以减弱话语的负面色彩,在表达批评的时候,使讲话者感觉更加礼貌,从而使听众减少负面的情绪(Dews et al, 1996)。如果反语只是从表面,而不能从深层次进行理解,那么就会出现沟通不畅,从而影响个人的社交互动。因此,理解反语的能力是社交能力的一个重要组成部分,引起了语言学家。传播心理学家和语言病理学家的关注,并已经获得跨学科研究的进展。

儿童5岁至6岁开始发展出能够判断反语的能力(Dews et al, 1996; Harris & Pexman, 2003; Filippova, 2010),尽管年龄较小的儿童有时也可以理解反语(Loukusa & Leinonen, 2008; Angeleri & Airenti, 2014)并且这个能力会随着时间而提高(Dews et al, 1996; Demorest et al, 1984; Bosco, 2008)。进行简单的反语理解任务(Irony Comprehension Test, 以下简称ICT)时,6岁至7岁的儿童在进行正确解释的能力方面有显著差异(Loukusa & Leinonen, 2008)。还有学者认为6岁、8岁和9岁的儿童对简单反语形式较为容易理解,也就是说反语直接与背景知识形成鲜明对比的较为容易理解,而那些与背景知识相反的含有潜在意图的话语则较难理解(Bosco, 2008)。

与正常(Typical Development, 以下简称TD)儿童不同,自闭症患者缺失的语言技能是各种各样的(Tager-Flusberg, Paul & Lord, 2005),自闭症(Autism Spectrum

Disorder, 以下简称ASD)儿童具有反语理解方面的缺陷(Adachi, et al, 2004; Kaland et al, 2002; MacKay & Shaw, 2004; Martin & McDonald, 2004; Wang & Lee, 2006)。卡兰德(Kaland)认为在反语故事的背景下，被问及“为什么[反语讲话者]这么说呢?”ASD儿童在回答时的心理状态是失败的，因为他们会关注一些无关紧要或奇怪的信息并且反应缓慢(Kaland et al, 2002)。MacKay询问高功能自闭症(High-functioning Autism Spectrum Disorder, 以下简称HFASD)儿童关于反语讲话者真正意图的问题(例如，“当反语讲话者说‘干得好!’，他的意思是什么?”)，HFASD儿童倾向于把话语的意思重复一下作为答案(例如，“太好了!”)或仅仅是重新解释上下文使字面意思变得更合适(MacKay & Shaw, 2004)。根据这些在反语理解方面的具体缺陷，有人认为可以用反语理解任务来区分HFASD与其他发育性疾病，如多动症(Adachi, et al, 2004)。除了以上观点，脑科学研究结果也支持ASD儿童在理解反语上表现不佳的结论。Wang, Lee, Sigman和Dapretto使用磁共振成像功能对TD儿童和ASD儿童理解反语的表现进行了比较。

从行为上看，ASD儿童在理解反语的准确性上不如TD儿童。ASD儿童在进行任务测试时，大脑右侧额下回和双侧颞叶区活动比较显著，从而反映出ASD儿童与TD儿童对照组相比在反语的理解任务上需要耗费更多的大脑资源(Wang & Lee, 2006)。

以上研究基本都集中在英语儿童的反语理解上，关于汉语儿童对于反语的理解，只有张萌以态度、话语含义和语言现象探测为测量指标，探讨语调对6岁至10岁儿童不同类型反语认知的影响(张萌、张积家, 2006)。Jackie在讽刺性话语方面，探讨讲粤语的普通儿童和自闭症儿童在利用语言线索上所表现的差异(Jackie, Thoms, Gary & Carol, 2013)。根据普通话反语的特点，我们选取“韵律”和“句末语气词”作为儿童对反语理解的测试点。众所周知，普通话是一种声调语言，不同的声调可以表达不同的意义。在普通话中有四种声调。根据词汇特征的典型性，以前的研究认为声调和语调可能是相互排斥的。但是实际上在句子层面利用韵律来表达不同的意图包括反语，而词汇的声调则承载了整个话语的语调(Yip, 2002)。在这里“韵律”被用作上级术语，包括语调、重音、节奏和与知觉、声学相关的概念，包括音高(基频, F0)、音强(振幅)、音长和它们的组合。反语表达方式采取一些特殊的韵律特征，包括放慢语速、拖长语音、各种音调、短暂的停顿、增强发音强度和鼻化(Ackerman, 1986; Anolli, Ciceri & Infantino, 2000; Culter, 1974; Laval & Bert-Erboul, 2005; Rockwell, 2000)。句末语气词(sentence final particle, 以下简称SFP)在汉语整个语气系统的地位较为重要，有学者认为它承担着句末标句符的功能，具有标示言者的感情色彩，句子的类别，小句的状态变化三种作用(石定栩, 2009)。其中语气词“啊”承载的语气意义弹性很大，包括申明、询问、提醒、警告的语气来传达很多混合的情绪，从表示恭维、愤怒到讽刺。例如，“你很准时啊！”，如果不看当时说话的语境，依据其字面和非字面的解释都是行得通的。如果当事人迟到，使用“啊”明显表达了讽刺，并加强了反语意味。相反，如果当事人实际上是准时的，使用“啊”则主要表示当事人和讲话者之间亲密的关系，并表达了对当事人守时的赞赏。而当句末语气词“啊”与副词“真的”结合在一起做反语使用的时候，则表现出强烈的蔑视感。

近期汉语界对句末语气词“啊”的研究基本集中在话语功能（张小峰，2003）、音变（金耀华，2011）和语调（贺阳、刘芳，2016）等方面；对于韵律，则主要探讨句中位置的韵律模式——延迟和凸显要强调的内容。有关汉语句末语气词的前期研究集中在语义（郭红，2012），语用与话语功能（李小军，2009；何文彬，2010），句法属性（杨永忠，2011；王珏，2013；邓思颖，2010；徐杰、王娟，2012）和儿童关于某些句末语气词的获得（李慧敏，2012）等方面。本研究旨在利用实验任务来测试TD儿童与HFASD儿童根据“韵律”和SFP“啊”对反语进行理解的情况。

二、研究问题和假说

研究目的是揭示TD儿童与HFASD儿童根据“韵律”和SFP“啊”对反语进行理解的情况。我们感兴趣的是两组儿童在理解反语上的准确率的差异以及得分是否受反语语言线索的影响。此外，我们试图测试是否没有反语线索的话语更难理解，哪一种反语线索（韵律和句末语气词）对正确理解反语较为重要——也就是说，对儿童来说包含反语线索（三种情况：韵律、句末语气词与两者都包括）与不包含反语线索的话语哪个更难以判断。基于普通儿童的现有调查数据，我们预测在理解反语方面（无论是在判断讲话者的信念还是讲话者的潜在意图方面），ASD儿童组的理解准确性将会低于TD儿童组。此外，“SFP”和“韵律”这两个语言线索对于两组儿童应该都起了很重要的作用。具体的研究问题如下：

（一）两组儿童对反语理解的准确率是多少？

（二）ICT的准确率和语言线索出现与否之间是否存在关系？

（三）ASD儿童组和TD儿童组对反语进行理解时的关注点是否存在差异？

三、研究方法

（一）实验参加者

所有参与者均来自山东省临沂市的普通学校和特教学校，HFASD儿童的来源渠道是两所特教学校，普通儿童则通过学校进行招募。所有的孩子都在学校里的专门教室接受了测试，测试结束后获得参与奖品。

根据以往研究发现TD儿童在8岁时才能理解反语（Ackerman, 1982; Hancock &

Purdy, 2000; Happé, 1995; Imaizumi, Furuya & Yamasaki, 2009)，因此参加ICT的年龄段被设定为8岁及以上。参与测试的一共有15名ASD儿童。所有参与者都接受过自闭症（n = 10），阿斯伯格障碍（n = 3）或普遍发育紊乱（n = 2）的诊断。所有参加者均为男，讲普通话，年龄介于8岁2个月至12岁7个月之间。实验对自闭症参加者的配合能力与语言能力要求较高，因此参加者数量较少。

所有参加者的语言能力都使用“儿童语言能力量表（系列）（Children's Language Ability Test）”中的“小学生（3—4年级）语文听说能力测验量表（Chinese Listening and Speaking Skill Test for 3-4 Grades，以下简称CLSST）”来确定的（王彩霞，2008）。所有的孩子表现出适龄的语言技能，标准差高于-1.25SD。然后，根据在CLSST中的语言表现，将15名HFASD儿童与15名TD儿童进行匹配。具体情况可见表5-1。

表5-1　参加者具体情况一览表

年龄范围	年龄均值（SD）	CLSST成绩均值（SD）
8：02-12：07	10.58（1.30）	78（3.60）

（二）实验设计

实验变量，即“SFP”和“韵律”，具有四种搭配条件：（1）“只有韵律”，（2）“只有SFP”，（3）“两者都有”和（4）“两者都没有”。在“两者都有”条件下，韵律（强调和延长音节）和SFP（帮助理解说话者的交际意图）都会起作用。在“只有韵律”和“只有SFP”条件下，只有一个变量分别起作用。在“两者都没有”条件下，两个变量都没有出现也不起作用。

（三）实验材料

首先由4名语言学和心理学教师拟定故事材料，然后采用四种搭配条件（“只有韵律”“只有SFP”“两者都有”和“两者都没有”）为测量指标，对20名大学生进行测试，根据他们的回答情况，检验故事的内容效度。测试结果表明，在四种搭配条件下，所有参加者均能做出正确回答，说明我们所拟的故事材料适用于本实验。

我们创建了四个故事主题，每个主题都包括两个角色。通过变换四种搭配条件，共有16个测试故事。每个故事都包含四句话，以一位讲话者向听话者说出反语话语而结束。每个测试故事的角色名字都不一样，以此来保持参加者的兴趣。故事的录音由一组播音主持专业的成年学生（4人）来进行。录制之前，先讨论故事情节并对场景进行排序，将四种搭配条件的反语的显著性从最高到最低排列。根据情况对故事进行修订，直至所有的录制人都认为“两者都有”条件是最具反语意味的，而“两者都没有”条件是最不具有反语意味的（例子请见附录）。然后使用索尼ICD-

SX1000录音笔将所有的故事进行录制，用来呈现给实验参加者，从而尽量减少调查者带来的潜在影响。为了维持参加者的兴趣并提供故事背景，我们还准备了故事情景图片来促进儿童的理解。除了以上16个反语实验故事，我们还设计了5个字面赞美故事（成绩不参加数据分析），用来减少对第二个问题（包含讲话者信念）的习惯性回应。5个字面赞美故事涉及“两者都没有”“只有SFP”“只有韵律”和两个“两者都有”条件（见附录）。

（四）实验步骤

所有的参加者都在安静的房间里逐个进行测试，时间约为15分钟。实验开始之前会和参加者有一个熟悉的过程，特别是HFASD儿童组，会有特教老师和我们的实验人员一起进行互动，熟悉的时间大概为30分钟，然后正式进行测试。首先实验者会问参加者一个问题即“今天，阿姨给你听一些故事并看有趣的图片，每个故事结束后都会问你三个问题，请你认真听认真看，明白了吗？咱们现在开始吧！”然后，使用手提电脑播放录音，并同时使用录音笔录制全程对话内容，以便于整理答案时进行参考。

参与者一共需要倾听23个故事，包括2个练习故事，16个反语故事和5个字面赞美故事。听录音的时候，我们还会把图片呈现给参与者。听完每个故事，参与者需要回答三个问题。第一个问题是关于事实真相的问题，例如，“你认为A唱得好听还是难听？”，用来检查参与者是否能理解故事的真实内容。第二个问题是关于一级错误信念的问题，用来评估参与者是否能判断讲话者的信念，例如，“[B]认为[A]唱得好听还是难听？”第三个问题是关于二级错误信念的问题，用来评估参加者是否能理解讲话者的潜在意图，例如，“[B]想让[A]知道[A]唱的好听还是难听？”。每个主题的故事呈现顺序是随机的，正确回答一个问题得分为1分，每个故事得满分为3分，每个主题的总得分被用作结果分析。因HFASD组儿童不配合造成的无效测试，放在1周后重测，如果HFASD参加者能够正确回答问题，成绩同样算有效并参与分析。TD组在相对集中的一段时间内进行所有测试，不进行重测。

四、研究结果

两组参加者都能够正确判断五个赞美故事的真实性，并能准确回答故事的三个问题（不参加数据分析）。

（一）判断事实真相

一个HFASD组的儿童无法准确回答所有的与反语有关的第一至第三个问题（即所有的反语故事的回答都是错误的），因此这名儿童和与他进行语言匹配的TD组儿童的数据没有进行分析。剩下的所有两组参加者都能正确回答第一题判断事实真相这个控制性问题，说明他们都能够理解故事的内容。

（二）判断讲话者信念

两组儿童关于理解讲话者信念和讲话者潜在意图的四个条件下的成绩正确率和标准差请见表5-2。TD儿童组在这个环节上的表现十分优秀，正确率普遍达到98%以上。说明8岁至12岁年龄段的TD儿童能够对讲话者的信念做出正确判断，并且话语线索对他们的判断没有影响。ASD儿童表现差强人意，正确率在60%—70%，说明他们在对讲话者的信念判断方面与TD儿童具有差异。

表5-2　两组参加者在两个测试任务中的平均成绩[正确率（标准差）]

	关于讲话者信念测试		关于讲话者意图测试	
	TD（n=14）	ASD（n=14）	TD（n=14）	ASD（n=14）
“两者都有”	1.000（0.00）	0.643（0.34）	0.821（0.33）	0.375（0.63）
“只有SFP”	0.982（0.27）	0.625（0.28）	0.804（0.26）	0.429（0.52）
“只有韵律”	0.964（0.36）	0.714（0.35）	0.679（0.14）	0.268（0.41）
“两者都没有”	0.982（0.27）	0.590（0.54）	0.554（0.64）	0.196（0.50）

鉴于此，我们对他们的表现进行了单因素方差分析（Analysis of Variance，以下简称ANOVA），结果请见表5-3。根据结果显示在“两者都有”和“只有SFP”条件下，两组的表现差异性显著。这表明TD儿童组与ASD儿童组相比在条件利用上偏向这两个条件。为了更清楚地观察到两组儿童在判断讲话者信念上利用的话语线索的不同，我们又对他们的表现进行了话语条件分析（表5-4）。根据表5-4，TD儿童组在话语线索上倾向于利用“两者都有”和“只有SFP”条件，而ASD儿童组则倾向于利用“两者都有”和“只有韵律”条件。这就可以看出两组儿童在话语线索的利用上是有各自的倾向性的。

表5-3　两个组的单因素方差分析（ANOVA）情况

	关于讲话者信念测试		关于讲话者意图测试	
	F	p	F	p
“两者都有”	6.102	0.020	17.936	0.000
“只有SFP”	5.976	0.021	16.492	0.000
“只有韵律”	1.212	0.299	9.936	0.004
“两者都没有”	3.286	0.081	9.123	0.006

注：$p<0.05$

表5-4 两个组的话语条件分析情况

	关于讲话者信念测试（标准系数）		关于讲话者意图测试（标准系数）	
	TD	ASD	TD	ASD
“两者都有”	0.267	0.251	0.288	表现全部低于正常概率水平在此不做分析
“只有SFP”	0.258	0.244	0.281	
“只有韵律”	0.243	0.278	0.238	
“两者都没有”	0.233	0.230	0.196	

（三）判断讲话者潜在意图

在“两者都有”条件和“只有SFP”条件的任务测试中（根据表5-2），TD组参加者的表现普遍高于概率水平（chance levels）；在“只有韵律”条件测试下，TD组参与者的表现稍高于概率水平；在“两者都没有”条件测试下，TD组参与者的表现低于概率水平。相比之下，ASD组在所有四种条件测试中的表现都较差，并全部低于概率水平。

我们进一步进行（组×话语条件）ANOVA分析（表5-3），TD组表现明显好于ASD组，话语条件起了显著的作用。这表明在TD组的反语理解中，有没有韵律和/或SFP话语线索能直接影响参加者是否可以正确判断讲话者的潜在意图。根据在ICT中正确率的表现（图5-1），可以看出两组对讲话者潜在意图的判断在不同的话语条件下有所不同。根据表5-4在判断讲话者潜在意图方面的分析显示，TD组仍然较多利用“两者都有”和“只有SFP”条件。而ASD组由于表现全部低于概率水平，因此在此不做分析。

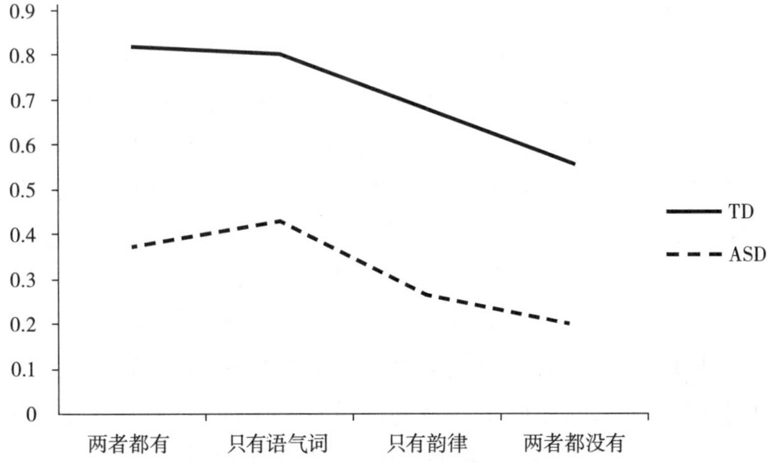

图5-1 两组参加者在判断讲话者潜在意图任务中的表现

最后，我们对TD组在四个条件下的表现进行单因素方差分析（ANOVA）中的Tukey HSD检验法（Tukey' s Honestly Significant Difference）多重比较。结果表明，TD组在“两者都有”和“只有SFP”条件下对讲话者潜在意图做出的判断没有显著差异。在这两个条件下，参加者给出的正确答案的比例明显高于“只有韵律”和“两者都没有”条件下给出的正确答案的比例。“只有韵律”条件下的表现也优于“两者都没有”条件下的表现。而对于ASD组，ANOVA分析显示话语条件并没有对ASD儿童的表现产生显著影响。

五、讨论

本节旨在研究“SFP”和“韵律”这两个话语线索在儿童理解普通话反语中的作用。HFASD儿童和他们的匹配组TD儿童参加了该实验。

（一）关于事实内容的判断

所有能够回答事实问题（例如“你认为A唱得好听还是难听？”）的儿童都能准确理解反语故事和赞美故事。这个表现是在预期中的，因为这些问题的判断只需要使用语言解码能力，而且不需要使用对他人的想法做出假设的能力。凡是拥有与其年龄段相符合的语言能力的儿童都能够准确地回答这类问题。

（二）关于讲话者信念的判断

在反语故事中，TD儿童组在回答讲话者信念的问题上的正确率达到98%以上（例如“[B]认为[A]唱得好听还是难听？”）；而在赞美的故事中，准确率为100%。这个“关于说话者信念的判断”任务，参加者的智力水平只要求处于心理理论的一级错误信念阶段。而这个要求在TD儿童大约四岁时就能达到。8岁至12岁年龄段的TD儿童能够推断故事人物的信念，例如当他/她朋友迟到，即使他/她评论说“你真准时！”TD儿童也能够理解故事中人物的想法与他们所讲的话是不相符的。当出现表面话语与真实潜在意图不一致的情况时，TD儿童通过考虑真实的故事情节，越过字面意思来理解讲话者的真实信念。而ASD儿童表现不如TD儿童，正确率在60%—70%左右，说明他们在对“关于说话者信念的判断”方面与TD儿童具有差异。我们的研究结果与Jackie的研究结果是不同的。Jackie认为在理解讲话者信念方面，HFASD儿童与TD儿童表现类似，没有显著差异（Jackie，2013）。而其他相关研究表明，自闭症儿童在心理理论方面有缺损，一级错误信念任务的通过率从15%到69%不等（Happé，1995）。我们的参加者为HFASD儿童，因此一级错误信念任务的通过率较高，但是与TD儿童比还是具有显著差异，是与实际情况相符的。

在利用话语线索方面，两组儿童的侧重点是不同的。TD儿童组倾向于利用“SFP”线索（在下一节中进行分析）而HFASD儿童组倾向于利用“韵律”线索。在实验中的“韵律”线索会采取“重读”加“音量提高”的形式，这会对HFASD儿童产生一个刺激。脑成像研究认为自闭症患者对音高加工的差异是由于他们大脑单侧加工的异常。自闭症患者主要集中在右脑对听觉信息进行加工(Bonnel et al, 2003; Müller et al, 1999)而右脑正是音高加工的脑区(Zatorre & Belin, 2001; Zatorre & Gandour, 2008)。这也可能是导致HFASD儿童与TD儿童利用不同话语线索的原因。

(三)关于讲话者潜在意图的判断

1. TD儿童组的表现

TD儿童在所有赞美的故事中能够判断讲话者的真实潜在意图。在ICT中,他们对讲话者潜在意图的判断是需要由“韵律”和“SFP”来提供话语线索的(尤其是SFP)。在没有任何线索时(即“两者都没有”条件),TD儿童回答的正确率显著偏低。那些回答错误的TD儿童倾向于把第三个问题回答为“善意的”谎言(例如“大志想伟伟唱得好听。”)来应对第三个问题(“大志想伟伟知道伟伟自己是唱得好听还是难听?”)的提问。一些测试后的观察还表明,TD儿童能对谎言做出善意的解释:例如,一位TD儿童说“他不想伤害伟伟”,另一个说“如果他直接对伟伟说,他会很不高兴”。如有“韵律”线索,大约一半的回答是“善意的谎言”,一半的回答是“反语”。

TD儿童可能开始意识到话语线索可能会标识反语。在“两者都有”和“只有SFP”的条件下,80%以上的TD儿童回答说,说话者的话语是反语(例如“大志想让伟伟反省一下他唱得很难听”)。不同的话语条件可以导致反语的解读有很大的不同,这表明在学龄TD儿童之中,“SFP”和“韵律”线索在普通语反语解读方面起着至关重要的作用。

2. “SFP”和“韵律”线索的使用

对于母语为英语的儿童,“韵律”线索特别是“语调”,在理解反语时起到重要的作用(Ackerman, 1986; Laval & Bert-Erboul, 2005)。普通话有词汇声调系统,在使用语调传达心情和态度的灵活性上相对较低。因此,尽管声学研究已经总结出普通话有一些韵律特征,可能这些特征对于学龄儿童来说不太容易接受(他们在“只有韵律”条件下的表现不是太好)。“SFP”线索对于指导儿童判断讲话者的潜在意图方面则更有促进作用。如前所述,“SFP”可以传递负面情绪比如反语和愤怒,因此儿童可以感受到与背景知识不一致的反语。

值得注意的是,在理解反语时“两者都有”和“只有SFP”的条件发挥了类似的促进作用。换句话说,儿童对于反语的理解可能只要有“SFP”就足够了。这种模式与原来的预测模式有些不一致。与单线索条件相比,“两者都有”条件应该可以加强反语的明确性。为了解释这个模式,我们可以仔细研究普通话语调的机制。赵元任(1968)曾指出普通话的语调是被添加到词上面的。他认为当一个上升的语调被添加到句终位置的词的下降语调的时候,它将导致一个延长音节,这是一个降-升的序列，并最终将会引起语调的上升。有学者认为语调被强加于句子时会带来不同的含义（例如疑问、断言、中立），导致最后一个音节的词汇语调有些模糊（Fox & Nancarrow, 2008）。鉴于SFP的“空灵”性质，它们为音高变化提供了更多的空间。实现韵律或语调特征最关键的位置是话语的最后一个音节。换句话说，对于整个句子韵律模式的贡献，句子中其他位置的音节与句末的音节所起的作用是不一样的。

在本研究中，“音韵”线索主要在句内位置通过延长或者增强副词的音高来实现。即使语调进入话语的中间位置，整个话语的语调轮廓依然会受到单个音节词汇边界的限制。所以严格来说，在与“SFP”有关的两个条件下，这个话语拥有了“句末”语调的韵律特征，该特征是从“SFP”那里继承来的。换句话说，普通话的“韵律”和“SFP”并不是互相排斥的。

3. HFASD儿童组的表现

HFASD儿童组中，四个话语条件下的测试正确性都低于概率水平，这在统计学上意义不大。与TD儿童组不同，ASD儿童组没有利用话语线索来推断讲话者潜在的真实意图。在判断讲话者信念的任务测试中，表现较好的HFASD儿童倾向于认为故事中的人物通过讲善意的谎言而令听众感觉更好，这些孩子可能已经获得一级错误信念心理理论。但要充分了解讲话者的潜在意图，儿童还必须获得更高级的心理理论知识（Happé, 1995; Leslie, 1987; Papafragou, 1998）。HFASD儿童必须能够正确地推导出SFP隐含的情感价值，并将SFP与话语的表面意思和讲话者的潜在意图相结合。HFASD儿童难以处理这种较高级的表里不一的表达，这可能是因为他们对高级别的心理理论的能力获得方面有缺失或他们对反语的语言线索不敏感。然而，目前的研究并不能解释这些可能的原因，需要进一步的研究。

值得一提的是，HFASD组倾向于理解反语是“善意”的谎言（他们在判断讲话者的潜在意图时的表现全部低于概率水平）。“善意谎言”倾向加强了我们对各种非字面语言复杂性的认识。有相关研究证据表明，在不同类型的非字面语言中，反语的理解需要更高级别的心理理论阶段即二级错误信念阶段，隐喻的理解只需要这种技能的较低水平即可而对于明喻的理解则根本不需要心理理论能力（Happé, 1995）。这意味着对非字面语言的理解实际上需要不同程度的心理理论。谎言被看作是“欺骗性”的，也就是说无论讲话者有何意图他们都是有意识地对听众隐藏真相。反语被看作是“隐蔽性”的，因为反语的讲话者不会故意隐藏真相，但试图隐蔽地传递信息以达到他们讲话目的（Anolli & Infantino, 2000）。基于这些认知假设，似乎理解善意的谎言比理解反语更容易。这种发展中的假设可能需要更强大的数据来支持。

六、余论

ASD儿童与TD儿童都可以对事实的真相做出正确的理解。在讲话者的信念判断和潜在意图判断任务中，两组的表现均具有显著差异。在两个ICT中，TD儿童均表现出对“SFP”线索的依赖。而HFASD儿童在第一个ICT中表现出对“韵律”的偏好，在第二个ICT中他们的表现都在概率水平之下，因此没有可比较性。但是总体上看，HFASD儿童使用相关线索去判断反语方面明显弱于TD儿童。在如何理解反语方面，不同的语言采取的手段可能会有所不同。普通话语依赖“SFP”多于句中“韵律”。了解语言模式的特殊性，将有助于未来设计评估工具来测试HFASD儿童的沟通问题（Peppé，2011）。

本研究仅使用一组TD儿童组作为HFASD儿童组的对照组。未来的研究还可以扩大研究样本的数量，同时对于ASD儿童组进行两个对照组（语言能力对照组与实际年龄对照组）的匹配。还可以引入更新的实验手段，利用声学证据来验证在四个实验条件中使用的语调差异，并揭示语调与SFP之间的复杂关系。

问卷：

1. “两者都有”条件下：

今天上音乐课，同学们都要起来唱歌。其他同学都唱得很好。只有伟伟唱跑调了。唱完坐下后，伟伟的同桌大志就同他说：“你唱得真好听啊！”

问题1. 你认为伟伟唱得好听还是不好听？

问题2. 大志认为伟伟唱得好听吗？

问题3. 大志想伟伟知道伟伟自己是唱得好听还是难听？

2. “只有SPF（句末语气词）”条件下：

合唱团练习唱歌，大家都一起很卖力唱。唱着唱着只有娜娜跑调了。练习完后，文文就对娜娜说：“你唱得真好听啊！”

问题1. 你认为娜娜唱得好听还是不好听？

问题2. 文文认为娜娜唱得好听吗？

问题3. 文文想娜娜知道娜娜自己是唱得好听还是难听？

3. “只有韵律”条件下：

今天是健健的生日，他请同学们去卡拉OK唱歌。同学们都唱得很好，很有节奏。只有小华老是跟不上节奏。小华唱完后，健健对他说：“你唱得真好听。”

问题1. 你认为小华唱得好听还是不好听？

问题2. 健健认为小华唱得好听吗？

问题3. 健健想小华知道小华自己是唱得好听还是难听？

4. “两者都没有”条件下：

幼儿园为了迎接六一儿童节，每个班都准备了一首歌。孩子们都学得很认真，唱得很好。只有壮壮总是唱走调。壮壮唱完后，萍萍对他说：“你唱得真好听。”

问题1. 你认为壮壮唱得好听还是不好听？

问题2. 萍萍认为壮壮唱得好听吗？

问题3. 萍萍想壮壮知道壮壮自己是唱得好听还是难听？

5. 赞美的故事（两者都有）

学校为了迎接歌咏比赛，都在勤奋地练习唱歌。同学们都练习得很认真。尤其果果是领唱人，练习得更加认真。果果练习完后，他同学对他说：“你唱得真好听啊！”

问题1. 你认为果果唱得好听还是不好听？

问题2. 同学认为果果唱得好听吗？

问题3. 同学想果果知道果果自己是唱得好听还是难听？

第二节　句末语气词在自闭症儿童反语认知中的作用

一、研究背景

反语是非字面语言（non-literal language）的一种，使用的是一种语言技巧或者艺术，指使用与话语表面含义相反的语句表达真实意图，也称反话、反辞。有研究表明，讽刺性语言占所有会话转折总数的8%，其中28%是反语（Gibbs, 2000）。由此可见，在日常沟通中反语的使用率较高。如果人们只从字面意思，而不能从深层次的话语意图去理解反语，那么就会导致沟通不畅进而影响社交互动（Bosco & Gabbatore, 2017）。国内外关于反语的研究主要从本质、语用价值、语境、认知与加工等方面展开，引起了语言学家（Sperber, 1984）、心理学家（Anolli, Ciceri, & Infantino, 2000）和病理学家（Green & Tobin, 2009; Laval & Bert-Erboul, 2005）的关注，并已经获得跨学科的研究进展。但是关于儿童反语理解的研究还相对薄弱，国外主要从普通儿童对反语的认知过程（Ackerman, 1983; Filippova & Astington, 2008; Recchia, Howe, Ross, & Alexander, 2010; Winner & Leekam, 1991），反语理解的年龄段（大概在5岁至6岁）（Pexman & Glenwright, 2007），各种反语类型的理解情况等方面展开。国内对于普通儿童反语理解的研究主要集中在认知心理机制（盖笑松、方富熹、黎兵，2003），认知的影响因素（张积家、张萌，2005；张萌、张积家，2006），反语的功能直觉（罗贤，2007）和反语理解能力的发展（吴伟，2013）等方面。以上可以看出国内外对于普通儿童反语的研究已经从多方面展开，也取得较大进展。

在关注普通儿童的同时，国外对自闭症儿童这一特殊群体的反语理解情况也进行了一系列研究。自闭症又称孤独症，是一种广泛性神经发展障碍，社会交往发展滞后和语言障碍是自闭症谱系的核心特征。因此自闭症儿童的语言技能在某种程度上是有缺陷的（Happé，1994; Kjelgaard & Tager-Flusberg, 2001），而语用方面则被普遍认为是缺失的（Järvinen-Pasley, Pasley, & Heaton, 2008）。事实上，自闭症儿童具有反语理解方面的短板（Adachi et al., 2004; Martin & McDonald, 2004），脑科学（Wang, Lee, Sigman, & Dapretto, 2006）和眼动（Au-Yeung, Kaakinen, & Benson, 2014; Au-Yeung, Kaakinen, Liversedge, & Benson, 2015; Olkoniemi, Ranta, & Kaakinen, 2016）的研究结果也支持这个结论，尤其在反语表扬的理解上是特别有问题的（Happé，1993; Losh & Capps, 2006）。国外的研究主要集中在自闭症儿童对于反语的产出和韵律理解方面（Golan, Baron-Cohen, Hill, & Rutherford, 2007; McCann, Peppé，Gibbon, O'Hare, & Rutherford, 2007; Rutherford, Baron-Cohen, & Wheelwright, 2002）。

相比较而言，我国对于自闭症儿童反语的研究就非常少，仅有中国香港学者关于句末语气词与韵律在讲粤语的自闭症儿童理解反语时所起的作用（Li, Law, Lam, & To, 2013）与中国台湾学者关于讲台湾腔普通话的自闭症儿童对“非字面语言”理解的实验研究（Huang, Oi, & Taguchi, 2015）。这也与我国自闭症诊断和干预工作相对滞后有很大的关系。我们在已经证明了自闭症儿童对反语理解有缺陷的相关研究基础之上，确定其中的一个实验因素——反语，考察我国自闭症儿童对反语理解的真实情况。

韵律即语言的节奏，重音或语调，在语用中起着重要的作用，它提供了讲话者交际意图的重要线索。人们在进行反语表达时经常采取一些韵律手段包括放慢语速，拖长语音，各种音高，短暂的停顿，加强音强和鼻化音等（Ackerman, 1986; Anolli et al., 2000; Laval & Bert-Erboul, 2005; Rockwell, 2000）。但由于语系不同，汉语除了韵律之外还有一种特殊的表达语用功能的词类——语气词○1。语气词的语用功能较为重要，早在20世纪，语言大师赵元任（1981）就已经注意到：句末语气词经常通过各种语音表现来给句子带来特定的语气。句子的语调主要落在句末节奏单位的重读音节上，句子语气主要通过这个音节特征的变化来表达（劲松，1992）。尤其在反语的理解中，句末语气词的作用更加明显。“啊”作为汉语中使用最广泛的句末语气词，承载的语气意义较为多样，可以通过应答、敦促、提醒、警告等语气来传递表扬、愤怒、讽刺等情绪。例如，讲话者说“你真聪明啊！”不考虑语境，依据字面和非字面的意思去理解都是可以的。如果当事人确实是聪明伶俐，使用“啊”就表示对当事人的赞赏。但如果当事人干了一件蠢事，“啊”则表达了讽刺，并增强了反语意味。因此我们选择代表性句末语气词“啊”作为反语认知研究的话语线索。

根据儿童反语研究相关成果和汉语的特点，我们选取了三个测量指标：态度，话语真实意图与语言现象解释（对应于每个测试中的三个问题），并且重点考察句末语气词“啊”对不同类型反语认知的影响。提出的问题如下：（1）高功能自闭症儿童○2在反语理解上是否与普通儿童不同?（2）句末语气词是否影响两组儿童对反语的理解?（3）对于不同的反语类型（反语表扬与反语批评）两组儿童的理解是否有差异?

二、研究方法

（一）被试

本研究中有两组被试：15位高功能自闭症儿童和15位普通儿童（在语言能力上匹配高功能自闭症儿童组）。所有被试的语言能力都使用“儿童语言能力量表（系列）”中的“小学生（3—4年级）语文听说能力测验量表○3”来进行匹配（王彩霞，2008）。所有被试均来自中国北方普通家庭，高功能自闭症儿童的招募渠道有两个：一是特教学校；二是自闭症相关机构。普通儿童组通过学校招募。所有的儿童都在学校的专门教室进行了测试。根据他们在量表中的语言测试表现，将15名高功能自闭症儿童与15名普通儿童（以下简称自闭症组和普通组）的匹配情况列表5-5。

表5-5　被试具体情况一览表

组年龄范围（年;月）	年龄均值（SD）	CLSST成绩均值（SD）
普通组（n=15）　8;02-12;05	10.47（1.49）	80（3.74）
自闭症组（n=15）　8;03-12;07	10.53（1.42）	77（3.27）

（二）实验设计

采用2×2×2 的三因素混合设计，自变量为“句末语气词（有、无）”“反语类型（批评、表扬）”和“组（自闭症和普通）”，因变量为被试在反语讲话者的“态度、话语真实意图和语言现象解释”上的正确率。

（三）实验材料

创建了2个故事主题，通过变换八种搭配条件共有16个测试故事（请见“问卷”）。虽然研究的重点是了解儿童对于反语的理解情况，但为了减少猜测和思维定式，本研究也把字面故事引入实验材料中。每个故事都包含3句话，以讲话者向听话者说出评论性话语而结束。为了保持被试特别是自闭症儿童的兴趣并提供故事背景，我们还准备了故事情景图片来帮助儿童理解。

（四）实验步骤

所有的被试都在安静的教室里逐个测试，时间约为20分钟。在实验测试开始前，实验人员会和被试进行热身互动，然后正式进行测试。被试一共需要倾听16个故事的录音，边听边看图片。每个故事结束后，实验人员会询问被试3个问题：第一个是关于态度的问题，例如，“你认为老师对小红做的事情满意还是不满意？还是无法确定？”用来检查被试对于他人态度的理解。第二个是关于话语真实意图的问题，例如，“你认为老师是在表扬小红还是在批评小红？还是无法确定？”用来检查被试是否能判断讲话者的真实意图。第三个是关于语言现象解释的问题，例如，“你认为老师为什么对小红说‘你真是个听话的孩子’？”用来检查被试是否具备解释语言现象的能力。每个故事随机呈现，一个问题1分，每个故事3个问题，满分3分。

三、研究结果

所有儿童对于字面故事问题回答的正确率均为100%，说明8岁至12岁的高功能自闭症儿童和普通儿童能够成功地理解字面故事。这是意料之中的，因为这些字面故事的问题只需要普通的语言解码技能就可以回答，不需要其他高级的心理能力。而普通语言解码能力在儿童3岁左右时就发展得较为完备（Schnell, 2015），凡是具备与其年龄段相符的语言技能的儿童都能够准确回答。我们已经对所有被试的语言技能进行匹配，因此自闭症儿童组的智力与语言能力是接近普通儿童组的。

（一）反语认知的基本情况

自闭症组和普通组三个测试指标的平均成绩请见表5-6。8岁至12岁普通儿童对于反语态度和真实意图两个测试指标能够进行理解并识别，而对反语这个语言现象的解释正确率不足一半（43%）。这表明直至12岁左右，普通儿童仍不能很好地解释反语现象，他们的语言解释能力仍在发展阶段，这与我国相关研究较为吻合（张萌、张积家，2006）。而自闭症儿童对于反语态度的理解正确率过半，对于话语真实意图和语言现象的解释上正确率较低。

表5-6 两组儿童在三个测试指标上的平均成绩 [正确率（标准差）]

组	态度	话语真实意图	语言现象解释
普通组（n=15）	0.87（0.20）	0.75（0.21）	0.43（0.31）
自闭症组（n=15）	0.51（0.43）	0.38（0.15）	0.10（0.14）

（二）句末语气词对两组儿童不同类型反语认知的影响

1. 句末语气词对态度判断的影响

表5-7 两组儿童对反语态度判断的平均成绩 [正确率（标准差）]

组	反语表扬		反语批评	
	无SFP	有SFP	无SFP	有SFP
普通组（n=15）	0.63（0.46）	0.83（0.49）	1.00（0.00）	1.00（0.00）
自闭症组（n=15）	0.30（0.51）	0.33（0.41）	0.57（0.46）	0.83（0.49）

交互的多因素方差分析表明，语气词的主效应非常显著，$F(1,112)=11.5$，$p<0.001$，说明语气词影响儿童对说话人态度的理解，总体上讲有语气词的比没有语气词的理解得好。但是普通组在两种类型反语态度的判断上普遍表现很好，并且理解反语批评时不需要任何语言线索，对于有句末语气词的反语表扬句子的理解好于没有句末语气词的。自闭症组则在两种类型反语态度的判断上，有语气词的比没有语气词的理解得好。反语类型的主效应非常显著，$F(1, 112)=77.72$，$p<0.001$，说明儿童对两类反语的态度判断成绩有显著差异，反语批评的理解好于反语表扬。组的主效应非常显著，$F(1,112)=94.47$，$p<0.001$，说明两组儿童对说话人态度的理解存在显著差异，普通组表现明显好于自闭症组。语气词和组的交互作用不显著，$F(1,112)=0.46$，$p>0.05$；反语类型和组的交互作用不显著，$F(1,112)=2.50$，$p>0.05$；反语类型和语气词的交互作用不显著，$F(1,112)=0.51$，$p>0.05$；语气词、反语类型和年龄的交互作用显著，$F(1,112)=8.64$，$p<0.05$，说明语气词、反语类型与组交互后对正确率有显著性影响，其中普通儿童组反语批评态度的理解正确率（有无SFP）皆为100%，而自闭症组反语表扬态度的理解正确率仅在30%左右。也就是说在反语批评态度的判断上普通组并不依赖句末语气词，但自闭症组对句末语气词的依赖很大。

2. 句末语气词对真实意图判断的影响

表5–8　两组儿童对反语话语真实意图判断的平均成绩 [正确率（标准差）]

组	反语表扬		反语批评	
	无SFP	有SFP	无SFP	有SFP
普通组（n=15）	0.57（0.41）	0. 70（0.49）	1.00（0.00）	0.97（0.26）
自闭症组（n=15）	0.27（0.52）	0.30（0.49）	0.40（0.59）	0.57（0.41）

交互的多因素方差分析表明，语气词的主效应显著，$F(1,112)=9.24$，$p<0.05$，说明语气词影响儿童对说话人真实意图的判断，总体上有语气词的表现好于没有语气词的，但是普通组在反语批评话语真实意图的判断上表现很好且不需要任何语言线索。反语类型的主效应非常显著，$F(1, 112)=20.78$，$p<0.001$，说明两组儿童对两类反语的真实意图判断有显著差异，反语批评的理解好于反语表扬的理解。组的主效应非常显著，$F(1,112)=69.86$，$p<0.001$，说明两组儿童对真实意图的判断存在显著差异，普通组好于自闭症组。语气词和组的交互作用不显著，$F(1,112)=0.14$，$p>0.05$；反语类型和组的交互作用不显著，$F(1,112)=0.14$，$p>0.05$；反语类型和语气词的交互作用不显著，$F(1,112)=1.30$，$p>0.05$；语调、反语类型和年龄的交互作用也不显著，$F(1,112)=0.00$，$p>0.05$。根据表5–8，普通组对反语表扬话语真实意图的判断正确率在60%左右，句末语气词在普通组理解反语表扬时起了作用，而且有句末语气词的

成绩高于没有句末语气词的。自闭症组对两个类型反语话语真实意图的判断表现较差，仅对有句末语气词的反语批评话语真实意图判断正确率过半即在反语真实意图的判断上自闭症组普遍表现较差，与匹配的普通组出现明显差异。

3. 句末语气词对语言现象解释的影响

表5-9　两组儿童对反语语言现象解释的平均成绩 [正确率（标准差）]

组	反语表扬		反语批评	
	无SFP	有SFP	无SFP	有SFP
普通组（n=15）	0.20（0.51）	0. 33（0.49）	0.53（0.46）	0.67（0.49）
自闭症组（n=15）	0.07（0.35）	0.13（0.46）	0.10（0. 41）	0.10（0.41）

交互的多因素方差分析表明，语气词的主效应不显著，$F(1,112)=2.12$, $p>0.05$，说明语气词不影响儿童对反语语言现象的解释，因为儿童在语言解释上表现普遍不好。反语类型的主效应非常显著，$F(1, 112) = 16.47$, $p<0.001$，说明儿童对两类反语语言现象解释成绩有显著差异，普通组对反语批评语言现象的解释正确率过半，而且有句末语气词的表现比没有句末语气词的稍好；而在反语表扬的语言现象解释上，两组都表现较差。组的主效应非常显著，$F(1,112)=65.89$, $p<0.001$，说明两组儿童对反语语言现象的解释存在显著差异。反语类型和组的交互作用显著，$F(1,112)=16.47$, $p<0.001$，说明反语类型与组交互后对正确率有显著性影响。其中，反语表扬的自闭症儿童组的正确率只有7%和13%，反语批评的普通儿童组的正确率最高，达到53%和67%，也就是说在反语批评的语言现象解释上普通儿童表现尚可，与在反语表扬上表现较差的自闭症组呈现出显著性差异，因为自闭症组基本不能解释语言现象。语气词和组的交互作用不显著，$F(1,112)=1.48$, $p>0.05$；反语类型和语气词的交互作用不显著，$F(1,112)=0.17$, $p>0.05$；语调、反语类型和年龄的交互作用也不显著，$F(1,112)=0.17$, $p>0.05$。

四、讨论

（一）三个测试指标在反语故事判断中的表现

我们实验设计的三个测试指标对应了实验任务的三个问题。测试结果显示8岁至12岁普通儿童已经基本具备了理解反语中讲话者态度（87%）和话语真实意图（75%）的能力，但是对于语言现象的解释正确率不足一半（43%）。这表明直至12岁左右，普通儿童在解释反语语言现象方面的能力仍处在发展阶段。这一研究与国外研究结果有所不同，有研究表明7岁儿童对反语的语言解释正确率为73%（deGroot, Kaplan, Rosenblatt, Dew, & Winner, 1995）。为什么会出现如此大的差异？原因可能是对测量指标的控制选择不同，deGroot等人的实验中使用的是“选择性判断”任务，而我们则询问儿童“为什么？”，让儿童自由发挥。相比之下，儿童面临的任务难度较大，不仅需要理解反语，还需要有较强的语言组织与表达能力。并且英汉反语本身的文化差异是否也能引起反语语言现象解释方面的差异也有待进一步深入探讨。

自闭症儿童仅在理解反语态度方面的正确率过半，其他两个指标的表现相对较差。这与中国台湾高功能自闭症儿童的相关研究相印证：与普通儿童相比高功能自闭症儿童在理解五种类型的非字面语言上表现都较差，反语就属于非字面语言的一种（Huang et al., 2015）。而且对话语真实意图的判断需要二级错误信念心理理论○4，以前大量的研究证明自闭症儿童（包括高功能自闭症儿童）在这个阶段的心理理论上是有缺陷的，也就是有元表征的缺损（Happé, 1995; 蔡蓓瑛, 孔克勤, 2000; 焦青, 2001）。他们难以理解他人的信念和行为之间的关系，只是从自己的信念和直觉出发来推测他人的行为。对于反语语言现象的解释方面，除了上面提及的实验设计和文化差异方面的原因，还有就是高功能自闭症儿童会关注一些无关紧要或奇怪的信息并且反应缓慢，有的儿童在解释语言现象的时候采取重复最后话语的方式或仅仅重新解释使字面意思稍微改变；还有的儿童认为反语是“善意的”谎言，不能区分“谎言”和“反语”，这也是二级心理理论的缺失所导致的。虽然讲反语的人和说谎的人都在有意地使用与事实相反的语言，但区别在于讲反语的人试图让听话者理解他/她的潜在意图，而说谎的人则想要对听话者隐瞒事实的真相（Li et al., 2013）。为了区别反语和谎言，听话者必须利用二级错误信念的心理理论能力来判断讲话者是在批评/表扬，还是为了向他/她隐瞒一些事情。

（二）句末语气词在反语认知中的作用

句末语气词在普通儿童关于反语批评的态度和真实意图的判断上未表现出显著影响，说明8岁至12岁年龄段普通儿童对反语批评的理解模式已经与成人相同，不受话语线索的影响。普通儿童听完反语批评故事后能够明白故事中人物的想法与他们的话语是不相符的，并能越过字面意思考虑真实的故事情节，从而理解讲话者的真实意图。但是在普通儿童关于反语表扬的态度和真实意图的判断方面，句末语气词却起了作用。可以说句末语气词对于儿童反语认知来说不是必要条件，但在一定程度上能够帮助反语表扬的理解。为什么会出现这种现象呢？我们认为，与反语批评相比，反语表扬在实际的话语沟通中较少出现，儿童对其比较陌生是一个原因。还有就是句末语气词是一种较为明显的听觉话语线索，对话时通过句末语气词能够感知到讲话者的情感和态度（在本研究中“啊”承载了强调、意外、惊讶、责备等情感）并能探测到该话语与普通话语的区别，再加上汉语实现韵律或语调特征最关键的位置是话语的最后一个音节（句末语气词就担负起这个任务，从而可以在此基础上推测出该话语的真实含义）。另外，句末语气词是直接听觉线索也是高功能自闭症儿童在反语批评态度判断时对其使用的原因。但高功能自闭症儿童只在这一个条件下利用了句末语气词，在其余的条件下（反语表扬态度、两个类型的反语话语真实意图和语言现象解释）都没有利用句末语气词，这表明他们在反语理解上与普通儿童具有显著差异。

（三）两组儿童对不同类型反语的认知特点

普通组在对不同类型反语态度和话语真实意图的判断上没有显著差异。这表明普通儿童在8岁至12岁年龄段时二级心理理论能力已经发展到可以正确理解反语的程度了。这也可以从认知技能的发展角度解释,普通儿童对态度和真实意图探测时，是以信息加工处理为前提的，而不是借助元语言，也就是说元语言知识并非存在于反语理解的每一环节。但是与其他两个指标相比，普通儿童在反语的语言现象解释方面表现滞后。话语的产出要以明白话语的含义为前提，然后才可能解释原因，因此儿童的理解困难就会导致解释困难。需要在充分理解反语语言知识的基础上才能达到任务要求，元语言知识的重要性尤为凸显。而反语表扬的语言解释表现不如反语批评，可归结为日常交流中人们较少使用反语表扬，导致儿童接触反语表扬的语言现象或话语经验也相对较少，从而影响了他们理解反语表扬。

自闭症组只在反语批评的态度判断上表现较好，他们能够利用句末语气词理解故事中人物的态度。而对于反语批评真实意图的判断需要二级错误信念心理理论能力，自闭症儿童在这方面是有缺失或者滞后的。即便是高功能自闭症儿童，表现也不能和普通儿童一样好。所有的关于反语表扬的理解，自闭症组都表现得很差，也就是说自闭症儿童根本不具备理解反语表扬的认知能力。原因一是他们没有达到高一级的心理状态；二是在日常生活中老师和家长可能根本不会采用反语表扬这种方式来表扬他们（他们接受的表扬都是正面的）；三还可以利用人们的认知规律进行解释，把反语这种特殊的语言形式看作-（负），批评意图看作-（负），那么从处理机制上看，负至负或许比较省力一些。当把反语的语言形式看作-（负），表扬意图看作+（正），那么理解上从负至正，显然比同一极性的理解要多费一番周折。

五、余论

首先，高功能自闭症儿童在反语的理解上与普通儿童有明显不同，高功能自闭症儿童只能较好地理解反语批评态度，而其他条件下表现明显不如普通儿童。这和自闭症儿童在心理理论方面的缺失或滞后有密切的关系。

其次，句末语气词话语线索在普通儿童对反语表扬进行理解时影响较大，这和8岁至12岁普通儿童已经具备二级错误信念心理理论能力有关。句末语气词话语线索在高功能自闭症儿童理解反语批评态度时影响较大，话语线索只能对他们可以理解并判断的反语起到提示作用。

最后，两组儿童对反语批评的理解要好于反语表扬，这归因于两种反语类型在实际话语运用中频率的高低和人们的认知规律。

>>> **附注：**

①语气是通过语法形式表达人类对句子命题的复杂主观感情意识的一种语法范畴（贺阳,1992）。语气词是汉语语气范畴中最基本的一种形式标志，这个语法形式是封闭的，也是汉语语法区别其他语言的一个明显特征。位置常出现在句中和句末，同时语气词的使用也能够增加言语交际的感情色彩。

②普通儿童即为典型发展儿童（the Typical Development Children）指正常发育儿童，其语言、学习和认知等能力皆为正常，不存在沟通障碍。高功能自闭症儿童是指智商水平与普通儿童相差无几并具有语言能力和学习能力，自闭倾向较不明显，但在语言理解与表达、社会交往与互动聊天等方面仍有一定困难的自闭症儿童。我们的研究对象选择高功能自闭症儿童也是为了尽量缩小他们在智商与语言能力上同普通儿童的差距。

③由于我们选择的是高功能自闭症儿童，其智力和语言能力和普通儿童差距较小，并且年龄阶段是8岁至12岁，因此我们没有使用国内自闭症实验中经常使用的“皮博迪图片词汇测验量表”，因为该量表的使用对象年龄在10岁以下比较合适，如果年龄再大则会出现天花板效应，测试效度不好。因此我们采用了湖南师范大学的“小学生（3—4年级）语文听说能力测验量表”来对HFASD组和TD组进行匹配，该量表的信度系数为0.91（信度水平一般需要达到0.8及以上）。

④心理理论（Theory of Mind, TOM）是指一种预测和理解自己和他人在欲望和信念心理状态基础上的能力。对讲话者的表层意思作出判断是利用一级心理理论，而对讲话者的潜在意图作出判断则需要利用二级心理理论。在一级心理理论阶段，一个人只需要简单地得知另一个人的想法即可，而在二级心理理论阶段中，这个人必须知道一个人是如何看待另一个人的想法的。

问卷：

字面故事

1.无SFP，表扬型

今天轮到小红值日，她早早就到了教室。先是把地面好好打扫了一遍，然后还把讲台仔细收拾了一番。等老师准备上课的时候，对小红说：“你真是个听话的孩子。”

问题1. 你认为老师对小红做的事情是满意还是不满意？还是无法确定？

问题2. 你认为老师是在表扬小红还是在批评小红？还是无法确定？

问题3. 你认为这时老师为什么对小红说“你真是个听话的孩子”？

2.有SFP，表扬型

今天轮到小红值日，她早早就到了教室。先是把地面好好打扫了一遍，然后还把讲台仔细收拾了一番。等老师准备上课的时候，对小红说："你真是个听话的孩子啊！"

问题1. 你认为老师对小红做的事情是满意还是不满意？还是无法确定？

问题2. 你认为老师是在表扬小红还是在批评小红？还是无法确定？

问题3. 你认为这时老师为什么对小红说"你真是个听话的孩子啊！"？

3. 无SFP，批评型

今天轮到小红值日，她很晚才到教室。不打扫卫生，还满教室乱跑。等老师准备上课的时候，对小红说："你这个孩子，怎么一会儿也不闲着！"

问题1. 你认为老师对小红做的事情是满意还是不满意？还是无法确定？

问题2. 你认为老师是在表扬小红还是在批评小红？还是无法确定？

问题3. 你认为这时老师为什么对小红说"你这个孩子，怎么一会儿也不闲着！"

4. 有SFP，批评型

今天轮到小红值日，她很晚才到教室。不打扫卫生，还满教室乱跑。等老师准备上课的时候，对小红说："你这个孩子，怎么一会儿也不闲着啊！"

问题1. 你认为老师对小红做的事情是满意还是不满意？还是无法确定？

问题2. 你认为老师是在表扬小红还是在批评小红？还是无法确定？

问题3. 你认为这时老师为什么对小红说"你这个孩子，怎么一会儿也不闲着啊！"？

反语故事

1.无SFP，表扬型

今天轮到小红值日，她早早就到了教室。先是把地面好好打扫了一遍，然后还把讲台仔细收拾了一番。等老师准备上课的时候，对小红说："你这个孩子，怎么一会儿也不闲着！"

问题1. 你认为老师对小红做的事情是满意还是不满意？还是无法确定？

问题2. 你认为老师是在表扬小红还是在批评小红？还是无法确定？

问题3. 你认为这时老师为什么对小红说"你这个孩子，怎么一会儿也不闲着"？

2.有SFP，表扬型

今天轮到小红值日，她早早就到了教室。先是把地面好好打扫了一遍，然后还把讲台仔细收拾了一番。等老师准备上课的时候，对小红说："你这个孩子，怎么一会儿也不闲着啊！"

问题1. 你认为老师对小红做的事情是满意还是不满意？还是无法确定？

问题2. 你认为老师是在表扬小红还是在批评小红？还是无法确定？

问题3. 你认为这时老师为什么对小红说“你这个孩子，怎么一会儿也不闲着啊！”？

3. 无SFP，批评型

今天轮到小红值日，她很晚才到教室。不打扫卫生，还满教室乱跑。等老师准备上课的时候，对小红说：“你真是个听话的孩子。”

问题1. 你认为老师对小红做的事情是满意还是不满意？还是无法确定？

问题2. 你认为老师是在表扬小红还是在批评小红？还是无法确定？

问题3. 你认为这时老师为什么对小红说“你真是个听话的孩子”？

4. 有SFP，批评型

今天轮到小红值日，她很晚才到教室。不打扫卫生，还满教室乱跑。等老师准备上课的时候，对小红说：“你真是个听话的孩子啊！”

问题1. 你认为老师对小红做的事情是满意还是不满意？还是无法确定？

问题2. 你认为老师是在表扬小红还是在批评小红？还是无法确定？

问题3. 你认为这时老师为什么对小红说“你真是个听话的孩子啊！”？

第三节　自闭症儿童反语的认知机制与语言干预

自闭症是一种广泛性发展障碍，其两大核心症状是社会沟通和社会交往障碍、兴趣狭隘及重复刻板的行为方式（根据The Diagnostic and Statistical Manual of Mental Disorders, DSM-5）。约一半以上的自闭症儿童永远不能获得功能性语言（Bryson, 1996），而剩下的儿童在结构语言（语音、词汇、语法等）和语用功能（话语、语境、语篇等）两方面皆发育滞后并存在缺陷。目前特殊教育领域较多从结构语言着手提升自闭症儿童的语言能力，对语用功能重视不足。鉴于反语是指讲话者使用的字面意思与潜在意图相反的一种特殊表达方式（Grice, 1989; Gibbs, 2000），必须依据语境来理解，凸显语用的功能性，据此将反语选为研究切入点。由于自闭症有效的治疗方式为教育干预，并且干预越早效果越好（陶国泰，1997），因此亟待将传统的结构语言教学转向结构与语用干预并重（Andrés-Roquetal & Katsos, 2017），提高自闭症儿童语言沟通和社会适应能力，为他们融入社会奠定基础。

一、研究背景与研究目标

国外反语研究始于20世纪末期，集中于语言理论研究。经典理论确定了反语的定义（Grice, 1975; Searle, 1979），早期格莱斯（Grice）提出合作原则（Cooperative Principle），后来提出关联不合适理论（Relevant Inappropriateness）（Attardo, 2000）。但并不是所有的反语都违反质量原则（The Maxim of Quality），间接表达意图的目的和其他比喻性语言的区别不明确。关联理论（Relevance Theory）认为反语的理解与生成取决于辨识需回应的话语、确定回应来源和识别回应态度，语境能帮助反语的激活与提取（Sperber & Wilson,1981; 1984; 1992），但未能充分说明反语的本质、生成过程及区分机制。假装理论（Pretense Theory）认为反语实质上是讲话者伪装成另一个人，和一个假想的听众交谈（Clark & Gerrig, 1984; Clark, 1996）。但假装既不是反语的必要条件也不是充分条件，也忽视了区分机制。后期发展出语用虚伪性的暗示假装理论。间接否定理论（Indirect Negation Theory）认为反语是不使用明确否定标记的否定形式，较直接否定更模糊，新的含义产生于交际准则的违反（Giora, 1995; 1998）。但反语的概念模糊泛化且可操作性差。隐性展示理论（Implicit Display Theory）提出区分反语的两个必要条件（Utsumi, 2000），但对反语使用的心理动机与处理过程鲜有论及。

针对自闭症儿童的反语研究呈现多角度与交叉研究趋势。较多以心理理论（Theory of Mind）来解释，即如果没有二阶心理理论能力，自闭症儿童无法理解反语（Winner & Leekam, 1991; Happe, 1993; Sullivan et al., 1995; Abell et al., 2000; Kaland et al., 2005; Zalla et al., 2009）。但有研究认为日本自闭症儿童能理解反语，却不能证明他们拥有二阶心理理论能力（Adachi et al., 2006; Taguchi et al., 2010; Yata & Oi, 2009）。语言能力也影响了自闭症儿童对反语的理解，Norbury（2005）认为只要儿童有语言损伤，都会显示出隐喻理解（包括反语）的缺陷，语义能力能够对隐喻任务的表现进行预测。高功能自闭症儿童倾向于使用语义规则来理解情绪（Kasari et al., 2001）。自闭症患者的语用能力缺陷导致的反语识别障碍不容忽视（Ackerman,1982; Adachi et al.,2004; MacKay & Shaw,2004; Jarvinen-Pasley et al., 2008; Paul et al., 2009; Panzeri & Giustolisi, 2017; Deliens et al., 2018）。还需要注意社会文化因素，Norbury和Sparks（2013）认为可从文化角度解读自闭症儿童对反语的理解从而补充认知障碍理论，缺少社交信息的编码能力（Senju et al., 2009），也阻碍了反语的识别。脑科学（Bauminger et al., 2008; Regel et al., 2010;Colich et al., 2012; Spotorno et al., 2013）和眼动（Au-Yeung et al., 2014; 2015; Olkoniemi et al., 2015; Rachel et al., 2016）的先进技术也已应用到反语研究中。鉴于反语是一种具有较强社会性的表达手段，并且大量研究已经证明自闭症儿童在反语认知上有障碍，因此有效介入并教导他们识别和使用反语是非常重要的，但人们很少把反语作为适合教学的一种学习行为来看待。研究者已经意识到这一点并将研究重点扩大到了修复和干预。研究主题主要有隐喻（Persicke et al., 2012）、欺骗（Ranick et al., 2013）、反语（Persicke et al., 2013）和社会相关刺激（Persicke et al., 2013）等。

国内学者以引介国外反语心理机制（张萌、张积家，2007; 2009; 黄彬瑶、王小潞，2013）与语义处理成果（刘正光，2002; 2003）为主。近期提出汉语反语心理机制处理模型：马利军等（2017）认为对非字面语言和反语（马利军、张积家，2010）的理解是整个神经网络分布作用之结果。王小潞和郭晓群（2016）构建了一个汉语非字面语言大脑加工的动态总模型；支持标准语用模型与分级凸显模型（王小潞等，2016）。从语言理论出发解析反语生成机制：曹道根（2005）考察反语在认知层面上的实现，揭示了其动态的意义构建过程。刘向红（2010）提出顺应–关联的反语研究模式并解释生成机制。张立新（2011）建立反语的社会认知平衡模式，阐释其意义和态度的成因与理解机制。黄缅（2009；2012；2017）以常规关系框架，提出"基于心理模型的反语工作机制"；借用心智哲学理论阐释反语的动因。反语的语用修辞特征也受到重视：文旭（2004）使用关联理论，曾衍桃（2006）整合经典理论、关联理论和假装理论，赵虹（2009）借鉴"多源语境信息激活和反语含意可及标准"及关联理论，三人皆从认知语用角度研究反语。许菊（2003）从复现性视角，阐释了反语的本质特征和语用机制。涂靖（2004）关注对立性，指出反语的体现层面、实质和语用功能。刘瑜（2013）从语用修辞学的视角重新分类反语并提出五大语用特征。以上对反语本体的研究较扎实，但针对儿童群体的理论构建有所欠缺。

对普通发展儿童的反语研究可追溯至20世纪（缪小春，1995）。21世纪以来，张积家与张萌是心理学界儿童反语研究的领军人物。其他成果还有反语认知的心理机制（盖笑松，2003）；6岁至12岁儿童间接反语和直接反语的发展特点（王桂青，2010）；小学生反语理解能力发展的特点（吴伟，2013；丁芳、吴伟，2017）；儿童对反语社会功能的理解（周开祥，2013）和反语评价的感知研究（黄加迪，2015）。根据Kumon–Nakamura（1995）的暗示假装理论（Allusional Pretense Theory），以6岁至12岁儿童为研究对象出现了一个硕士论文系列（沈秋，2008；罗贤，2007；蔡伟林，2009）。呈现出采取实验之手段从心理语言学角度研究普通发展儿童的趋势，以自闭症群体为研究对象的则较为少见。仅有中国香港学者（Jackie et al.，2013）关于句末语气词与韵律在讲粤语的自闭症儿童理解反语时所起的作用与中国台湾学者（Huang et al.，2015）关于讲台湾腔普通话的自闭症儿童对"非字面语言"理解的实验研究。而未见针对自闭症儿童的反语语言干预研究，这也与我国自闭症的诊断、教育和干预与国外相比较为滞后有很大的关系。

为提升自闭症儿童的社会适应力，构建适宜儿童群体的理论模型，解析自闭症儿童反语的认知机制并实施语言干预是亟待研究的课题。根据"中国自闭症教育康复行业发展状况报告Ⅱ"我国的自闭症谱系障碍患者比例约为1%，可能超过1000万，其中0至14岁儿童数量超过200万，并以每年20万的速度激增，呈现爆发性上升趋势，情况严重触目惊心，成为各相关领域密切关注的焦点。如何对待自闭症患者，归根结底反映了社会文明的高度与和谐程度，而自闭症儿童作为弱势与特殊群体理应受到更多关爱和人文关怀。本研究依托多模态语料库并基于多元研究范式构建"普通发展儿童语用认知理论模型"预测自闭症儿童识别反语的阶段；使用实验法研究自闭症儿童的反语认知机制；引入“关系框架理论”指导反语教学培训包的设计，采用专项干预法将培训包应用于教导自闭症儿童识别并回应反语；为特殊教育中的语用技能干预提供可借鉴的经验，希望提高自闭症儿童的社会适应能力和自我生存技能，助力他们最终平等参与社会并融入社会。

二、“普通发展儿童语用认知理论模型”的构建

该模型是根据普通发展儿童不同层次的语用能力的获得顺序和难易程度来构建的，以模型为指导得到“非字面语言”的分级（Grice, 1989; Leech, 2014），可以用来预测和导向自闭症儿童的认知和语用技能的层级认识，从而实现理论解释的最大化和最简化。虽然自闭症儿童的语言发展有着其特殊性，不能照搬普通发展儿童的语言发展规律，但如果失去了参照，自闭症儿童的语言研究容易陷入“只见树木，不见森林”的误区。两类儿童的语言发展不是背道而驰，而是异同的比例问题，因此需要借鉴普通发展儿童的研究成果来观照自闭症儿童的语言研究，以起到抛锚定位的作用。综合选取不同观测点如语言线索、心理理论阶段、语义理解与语用技能等，对自闭症儿童的反语识别情况进行有效的评估。我们预测自闭症儿童在第二阶段“笑话与反语（有语言线索）”就会出现些许理解上的问题，层次逐级递增，理解难度逐级加大，对语用能力和社会沟通能力的要求就会越高。无语言线索的反语理解难度处于中间位置即第三阶段，根据理论模型，这个级别的语言技能可以通过有意识的教导和干预进行提升，并最终内化为一种语用能力，具有“可学性”。模型构建图如下：

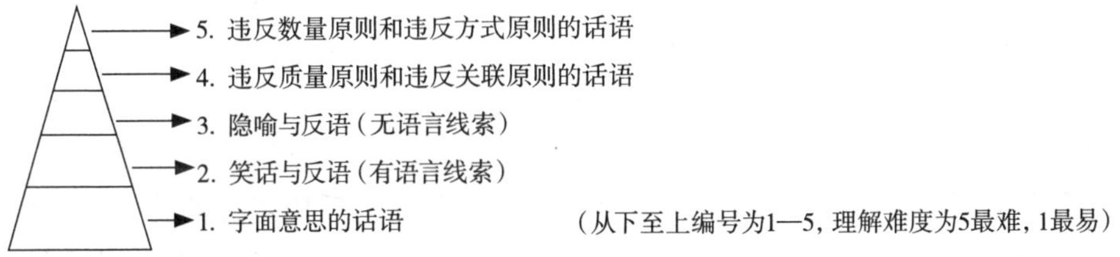

图5-2 普通发展儿童语用认知理论模型

依据模型，综合考虑影响反语认知的多种因素，如“句末语气词、重音和语调”、反语类型如“反语批评和反语表扬”“直接反语和间接反语”、语用因素、认知个体等交互作用，以普通发展儿童为对照组，深挖我国自闭症儿童的反语认知机制与特点，从而令反语教学培训包的设计更具有目的性和针对性。

三、自闭症儿童反语教学培训包的设计

关系框架理论把言语行为定义为将一个刺激与其他刺激建立起来的多种关系类型（如相同、相反、层级等）并形成关系框架的行为，核心特征为相互推衍、联合推衍和刺激功能转化（Barnes-Holmes et al., 2002; Tonneau, 2004）。该理论澄清了语言产生的原理，强调语境线索的控制性，认为语言的输出是由关系框架或推衍关系而产生的一种关系反应。从而能够避免僵化和刻板的言语行为导致的沟通障碍，更能在不同的语境下灵活运用语言以达到交流目的。普通发展儿童通过日常互动中非刻意建立的反应模式就能获得“关系框架”，自闭症儿童则很难在自然状态下获得这种能力，但能够通过训练获得。关系框架理论与应用行为分析法的区别主要是从功能语境的角度区分了言语和非言语两种类型，克服了应用行为训练的技能僵化、适应性差、效果有限和训练耗时等不足。

使用“关系框架理论”为指导并综合自闭症儿童的语用特点、社会化程度、教学策略与干预方法等因素进行反语教学培训包的设计。由于自闭症儿童的特异性，需要教师、家长、医师与研究团队保持干预的一致性，这是提高早期集中行为干预效率的重要因素。在注重语言技能泛化的有效性和培训包的可推广性的基础上，共同完成反语教学培训包的实施以促进特殊教育课堂“推入服务”（push in service）的普及化和增强社区融合接纳度。

教学培训包内容主要包括五个主题：1.建立反语规则；2.录像示范（Video Modeling，每个视频10秒左右，10至15次实践实验）；3.真人训练（In Vivo Training，引入Skills课程并进行汉化）；4.后续训练；5.干预效果的评估。视频和文本资料都会进行严格科学的设计并测试其效度或信度。

语言干预的实施方案主要包括五个阶段：1.准备阶段：经过诊断评估和语言行为评估的被试（2至4名高功能自闭症儿童）、教导人员、家庭成员与测试地点（学校、家庭与社区等）的选定，资料与设备的准备，测量与反应指标的确立；2.基线阶段：研究人员在日常生活与学习中通过设置，对被试行为进行观察并整理得出基线期的数据资料，主要使用“语言行为里程碑评估及安置计划（Verbal Behavior Milestones Assessment and Placement Program, VB-MAPP）”分析被试现有的语言能力和需要干预的程度；3.第一阶段干预：包含通过多范例训练（Multiple Exemplar Training，以下简称MET）提供规则、录像示范并评论、实践和具体反馈等步骤；4.第二阶段干预：通过多范例训练进行规则的重复、Skills课程和真人场景自然交互对话；5.第三阶段干预：使用未出现过的反语进行后续训练。最后在一、二、三个月之后，进行后续探查以获得泛化数据。

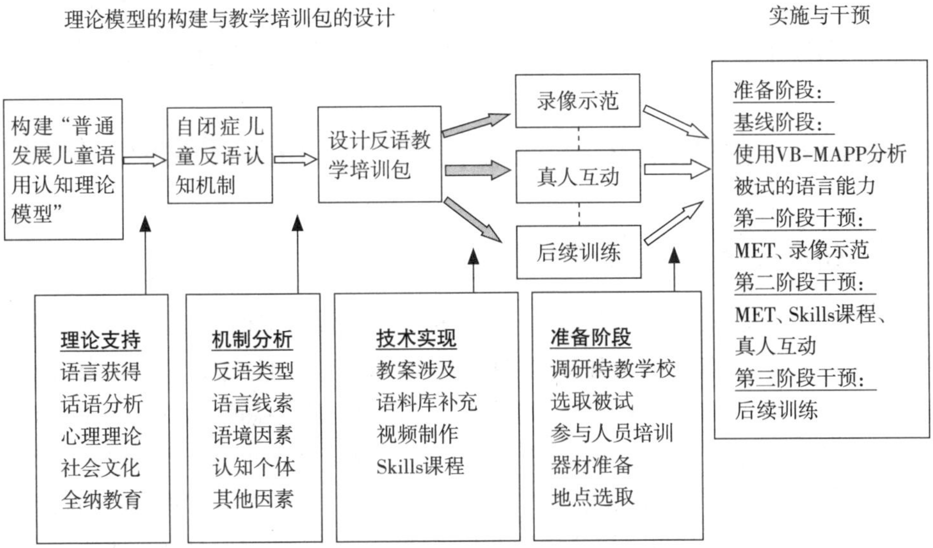

图5-3　理论模型的构建与教学培训包的设计

四、余论

在实施“关系框架”理论指导下的自闭症儿童语言干预时要注意以下几个问题：首先，自闭症儿童的行为问题、沟通障碍、情感调控与社会认知等均具有复杂性，在实施干预的时候需要把儿童作为一个教育整体，避免完整技能的肢解，努力提升儿童“知情意行”的全面发展。其次，需要深挖我国自闭症儿童的语言认知机制与特点，注重扎根中国本土研究，同时不能忽视与国外研究的联系与区别，最终落脚到独特性的、具有本土文化特征的自闭症儿童语言理论与实践方式。最后，注重特殊教育师资队伍的建设并借助星爸星妈的力量，虽然近年来我国的培智学校、特殊教育学校、康复机构等的数量和规模都在持续增长，但是对于我们庞大的人口基数而言却是杯水车薪。需要加快推进教师培养供给侧改革，提升教师培养供给质量，建设一支高素质专业化创新型的特殊教师队伍（李中国，2020）；特教教师培养需要由着力关注传统的知识、技能转向重视知识、技能与教学学术的有机统一（李中国、黎兴成，2015）。除去特教教师，自闭症儿童和家长在一起的时间也很长，由家长对他们进行各项机能的干预能够很好地补充学校教育。近50%自闭症的干预和康复机构是由家长特别是自闭症儿童的妈妈创办的，例如以琳自闭症家园。因此，语言干预离不开家长的大力支持和辅助，并且在学校和机构的干预不能跟随孩子一辈子，语言干预的生命全程支持体系还是需要家长的主动参与和持续的发力。

“星星的孩子”有着不为常人所知的特质，他们应该为社会大众所接受、包容和呵护，而不是视他们为异类。对于特殊障碍人群的接纳，需要全社会来努力，也是全民素质提升的一个重要表现。我们应该在政策、制度和社会保障上对自闭症儿童和家庭提供最基本的保护和支持，让“星星的孩子”不再在宇宙中独自踯躅。

第四节　自闭症儿童隐喻性语言技能的训练与干预

一、研究现状和发展动态

比喻性语言是修辞的一部分，是为了某种特定的效果，通过使用意象为读者提供某些单词、短语或句子的隐含意义。使用比喻性语言，人们可把模糊、抽象的概念具体、生动、形象地表达出来。在比喻性语言中最典型的为隐喻，比如在日常生活中我们将唐僧肉比喻为好差事；将西施比喻成美女。在自闭症儿童的语言研究中我们发现，他们在说话时不直接表明态度，而是用一种按他们的思维方式形成的间接表达方式，比如说，有一位自闭症儿童用“几位”表示他想要吃饭，是因为他的父母在带他去吃饭时，服务生总是会问“几位”，所以这位自闭症儿童就在自己的意识里认为“几位”就是“吃饭”的意思。这就是隐喻在自闭症儿童中的体现。

1943年里奥·肯纳（Leo Kanner）在关于自闭症儿童的语言研究中，发现了这种类似的语言类型——隐喻式语言。1987年Durand对一名九岁的自闭症儿童进行面对工作时的反应的实验，发现这名儿童也出现这种隐喻性语言。1993年Happé以心理理论为依据，采用完成虚假信念测试题和回答隐喻句子问题的任务探讨自闭症儿童心理理论与隐喻能力的关系。研究结果发现自闭症儿童的隐喻能力与心理理论存在关系。1995年Minshew及其同伴用语言能力测试的方法测试自闭症儿童的语言能力，发现自闭症儿童作出推论的能力和用隐喻性语言表达的能力有明显不足。2001年Dennis及其同事的研究表明，自闭症儿童不能理解生活中的俗语，也不能理解日常生活中的隐喻。2004年Mackay, G 和 Shaw, A研究证明自闭症儿童不能理解日常生活中的隐喻性语言是由于自闭症儿童有意识地理解说话者的言外之意的意识差造成的。2010年Gabriella运用完成故事图片理解任务的方法进行研究，得出的结果是，自闭症儿童能够理解隐喻，只是理解隐喻的能力较差，且这种理解能力随着年龄的变化基本不发生变化。

在我国对于隐喻性语言的研究出现较晚，研究较少。2009年刘悦明、熊宜春发表了论文“论儿童认知隐喻机制”；2009年李晓燕发表了“自闭症儿童语言的范畴特征研究与整合方向”的论文；2009年上海华东师范大学曹漱琴发表博士论文“汉语自闭症儿童视觉性语义理解机制的探索与整合方向”；2011年荆伟、方俊明在《中国特殊教育》上发表论文“自闭症谱系障碍儿童词语获得研究述评”。

二、“关系框架理论”的引入与推介

关系框架理论（Relational Frame Theory, RFT）是美国心理学家史蒂夫·海耶斯（Steve Hayes）等在斯金纳（Skinner）关于“言语行为”（verbal behavior）的观点基础上提出的有关人类语言和认知的行为分析观点。根据RFT，关系构架是一些具体的不同类型的关系反应，具有三个定义特征：相互推衍、联合推衍和刺激功能的转换。

推衍性刺激关系指的是两个或多个关系间不经过直接训练或学习就形成的关系，这种关系是抽象的，并不建立在刺激的物理特征基础上。这就要求在特殊学校老师教学的时候不能单纯地一遍遍地教给他们读音，自闭症儿童本身对语言的感知能力就较弱，所以我们需要将抽象的语言具体化。比如在教学的时候我们可以买一些逼真的模具，指着这些模具教发音，让他们形成一个具体的印象。我们还可以将他们带到具体的情境里，在具体的情境下学习具体的语言。举个通俗的例子，我们指着狗告诉孩子这是“gou”，经过多次训练，孩子就形成了“gou”与狗这种动物的联系，以至于你每次说“gou”，他会自动地把这个字与狗这种动物联系起来。

（一）相互推衍

相互推衍是指从一个方向上获得的关系能推衍出相反方向的关系。这也就意味着，如果自闭症儿童在特定的环境下学会了A指向B的关系，同理他也能推出B指向A的关系。例如，你告诉他们狗的英文是dog，同时你讲dog他也能知道是狗的意思。这种相互推衍运用在自闭症儿童的语言教学中能够培养孩子们的对等推理能力，同时对培养孩子的逆向推理思维也有重要的作用。

（二）联合推衍

联合推衍是指相互推衍的两个或多个关系之间相互联合能够推衍出第三个或更多刺激之间的关系。这就意味着，如果自闭症儿童在特定情况下学会了A与B有某一特定的联系，而B和C也有某一特定的联系，他自然而然能推理出A和C也有某一特定的联系。例如，你告诉他A比B大而B比C大，那么自然而然地能推理出A比C大。

（三）刺激功能的转换

刺激功能的转换是关系理论框架形成的最重要的理论框架之一，它是指给关系中某个刺激赋予一定的功能语境，那么这种功能会改变推衍关系中的其他刺激功能。例如，我们教给自闭症儿童挥手就是再见的意思，那么，一些与挥手相似的抽象形象也代表再见的意义。而在语言教学中，我们可以用图文或者是身体姿势的教学加深儿童对语言的理解和记忆。

自闭症儿童个体建立关系框架的能力较弱，在语言教学中，他们缺乏灵活运用语言的能力，同时也很难将所学的语言运用到日常生活和具体情境中，所以我们拟引入关系框架理论，在接受过传统的行为分析，能够产生一般的言语行为比如简单的命名、祈使句、陈述等之后，再进行推衍关系反应的训练，以期能够突破限制，产生自发、主动的言语行为。

三、自闭症儿童隐喻性语言教学培训包的设计

培训包主要包括五个方面：

（一）建立规则。拟对ASD儿童的运动能力、认知能力、感知能力、语言交往、生活自理、社会适应这六个方面进行评估，所有评估会根据康复机构专业人员意见进行严格科学的设计，以问卷和现场测试方式呈现，研究人员引导家长和特教老师完成相关信息填写和相关测试，通过后期数据匹配，生成评估报告。然后进行多方实验和测试，制定出一个适合于大多数ASD儿童的规则。例如“当有人说的话真实意思是两个事物具有相似性的时候，他们可能是隐喻”。

（二）短视频片段的演示。我们会制作一些大约10秒左右的短视频，这个短视频里会包括清晰的上下文线索以及一些简单的规则演示。比如，视频剪辑显示小明和妈妈在回家的路上，看见一棵长虫的树，妈妈说这棵树生病了，应该让啄木鸟来，妈妈说：“啄木鸟是医生。”规则提示：“当有人说的话真实意思是两个事物具有相似性的时候，他们可能是隐喻”。视频选取的场景故事及“隐喻性语言”句子符合正常儿童认知和语言水平。实际干预过程中，允许试验参与者比较短视频中“隐喻性语言”句子和实际发生在短视频中的事情，视频结束后，研究人员会说“这是隐喻”，并会作出隐喻句子喻底解释。之后，研究人员会问目标儿童与目标句子相关的问题。隐喻类型的视频会进行五到十次实践试验，其中研究人员再次播放短视频，针对目标句子进行提问，正确答复通过赞美得到加强，不正确的答复引导其进行纠正。视频和规则训练将会终止在参加者连续3次进行训练后，直至他们的干预成绩达到80%以上。

（三）In Vivo情景设置训练。此训练最大的亮点是引入Skills课程并进行汉化。《Super Skills》是美国密歇根大学儿童和青少年精神病学系临床从业35年的高级执业护士Judith Coucouvanis女士总结临床经验，专门给自闭症儿童编写的教育课程。Skills关注每个人的学习特征，关注每个孩子的个别目标。该课程旨在让儿童获得的社交技巧能够有效类化到生活中的真实情境、持续交友或融入学校和社会。课程包括朗读并复习成功的步骤、暖身活动、角色扮演、练习活动、鼓励并增强的支援技巧、教具的准备、课后延伸活动。课程的重点是通过实景模拟，让孩子通过模仿、学习、应用、强化等环节，收获社交成功经验，建立发起社交互动的信心。从Skills课程中进行“隐喻”的发现课堂，在后期多个范例的规则的复述和In Vivo情景设置训练阶段，将目标语言句（隐喻）嵌入三个不同的设置中进行训练，且同时三名非干预

人员参与到训练过程中，从而起到泛化效果。

（四）后续训练。在进行完情景设置训练后，会根据每个孩子所表现的不同情况进行特定的后续训练，如ASD儿童在此模式下适应得很好，接下来可能会更换情景，使其尽可能适应更多情景，最后可能会达到适应社会的可能性。在后续训练期间根据不同情景，进行额外的新的探测。后续训练在跨越多个范例的规则的复述和In Vivo情景设置训练阶段后一个月、二个月和三个月之后进行，对后续训练的结果做相应评估和记录。

（五）教学效果的评估。后续训练结束后，从ASD儿童“隐喻性语言”教学目标、教学内容、目标儿童行为和教学方法四方面对教学效果做全方位的效果评估，并量化计分。本教学包使用的视音频资料和文本资料都会进行严格科学的设计，并且会定时测试其有效性，并根据儿童个体差异做适当调整，如效果不佳或者没有效果，则会更换或者调整资料的使用，以达到最佳教学效果。

四、自闭症儿童隐喻性语言教学的实施方案

隐喻性语言教学干预的实施方案主要包括五个阶段：准备阶段、基线阶段、第一阶段干预、第二阶段干预和第三阶段干预。

（一）准备阶段：我们随机选择2至4位经过自闭症诊断评估的高功能自闭症儿童，然后测试评估其语言水平，选定教导人员、家庭成员以及测试地点（学校、社区、家里等），准备资料与所需设备，确立测量与反应指标。

（二）基线阶段：在进行干预之前，研究人员通过设置日常对话的形式，对要干预的目标儿童行为进行观察、记录并整理得出基线期的数据资料，分析儿童现有的语言能力和需要干预的程度。

（三）第一阶段干预：通过单一密集训练和多范例训练（MET）将规则告知儿童。最后我们通过短视频的形式展示出来，通过评论、实践等进行反馈和改进。

（四）第二阶段干预：继续通过多范例训练将规则告知自闭症儿童并要求儿童重复、使用In Vivo情景设置训练（Skills课程）使他们能够达到自然交互对话。

（五）第三阶段干预：后续训练（与基线阶段基本相同），但使用的是从来没有在之前的基线或训练阶段出现的隐喻性语言。最后在一、二、三个月之后进行后续探查，旨在获得后期的泛化数据。

五、余论

语言是人与人联系的桥梁，对于人类发展有很重要的作用。而对于自闭症儿童这个特殊群体来说，语言显得尤为重要。他们不能用语言很好地表达自己的诉求，而我们也不能很好地理解他们寥寥话语下的含义。为了让自闭症儿童更好地融入社

会、适应社会，我们提出将隐喻性语言运用到自闭症儿童语言的教学中，以“关系理论框架”为基础，以自闭症儿童隐喻性语言教学培训包为途径，以干预为主、训练为辅，为特殊教育中的语用技能教学提供借鉴，希望提高自闭症儿童的社会适应能力，为他们接受融合教育提供支持，以此提升自闭症儿童“知情意行”的全面发展。

第六章

典型发展儿童话语实录与转写规范

第一节　WJH（2;08;19）话语片段节选

@Begin

@Languages: zh, en

@Participants: CHI Unidentified, FAT Unidentified, GM1 Unidentified, EXP Unidentified

@ID: zh|CHI||||Unidentified||

@ID: zh|FAT||||Unidentified||

@ID: zh|GM1||||Unidentified||

@ID: zh|EXP||||Unidentified||

*FAT: 二零一四年十一月八日.

*FAT: 锦涵爸爸和锦涵奶奶在+/.

*EXP: CHI IS RUNNING.

*FAT: +在锦涵家给锦涵录像.

*FAT: 录像开始.

*CHI: 翔翔唱.

*GM1: 快唱快唱.

*CHI: 我用这个.

*GM1: 那不好.

*FAT: 好说吧.

*EXP: CHI HANDS A STICK.

*CHI: 我用这个.

*GM1: 好.

*CHI: 奶奶说.

*CHI: 奶奶先开始说.

*GM1: 奶奶用这个这个好#这个快多.

*EXP: CHI IS PLAYING THE TOY.

*FAT: 慢慢地啊.
*CHI: 快点表演节目呢.
*FAT: 哦好好好#先放那吧.
*GM1: 先不动.
*FAT: 说吧.
*CHI: 这我我看完了.
*CHI: 看完了.
*CHI: 它总是找呀找呀找.
*CHI: 找不着了.
*CHI: 你们.
*CHI: 表演.
*FAT: 好表演吧.
*CHI: 爸爸#翔翔开始吧爸爸再开始
*FAT: 好好好好.
*FAT: 好.
*EXP: CHI IS WALKING AWAY.
*FAT: 不不能上那去#翔翔你在这在这.
*FAT: 来好好看哈.
*EXP: CHI IS ACTING.
*CHI: 大家中午好.
*CHI: 我叫王锦涵.
*CHI: 今年两岁了.
*CHI: 嗯–:.
*CHI: 我那个上学#那个#八岁才能上学.
*FAT: 八岁才上学吗?
*CHI: 大家晚上好#大家中午好#我叫王锦涵.
*EXP: CHI IS YELLING ALOUD.
*CHI: 爸爸.
*FAT: 呵呵#这是干什么的?
*CHI: 唱的好吧#鼓掌鼓掌.
*FAT: 鼓掌鼓掌鼓掌.
*GM1: 哦来.
*CHI: 鼓掌鼓掌.
*EXP: FAT AND GAM ARE APPLAUDING.

*FAT: 嗯#好.
*FAT: 好.
*EXP: CHI CLIMBS ON THE SOFA.
*FAT: 干什么啊?
*EXP: CHI IS PUTTING OFF HIS SHOES.
*CHI: 脱鞋子.
*CHI: 站#站在上面唱.
*EXP: CHI CLIMBS ON THE TOP OF THE SOFA.
*CHI: 站在上面唱.
*CHI: 站在上面.
*FAT: 不要#太危险了.
*FAT: 坐在上面吧.
*FAT: 快说吧.
*FAT: 翔翔#你把那个筷子给奶奶然后用那个.
*GM1: 那个不好看.
*FAT: 用那个话筒#那是话筒.
*GM1: 那个阿姨都使的这个.
*FAT: 阿姨都用话筒.
*FAT: 你那个是什么啊?
*EXP: GAM CHANGSES THE TOY IN THE CHI'S HAND.
*GM1: 来.
*FAT: 哎这个好.
*GM1: 这是话筒.
*FAT: 快说吧.
*CHI: 阿姨用什么话筒?
*GM1: 你可都看过那个阿姨弄话筒的样子.
*FAT: 来说吧.
*FAT: 说.
*CHI: 我不会讲.
*GM1: xxx.
*FAT: 哎#让奶奶穿上鞋#你在地上跳舞.
*GM1: 跳舞#快跳跳.
*GM1: 快跳.
*FAT: 快下来跳舞了.

*GM1: 智慧树来了.
*GM1: 看不看?
*CHI: 看.
*GM1: 不看我看了.
*FAT: 呐你看#快下来跳舞吧.
*FAT: 来.
*GM1: 快跳跳#来#智慧树来了.
*CHI: xxx.
*EXP: GAM HELPS CHI TO PUT ON THE SHOES.
*GM1: 你看那智慧树.
*GM1: xxx.
*CHI: 跑那么快#到小公主#我看到.
*GM1: 你去跳给我看看.
*GM1: 跳跳跳跳.
*EXP: CHI IS DANCING.
*CHI: 我不会这样.
*GM1: 慢慢学慢慢学.
*FAT: 优比.
*GM1: 拼拼图吧.
*GM1: 拼拼图.
*GM1: 你给他们都拼上.
*GM1: 你慢慢拼.
*GM1: 拼上.
*GM1: 来拼上拼上xxx.
*EXP: CHI IS PLAYING THE JIGSAWS.
*FAT: 翔翔#你这个拼什么的啊?
*CHI: 这拼#拼喜羊羊.
*FAT: 咦.
*CHI: 也有大灰狼也有喜羊羊.
*FAT: 还有喜羊羊吗?
*CHI: 还有大灰狼.
*FAT: 还有大灰狼啊#大灰狼你害不害怕啊?
*CHI: 害怕.
*FAT: 看大灰狼.

*CHI: 我太勇敢了.
*FAT: 哦#翔翔太勇敢了.
*CHI: 爸爸勇敢吗?
*FAT: 爸爸也勇敢.
*FAT: 翔翔是#是小男子汉是吧.
*FAT: 羊羊翔翔都是好朋友.
*CHI: 刚小鸟慧慧怎么还叫啊?
*CHI: 再拼一次这个.
*EXP: CHI HANDS THE JIGSAW TO GAM.
*GM1: 我看看#拿给我看看.
*GM1: 我看看成功啦.
*CHI: 拿着你看.
*GM1: 你拿过来看.
*GM1: 哦#成功啦#真厉害.
*GM1: 再看看额.
*CHI: 把这个#奶奶这个搅拌.
*FAT: 翔翔自己搅拌.
*GM1: 自己搅拌搅拌.
*CHI: 我不会搅拌.
*GM1: 翔翔弄.
*FAT: WWW.
*GM1: WWW.
*FAT: 翔翔#有一块掉到地上去了#你捡起来.
*CHI: 爸爸给捡.
*FAT: 翔翔自己捡起来#快#掉到地上一块了.
*FAT: 快捡起来#要不你没法拼了哈.
*FAT: 翔翔#你看地上是不是有一块?
*CHI: 我把妈妈屋的#嗯-:.
*CHI: 嗯-:.
*EXP: CHI WALKS TOWARDS THE DOOR.
*CHI: 这些帘子弄坏了.
*GM1: 哦门那个.
*GM1: www.
*FAT: 哦没关系#翔翔没关系哈.

*CHI：把它修一修.
*FAT：可以.
*CHI：爸爸怎么修呀?
*FAT：你帮爸爸想想办法.
*GM1：自己会搅拌吗?
*GM1：又拼完啦.
*GM1：哎呀#翔翔真厉害.
*FAT：那再拼个大奶牛吧.
*GM1：大奶牛.
*CHI：再拼一次这个.
*GM1：再拼一次啊.
*GM1：拼这个.
*CHI：老虎我拼.
*GM1：啊?
*CHI：老虎.
*GM1：不能拆了不能拆了.
*EXP：拆@ka1.
*CHI：都拆.
*GM1：你找不到啊你找不到.
*CHI：都拆了.
*FAT：不可以.
*GM1：不行.
*FAT：翔翔那样都拆出来以后.
*GM1：找不到#一会儿找不到.
*FAT：哎#来#翔翔.
*FAT：先拼上两个.
*FAT：这两个一起拼看看.
*GM1：这一个.
*EXP：CHI IS PLAYING THE JIGSAW.
*FAT：哎呦#快成那样拼嘞.
*CHI：嗯奶奶.
*EXP：CHI IS STANGS THE EDGE OF THE SOFA.
*GM1：出来啦#你摔倒了.
*EXP：摔@ka1.

*FAT: 嗯.
*CHI: 这样摔不倒.
*GM1: 不行.
*GM1: 来#拼拼.
*GM1: 哎呀又拼成啦#哎真厉害#拼那个.
*GM1: 你拼那个.
*CHI: 想要#两个我一起拼.
*FAT: 好.
*FAT: 又拼两个哈.
*CHI: 爸爸拼这个.
*GM1: 这个这个不拼了.
*CHI: 我#我给爸爸.
*FAT: 爸爸给翔翔录像呢.
*CHI: 我我.
*CHI: 爸爸一只手拼这拼图.
*CHI: 一边录像可以了.
*FAT: 呵呵#爸爸那就太厉害了#嘿嘿#爸爸不会.
*FAT: 翔翔#你把那两个拼上我看看怎么拼的哈.
*CHI: 应该搅拌.
*FAT: 那些不都搅拌好了吗.
*CHI: 两个一起拼.
*EXP: CHI IS MIXING THIS JIGSAWS.
*FAT: 来好.
*EXP: THE TV'S SOUNDS IS LOUDY.
*FAT: 好.
*CHI: 来和我一起拼.
*CHI: 奶奶.
*GM1: 嗯.
*GM1: 拼个小朋友.
*FAT: 好让奶奶和翔翔一起拼.
*GM1: 跳舞来#去跳舞去.
*EXP: CHI WALKS IN FRONT OF THE TV.
*CHI: 没有歌了.
*GM1: 没有声啦.

*FAT: 没有声音了让奶奶给调一调哈.
*FAT: 跳吧.
*EXP: CHI IS DANCING.
*EXP: CHI STOPS DANCE TO WALK BACK.
*FAT: 怎么回事又.
*CHI: 在这跳.
*FAT: 跳吧.
*CHI: 奶奶一起拼啊.
*GM1: 来.
*CHI: 奶奶不行#你拼#那一个.
*GM1: 哦我拼这一个啊.
*CHI: 让我拼.
*GM1: 那个啊.
*GM1: 那个.
*CHI: 再拿#这是喜羊羊.
*CHI: 都是在那的.
*GM1: 哦你就在那.
*GM1: 来吧.
*CHI: 奶奶和我一块拼.
*GM1: 奶奶拼来.
*CHI: 我快点.
*EXP: CHI HANDS A JELLY.
*CHI: 这个果冻.
*GM1: 不吃果冻奶奶#你去跳舞我看看.
*CHI: 不是#是我这个果冻先放奶奶边的.
*GM1: 哦#果冻放奶奶边的#奶奶没听懂.
*CHI: 翔翔不吃果冻.
*CHI: 翔翔等一会儿再吃.
*CHI: 爸爸.
*FAT: 嗯.
*CHI: 你#你再给拼一个.
*EXP: CHI WALKS FOR FAT.
*FAT: 等一下#诶翔翔你不过来#不过来不过来.
*CHI: 看看是什么样的.

*FAT: 不过来不过来.
*CHI: 在录什么啊?
*FAT: 爸爸给翔翔+/.
*CHI: 在录什么呀?
*FAT: +录翔翔[.]录翔翔[.]你看不到.
*FAT: 你不能看#你只能在前面.
*EXP: CHI WALKS BACK.
*FAT: 你看奶奶怎么拼图的啊.
*CHI: xxx.
*CHI: 我先拼好了.
*CHI: 我想尿尿.
*FAT: 好好好.
*GM1: 走吧那.
*CHI: 我尿尿都是奶奶脱.
*EXP: GAM AND CHI WALK INTO THE TOILET.
*GM1: 嗯好.
*CHI: 我要尿尿都是奶奶脱.
*CHI: 尿尿尿裤子.
*CHI: 我要换衣服去.
*CHI: xxx.
*GM1: xxx.
*EXP: CHI WALKS OUT.
*CHI: 我再拿一个鞋.
*CHI: 这双鞋可以不?
*GM1: 可以可以.
*CHI: 奶奶奶奶拖鞋在这边.
*CHI: 只能在家里穿.
*GM1: 哦好好好好好好.
*EXP: GAM CHANGES HER SHOES.
*CHI: 换了.
*GM1: 好换了.
*FAT: 翔翔#你拼图拼完了吗?
*CHI: 还没拼完.
*FAT: 看看怎么拼的哈.

*CHI: 我和奶奶#嗯#找鞋穿的.

*FAT: 哦#翔翔这么乖吗?

*FAT: 嗯#跟奶奶一起拼吧哈.

*CHI: 爸爸在干嘛?

*FAT: 爸爸在给翔翔录像.

*CHI: 奶奶你开始拼啊.

*GM1: 哦#开始拼.

*CHI: 翔翔要看羊羊.

*GM1: 哦.

*CHI: 奶奶也看翔翔也看.

*CHI: 奶奶也看翔翔也看.

*EXP: CHI IS WATCHING TV WITH GAM.

*GM1: 哎好.

*CHI: 奶奶也看.

*GM1: 哦哦哦.

*CHI: 要奶奶.

*GM1: 哦这些拼完.

*GM1: 奶奶没拼完.

*GM1: 翔翔#咦#我也拼完了.

*GM1: 拼完喽.

*GM1: 翔翔厉害.

*GM1: 真厉害.

*GM1: 翔翔厉害.

*CHI: 奶奶奖励[.]奖励[.]奖励[.]奖励[.]奖励[.]奖励[.]奖励[.].

*GM1: 哦哦哦.

*FAT: 奖励翔翔.

*FAT: 来拼大猪吧.

*GM1: 来拼大猪来.

*FAT: 拼大猪和奶牛.

*GM1: 来拼拼这个.

*CHI: 拼#还是拼.

*GM1: xxx.

*CHI: 奶奶还拼.

*EXP: CHI BEATS THE JIGSAW.

*GM1：好啦.
*CHI: 奶奶拆不下来.
*CHI: 爸爸拼这个.
*GM1：爸爸有事.
*GM1：快奶奶快拼了.
*CHI: 这是胶.
*GM1：xxx.
*GM1：这是脸.
*GM1：这是脸#这样的吧.
*GM1：你这是怎么拼的?
*GM1：对不对?
*GM1：这样对不对?
*CHI: 奶奶也拼#开始拼#还有我跟.
*CHI: 我跟奶奶一起帮忙.
*GM1：你也拼奶奶拼.
*GM1：快拼起来.
*GM1：翔翔拼起来.
*CHI: 我跟我跟羊羊#好啊.
*CHI: 我跟羊羊玩了.
*CHI: 拿拿凳子.
*CHI: xxx.
*EXP：CHI TAKES A CHAIR.
*GM1：哦可以坐着.
*FAT: 然后翔翔坐#坐在那个地方吗?
*CHI: 掉了一块.
*GM1：你捡起来.
*CHI: 当然捡了.
*CHI: 掉了.
*EXP：CHI'S HEAD HITS THE TABLE.
*EXP：GAM PATS THE TABLE.
*GM1：打它打它.
*GM1：欺负到翔翔头来了.
*FAT: 那是拼的羊羊还是大猪啊?
*GM1：拼的羊羊.

*FAT: 大猪呢?
*CHI: 啊.
*GM1: 好啦#帮你揉揉就好了#揉揉就好了.
*FAT: 哦#拼的羊羊啊#爸爸还以为拼的大猪呢.
*GM1: 往前点#奶奶帮忙啊xxx.
*CHI: 不要奶奶.
*GM1: 哦#不要奶奶啊#奶奶坐沙发上.
*CHI: 给我拿一块吧.
*GM1: 奶奶拼自己的.
*CHI: 奶奶拼吧.
*GM1: 好好.
*CHI: 奶奶快点拼.
*GM1: 哦快拼#哦好.
*CHI: 奶奶还没拼玩呢.
*GM1: 诶拼完了拼完了.
*GM1: 来奖励一个.
*GM1: 奖励一个.
*GM1: 不奖励奶奶啊.
*CHI: 奶奶.
*GM1: 你奖励奶奶.
*CHI: 你再拼这个.
*GM1: 哦来.
*FAT: 大猪呢?
*FAT: 大猪呢?
*GM1: 在沙发上.
*GM1: 可以了.
*GM1: 在那里在那里.
*CHI: 再拼蹊跷板.
*GM1: 哦拼蹊跷板啊#好.
*GM1: 你拼蹊跷板奶奶拼大猪#行吧.
*GM1: 拼大猪.
*CHI: 这个我要的.
*CHI: 这个#这个奶奶也不拼了.
*GM1: 哦这不拼啦.

*GM1：哦哦哦好.
*GM1：你想拼那一个?
*CHI：奶奶休息#休息再拼.
*FAT：哦#翔翔你这么多拼图吗?
*GM1：好#奶奶休息休息.
*FAT：翔翔你这么多拼图啊.
*CHI：翔翔不能休息#翔翔这样拼就行了.
*GM1：可以.
*FAT：怎么多拼图啊.
*FAT：翔翔#以后这拼图爸爸就不用再给翔翔买了哈.
*FAT：好不好?
*CHI：买一个小羊就行了.
*FAT：就买小羊啊.
*CHI：嗯.
*FAT：好.
*CHI：小绵羊.
*FAT：小绵羊啊#好.
*GM1：拼#拼再给蹊跷板.
*CHI：买一个小羊买一个小绵羊.
*GM1：xxx.
*GM1：坐凳子上拼哈.
*EXP：GAM HELPS CHI TO MOVE THE CHAIR.
*CHI：把它拉上.
*GM1：坐着坐着坐着.
*EXP：CHI HIDES A PIECE OF JIGSAW IN HIS HAND.
*CHI：没了#你看#它少了一块.
*EXP：CHI REGARDS THE JIGSAW AS A PHONE.
*CHI：喂#你好啊#我那个#嗯-:.
*GM1：xxx.
*CHI：修水管那个#你好#拿来了吗?
*FAT：哦是的.
*GM1：回来了没有?
*CHI：回来吗?你那个.
*CHI：你回来吗?没回来是吧.

*CHI: 你回来没回来就回来.
*CHI: 眼睛受罪.
*CHI: 眼睛受罪.
*CHI: 眼睛受罪.
*GM1: 快点说快点.
*CHI: 快点.
*CHI: 赶快#我们等不及了.
*CHI: 他说.
*CHI: 不来咱们家啊.
*GM1: 不来咱们家啊.
*CHI: 嗯.
*GM1: 他上哪了呢?
*CHI: 他上银行取钱了.
*GM1: 取钱去啦.
*CHI: 他来了.
*GM1: 现在就取钱啊.
*CHI: 他去#现在就取去.
*GM1: 嗯.
*CHI: 取.
*GM1: 这取这么多钱干嘛啊?
*GM1: 是放这吧?
*GM1: xxx.
*CHI: 爸再给买一个这个拼图.
*FAT: 嗯.
*FAT: 这买那么多拼图干什么啊?
*CHI: 这个[.]这个[.].
*CHI: 这个这个.
*FAT: 我看把这桌子上都摆满算了.
*CHI: 什么?
*FAT: 拼图啊.
*GM1: 你说拼个正方形.
*FAT: 我看看拼个正方形啊.
*FAT: 明天早上起来爸爸去给你买.
*CHI: 什么呀?

*FAT: 拼图啊.
*CHI: 什么样的拼图?
*FAT: 你想要什么样的?
*CHI: 想要小绵羊.
*CHI: 什么都不要.
*CHI: xxx.
*FAT: 翔翔你喜欢#喜欢这些拼图不?
*CHI: 喜欢.
*FAT: 哦.
*FAT: 太多了拼图.
*FAT: 你#翔翔你再拼大猪吧.
*FAT: 好不好?
*EXP: CHI IS DOING A JIGSAW PUZZLE.
*FAT: 不行#那样掉下去了哈.
*EXP: CHI GOES TO ON THE SOFA.
*EXP: CHI IS RUNNING.
*GM1: 这要上哪啊?
*CHI: 眼睛受罪爸爸.
*EXP: CHI IS DANCING.
*FAT: 啊.
*FAT: 啊翔翔#跳舞吗?
*CHI: 啦啦啦啦啦.
*EXP: CHI FALLS ON THE FLOOR.
*CHI: 我都跳晕了.
*FAT: 翔翔翔翔#你再拼一下猪吧#拼一下猪.
*GM1: 在跳舞.
*EXP: CHI IS ROLLING ON THE SOFA.
*FAT: 在干嘛?
*CHI: 再表演一下.
*FAT: 好.
*CHI: 表演一下.
*EXP: CHI IS ACTING.
*GM1: 这是干什么的?
*EXP: CHI TRUMBLES.

*FAT: 快起来起来.

*CHI: 摔倒了.

*EXP: CHI PLAYES WITH THE TOY.

*CHI: 鸭.

*CHI: 鸭.

*EXP: CHI ENTERS A ROOM.

*FAT: 好啦#没事#爸爸找点东西啊.

*FAT: 跟奶奶在大屋玩哈.

*EXP: CHI ENTERS THE ROOM AGAIN.

*FAT: 翔翔出去快#快出去出去#听话.

*FAT: 出去出去.

*CHI: 拿玩具我.

*FAT: 你拿这个布吧#这块布.

*FAT: 走#爸爸和翔翔都出去#好不好?

*FAT: 都出去啊.

*EXP: CHI WALKS BACK.

*CHI: xxx.

*CHI: 啦啦啦.

*EXP: CHI HANDS MANY TOYS.

*GM1: 这是什么呀?

*FAT: 翔翔你还喜欢拼图吗?

*FAT: 你看你那么多拼图.

*FAT: 给爸爸玩一个好不好?

*CHI: 我看到一个大骗子.

*FAT: 翔翔.

*FAT: 翔翔#你你你把那个+/.

*EXP: CHI WALKS IN FRONT OF GAM.

*CHI: 我#嗯.

*CHI: 八个锅#那么多锅.

*FAT: 我看看#翔翔你几个锅我看看.

*CHI: 嗯.

*CHI: 有八个锅#我能说八个锅.

*FAT: 你有几个拼图啊#你数数有几个拼图.

*CHI: 啊嗯.

*FAT: 数数.
*GM1: 你数数.
*CHI: 一个拼图#两个拼图.
*EXP: CHI IS COUNTING THE JIGSAWS.
*CHI: 三个拼图.
*CHI: 四个拼图.
*FAT: 还有呢.
*GM1: 还有这些呢.
*CHI: 一个拼图#两个拼图.
*CHI: 三.
*CHI: 一个拼图.
*CHI: 两个拼图.
*CHI: 三个拼图.
*GM1: 再数那边.
*GM1: 掉了掉了掉了.
*GM1: 掉了.
*GM1: 再数一数.
*GM1: 数一数.
*CHI: 我还有一个锅嘞.
*CHI: 还有一个.
*GM1: 嗯.
*GM1: 怎么掉拼图里头?
*GM1: 这拿下来.
*GM1: 喜欢吗?
*FAT: 哎呦.
*GM1: 快看看.
*FAT: 我看看.
*FAT: 哎呀.
*FAT: 我看看.
*CHI: 怎么弄?
*GM1: 这是变出来哈.
*FAT: 这是什么啊这是?
*GM1: 还有一个拼图怎么.
*CHI: 都拼啦.

*FAT: 看看.
*EXP: GAM LOOKS FOR ANOTHER JIGSAW.
*CHI: 能拼吧?
*GM1: 能拼上.
*GM1: 不行不行不行.
*FAT: 又有一个吗? 怎么又多一个了?
*GM1: 你放这里.
*GM1: 我看看.
*CHI: 多一个.
*GM1: 诶#呵呵.
*GM1: 把这个撕开.
*FAT: 这是什么呀#这是小猫.
*FAT: 是小猫#看好像是小猫#是不是?
*CHI: 是小猫啊.
*GM1: 我看看.
*GM1: 是.
*GM1: 有小猫#有小鸡#还有小朋友.
*FAT: 巧虎.
*FAT: 让#让奶奶给弄开哈.
*GM1: 给你弄开弄开.
*CHI: 怎么弄?
*GM1: 放这里.
*GM1: 哎#慢慢弄#第一次#慢慢地.
*GM1: 慢慢地.
*FAT: 又一个拼图啊#哎这是谁给翔翔买的?
*GM1: 你什么都没猜到#肯定是爸爸买的.
*GM1: 翔翔#拼的时候小心一点.
*CHI: 嗯嗯.
*CHI: 嗯#我爸爸.
*FAT: 翔翔你#你拼图也太多了吧.
*EXP: CHI IS RUNNING AWAY.
*CHI: 等下拼图哈#要拿.
*FAT: 干什么? 快过来过来过来.
*CHI: 我要小锅.

*FAT: 翔翔#快过来过来.
*FAT: 好了好了.
*FAT: 出来.
*CHI: 拿小锅来.
*EXP: CHI CATCHES MANY SMALL PANS.
*FAT: 你拿小锅干什么?
*CHI: 拿小锅给爸爸做饭吃.
*FAT: 哦#好#谢谢翔翔.
*FAT: 翔翔你你玩拼图吧.
*GM1: 快点.
*FAT: 快搅拌搅拌.
*FAT: 搅拌搅拌.
*GM1: 不要这个不要这个#你把它拼上.
*GM1: 你拼上.
*GM1: 奶奶拼图哈.
*GM1: 奶奶拿着.
*CHI: 不要.
*CHI: 这放哪啊?
*FAT: 看一看怎么放啊.
*FAT: 翔翔#这个也是#天也是蓝的是吧?
*FAT: 还有还有草嘞#也是绿的.
*FAT: 啊.
*CHI: 白云是哪?
*FAT: 嗯.
*CHI: 白云.
*GM1: 白云找找.
*FAT: 白云#看一看.
*FAT: 翔翔#你这个拼图晚上给爸爸玩一块哈.
*CHI: 嗯这这是拼#这是白云啊.
*GM1: 找一找#这不都在这里吗?
*GM1: 都在这.
*GM1: 又找到一个了.
*CHI: 腿疼.
*CHI: 腿疼.

*GM1: 哪里疼哪里疼?
*CHI: 这里疼#这儿酸.
*GM1: 这里#这里#这里疼啊.
*GM1: 这儿疼啊?
*CHI: 膝盖不疼.
*GM1: 膝盖不疼#这里疼啊#我给你揉一揉.
*GM1: 还疼不?
*CHI: 嗯不疼了.
*GM1: 不疼啦.
*GM1: 还疼吗?
*GM1: 还疼吗?
*CHI: 爸爸妈妈.
*CHI: 还疼#奶奶打的.
*CHI: 奶奶耶.
*CHI: 耶耶耶.
*CHI: 爸爸耶耶耶耶.
*CHI: 姑姑耶耶耶耶.
*CHI: 姑父耶耶耶耶.
*GM1: xxx.
*CHI: 耶耶耶.
*FAT: 耶耶耶.
*GM1: 耶耶耶啊.
*FAT: 是吧.
*CHI: 哦耶啊.
*GM1: 来#松手.
*EXP: CHI IS APPLAUDING.
*CHI: 是这样的.
*GM1: 哦哦哦.
*GM1: xxx.
*GM1: 还疼不?
*CHI: 不疼了.
*GM1: 不疼啦#我给你按按#按按.
*CHI: 不疼了.
*GM1: 给你按按来.

*CHI：不疼了.
*CHI：不疼了.
*GM1：xxx.
*CHI：晶晶琪琪.
*CHI：xxx经常脚疼啊.
*GM1：不是翔翔腿.
*GM1：你起来#起来开始拼.
*CHI：这个在这个大.
*CHI：又来牛奶广告了.
*GM1：嗯.
*GM1：白云#那个是白云.
*CHI：白云.
*CHI：白.
*CHI：这块白云在哪啊？
*CHI：在这.
*CHI：爸爸奶奶.
*CHI：奶奶拼一个这个.
*GM1：哦我一会儿看你拼.
*GM1：你来拼你拼上.
*CHI：奶奶你拼这个.
*GM1：好好好#我拼.
*CHI：你拼这个.
*GM1：好好我拼这个啊.
*CHI：嗯.
*CHI：大家一起看.
*GM1：哦#大家一起看.
*CHI：奶奶也看羊羊看.
*GM1：你拼.
*CHI：这是什么呀？
*GM1：这是饭#吃饭掉的饭.
*CHI：你快拼呀.
*GM1：好好好.
*CHI：你快拼.
*GM1：哦我快拼#我快拼完了你拼.

*CHI: 那小锅呢?
*GM1: 小锅在哪? 我给你找一找.
*CHI: 在哪?
*GM1: 给你找一找.
*CHI: 在哪呢?
*GM1: 在那边吧#好像是.
*GM1: 你拼完了#拼完了快拼.
*CHI: 奶奶快拼来.
*GM1: 嗯#翔翔自己拼.
*CHI: 奶奶快拼啊.
*GM1: 奶奶等翔翔.
*FAT: 奶奶是不是又不会拼了?
*CHI: 会拼.
*GM1: 奶奶会拼啊.
*CHI: 奶奶不会拼我就教教奶奶.
*GM1: 可以可以.
*CHI: 就这个地方.
*GM1: xxx.
*CHI: 小锅.
*CHI: 盖.
*GM1: 翔翔拼完了#奶奶拼完了.
*GM1: 奖励一个.
*GM1: 奖励奶奶.
*GM1: 可以吗?
*GM1: 哎呀都对了#xx再拼#再拼一次.
*GM1: 这次拼哪一个?
*CHI: 大公鸡放这.
*GM1: 大公鸡放这.
*FAT: 翔翔你怎么又多了一个拼图吗?
*GM1: 拼个正方形的.
*GM1: 搁这#是搁这#诶.
*FAT: 哦看看.
*FAT: 翔翔#你这个拼图也太多了.
*GM1: 那个呢#怎么少一个.

*CHI: 哪一个?
*GM1: 哦#对#是这样.
*GM1: 就这样.
*CHI: 在这一个呢?
*GM1: 嗯这个没有.
*FAT: 翔翔#要不你#你数到二十让奶奶给变.
*GM1: 给变一个.
*FAT: 呼啦呼啦变#闭上眼睛.
*CHI: 再变这么多.
*GM1: 要几个?
*CHI: 要八个.
*GM1: 你#你闭上眼睛.
*CHI: 这一个.
*CHI: 这一个[.]这一个[.]这一个[.].
*GM1: 哦哦哦#你数[.]你数[.]你数[.].
*CHI: 奶奶都有#奶奶都有.
*GM1: 你数数数.
*CHI: 一.
*CHI: 不闭上眼睛会数.
*GM1: 哦#不不闭眼睛会数.
*CHI: 一二三四五六.
*GM1: 来.
*GM1: 数到六就出来了啊#哎.
*FAT: 哎呀这是什么啊? 怎么又变一个.
*CHI: xx.
*GM1: 这#这么好啊.
*FAT: 这么多啊.
*CHI: 你你再给+/.
*FAT: 这是什么啊? 爸爸先看一看.
*FAT: 这是什么啊?
*FAT: 那个是巧虎吗?
*CHI: 巧虎[!].
*CHI: 卡隆戴着手套.
*CHI: 是它吧.

*CHI: 我拼[.]我拼[.].
*CHI: 这两个都给奶奶变.
*GM1: 两个都给奶奶变的啊.
*CHI: 再#再变一个.
*GM1: 不变.
*GM1: 不要弄在一起#你弄弄.
*EXP: 弄@ka1.
*GM1: 给你搅拌搅拌.
*CHI: 这是什么啊?
*GM1: 来我给你搅拌搅拌.
*CHI: 变了.
*GM1: 奶奶给你搅拌.
*GM1: xxx.
*CHI: 这和这不一样.
*GM1: 哦不一样啊.
*CHI: 这个和这个不一样.
*CHI: 这个也不一样.
*GM1: 哦#奶奶给你放着.
*GM1: 放在这里[.]放在这里#自己拼#xx搅拌搅拌.
*EXP: CHI IS LOOKING FOR SOMETHING UNDER THE TABLE.
*CHI: 那#那个凳呢?
*CHI: 巧虎就巧虎那个凳子.
*GM1: 哦.
*CHI: 这个巧虎凳子在哪?
*CHI: 看见了.
*FAT: 慢慢地#翔翔慢慢地啊.
*FAT: 不要碰到小猪头.
*CHI: 嗯嗯.
*CHI: 这小锅锅盖.
*CHI: 巧虎.
*CHI: 巧虎.
*CHI: 哇哦.
*CHI: 啊啊.
*CHI: 巧虎要去哪啊? 巧巧虎要去哪?

*GM1: 它回去了哈.
*CHI: 嗯巧虎.
*CHI: 巧虎去哪儿?
*GM1: 巧虎去哪啊?
*CHI: 巧虎去哪?
*GM1: 不知道巧虎去哪.
*CHI: 巧虎[!].
*GM1: 巧虎啊.
*CHI: 嗯#去哪?
*GM1: 哦.
*GM1: 我也不知道巧虎去哪了.
*CHI: 爸爸#巧虎去哪?
*CHI: 爸爸.
*FAT: 巧虎.
*FAT: 巧虎不是放在那地方了吗?
*CHI: 巧虎去哪?
*FAT: 巧虎#爸爸不知道哪个巧虎.
*CHI: 巧虎去大河带[.]大河带[.]大河带[.]大河带[.].
*GM1: 来来来来来拼啊.
*GM1: 来.
*CHI: 不玩.
*CHI: 我.
*GM1: 拼吧.
*CHI: 嗯-:我[!].
*GM1: 快点.
*CHI: 老虎.
*CHI: 打发.
*CHI: 打发.
*CHI: 打发[.]打发[.]打发[.].
*GM1: 奶奶拼#奶奶拼.
*GM1: 放这儿.
*CHI: 拼这个.
*GM1: 嗯这个.
*CHI: 不对.

*GM1: 是这个.
*GM1: 是这个.
*CHI: 不对.
*CHI: 不对.
*CHI: 放这.
*GM1: 是这样的啊.
*CHI: 这样的.
*GM1: 哦#奶奶不会.
*GM1: 那个这边啊#那个这边.
*GM1: 这是嘴巴.
*GM1: 嘴巴.
*GM1: 嘴巴#嘴巴就那儿.
*CHI: 这样是吧.
*GM1: 是这样.
*GM1: 哎哟.
*FAT: 又拼上啦.
*GM1: 拼上啦#诶.
*GM1: 哎呀#真棒.
*GM1: 奖励一个.
*GM1: 奖励一个.
*GM1: 那个拿过来.
*GM1: 那个.
*GM1: 就奶奶给你变的拿过来.
*GM1: 拿这来.
*CHI: 巧虎放那.
*GM1: 嗯巧虎#巧虎xxx.
*CHI: 什么巧虎?
*GM1: 嗯#巧虎最好了.
*EXP: CHI GETS THE ALL JIGSAWS TOGETHER.
*GM1: 额#哎呀.
*GM1: 这什么形状?
*CHI: 正方形.
*GM1: 哎.
*FAT: 哇#这么多啊#翔翔这是个大拼图是吧?

*GM1: 数数几个.
*GM1: 你数数几个.
*EXP: CHI BEGINS TO COUNT.
*CHI: 一个.
*CHI: 两个#三个.
*CHI: 一个.
*CHI: 一个两个三个四个.
*CHI: 一个两个.
*CHI: 五个六个七个.
*CHI: 十个.
*FAT: 翔翔#你有几个羊羊啊?
*CHI: 嗯-:.
*CHI: 嗯-:.
*CHI: 这两个羊羊.
*FAT: 两个羊羊啊.
*CHI: 额这两个有[.]这两个有[.]这两个有[.].
*FAT: 啊这么多啊拼图.
*CHI: 这些排这些排.
*GM1: 你喜欢不?
*CHI: 喜欢.
*GM1: 拿走吧#不要了.
*CHI: 什么?
*GM1: xxx.
*CHI: 啊啊啊[!]还要#嗯嗯.
*CHI: xx.
*CHI: 小锅锅盖呢?
*GM1: 在这呢.
*CHI: 不是这个锅锅盖.
*CHI: 是那#那上面#小锅锅盖.
*GM1: 我给你找找.
*GM1: 给你找一找行不行?
*CHI: 那#那个小锅呢?
*GM1: 那个小锅不是在这呢吗?
*CHI: 不是这个小锅#是这一套的小锅呢.

*FAT: 那个小锅不是让那个+/.

*FAT: +呃#糖糖给拿去玩去了吗#是不是糖糖?

*CHI: 不是.

*CHI: 在这里.

*CHI: 在这里.

*GM1: 你这个.

*GM1: 你这个#你这个.

*GM1: 你拼拼图算了.

*GM1: 拼图.

*GM1: 拼给你变魔术.

*GM1: 坐这里.

*GM1: 转过去.

*EXP: CHI WALKS AWAY.

*CHI: 爸爸.

*FAT: 嗯.

*CHI: 我去拿来箱子#看看那里面有吗#没有+/.

*CHI: +可能让+/.

*FAT: 翔翔来#你快点#你看看你+/.

*GM1: 快点#小锅在这.

*FAT: 哎呀#你看这是不是那个.

*GM1: 找到了.

*CHI: 嗯嗯#是这个.

*FAT: 翔翔#你看巧虎#爸爸来拼一下.

*CHI: 巧虎爸爸能拼.

*GM1: 你拼#奶奶奶奶#拿去拿去.

*CHI: 嗯奶奶.

*GM1: xxx.

*FAT: 是.

*FAT: 翔翔你看.

*FAT: 有一个巧虎#还有一个大老虎吧#我看看大老虎呢.

*CHI: 大老虎.

*FAT: 你害怕吧?

*CHI: 大老虎#有一个这个大xx.

*FAT: 你喜欢巧虎还是大老虎啊?

*GM1：都拿走了#都拿走了.
*GM1：都拿走了.
*CHI：爸爸都不拿走.
*GM1：你上这边#你把它看着把它看着.
*FAT：看着#哎呀.
*CHI：额额额#我#我想我拿拿.
*CHI：爸爸#你数几个#你数完了我就来了.
*FAT：呵呵呵呵.
*FAT：为什么让奶奶首先数xx.
*GM1：翔翔xxx#你跑洗手间这么多锅啊.
*CHI：爸爸数啊数.
*EXP：CHI WALKS AWAY.
*FAT：这呢#翔翔#你看奶奶这找到一个锅.
*CHI：不是的.
*CHI：这两个一xx锅.
*GM1：你找一找这里有没有.
*FAT：你看.
*FAT：你看啊#你看#翔翔来#你看爸爸要#要#要拿你这个大老虎了哈.
*EXP：CHI AND GAM ARE LOOKING FOR THE TOY.
*CHI：这没有啊#这没有.
*FAT：翔翔你看#爸爸要拿你的大老虎好不好?
*FAT：翔翔#今天晚上奶奶刚给你的两个#是哪两个啊#跟爸爸说.
*CHI：是这两个.
*EXP：GAM PASSES A SMELL PAN COVER TO CHI.
*FAT：哪一个?
*GM1：来来#这个锅盖.
*FAT：哪一个?
*CHI：不一套.
*FAT：哎呦.
*FAT：我看这么多#哎呀这么多啊.
*CHI：两个锅盖.
*GM1：拿着#我来给你找#给你找.
*GM1：xxx.
*EXP：CHI WALKS AWAY.

*CHI: 我要找一套的那个锅.
*GM1: 那个锅没有了.
*FAT: 那个锅是不是那天糖糖拿着玩的?
*CHI: 不是糖糖拿着玩.
*FAT: 那是谁拿着玩的?
*CHI: 嗯.
*CHI: 没有#没有谁来抢盖.
*CHI: 我们家嗯#嗯.
*CHI: 那个花园里#那个箱子里.
*EXP: CHI FALLS DOWN.
*CHI: xxx.
*FAT: 哎呀#怎么摔倒了你?
*EXP: CHI IS CRYING.
*FAT: 嗯#怎么回事啊?
*FAT: 哦#没关系没关系.
*GM1: 没关系.
*FAT: 没关系没关系啊#没关系好了.
*EXP: GAM HUGS CHI.
*GM1: 不哭了#你数到二十了吗?
*FAT: 奶奶抱着数到二十了吗? 数到二十没有?
*GM1: 数到二十没有?
*GM1: 数到二十了没有? 你看看.
*GM1: 你看他讲.
*GM1: 你看嘿.
*GM1: 摸摸一摸#呦呦呦#小屁股小屁股.
*FAT: 嘿嘿.
*EXP: CHI STOPS CRYING TO LAUGH.
*FAT: 嘿嘿嘿.
*GM1: 你这个这个你看.
*FAT: 来.
*CHI: xx下来两个锅盖.
*GM1: 那锅盖不是让琴琴给拿去了吗#那锅盖.
*CHI: 那边两个锅.
*CHI: 锅盖还在这.

*FAT: 哎锅盖.

*FAT: 翔翔你看#翔翔你再拼拼那个大老虎给爸爸看#爸爸看能不能#翔翔以前没玩过那个大老虎吗?

*FAT: 那个大老虎是新玩具吗?

*GM1: 这个这个拼.

*FAT: 这大老虎是#是新玩具吗?

*CHI: 嗯#哪里我不想拿锅.

*GM1: 不想拿锅啊.

*FAT: 你看#这大老虎是不是新玩具我看看.

*FAT: 爸爸看一下这个大老虎啊.

*GM1: 那大老虎漂亮.

*FAT: 呃.

*GM1: 这是什么呢#那漂亮.

*FAT: 这这大老虎是不是新玩具啊?

*GM1: 是个大老虎还是彩虹? 我看看.

*FAT: 哎呦#这还有彩虹吗?

*GM1: 彩虹嘞我看看彩虹.

*FAT: 一个大老虎还是小老虎?

*GM1: 你把那个板凳拿过来.

*CHI: 什么?

*GM1: 那个锅那个锅.

*GM1: 盖盖这个.

*CHI: 抱#要抱抱.

*GM1: 来抱抱.

*CHI: 我要拿#我要拿#两个一套的锅盖.

*GM1: 一套的锅盖#那锅盖.

*GM1: 这锅盖那个小锅.

*GM1: 这锅盖找不到了.

*GM1: 那个小锅#这个装饭的小锅不是让琪琪给拿去了吗?

*GM1: xxx.

*CHI: 这个坏了.

*GM1: 这个坏了啊? 我看看没关系.

*CHI: 一按就坏.

*GM1: 一按就坏啊#那就不按了不按了.

*CHI: 奶奶#我想拿#那个.

*CHI: 那两个一套的锅呢?

*GM1: 这个呢?

*CHI: 那#这.

*EXP: CHI LOOKS AT FAT.

*CHI: 录完了吗?

*FAT: 还没有呢.

*FAT: 不准笑.

*CHI: 奶奶看看那箱子里面有吗?

*GM1: 那个锅啊#箱子里面没有#不在这.

*GM1: 再去给你找找哈.

*CHI: 不用找.

*CHI: 在箱子里面#放在.

*CHI: 昨天刚拿.

*CHI: 还拿着那个锅呢.

*GM1: xx那个锅呢#我给你找找.

*EXP: CHI IS WATCHING TV WITH GAM.

*CHI: 他们在戴手套.

*GM1: 嗯#他在戴手套变魔术呢.

*CHI: 他这是变魔术干嘛?

*CHI: 戴手套.

*CHI: 变魔术干嘛?

*GM1: 魔术好看.

*GM1: 你看他一变#变个小鸽子出来了.

*CHI: 小鸽子出来吗?

*CHI: 变小鸽子吗?

*CHI: 变吗?

*GM1: 还没开始变.

*GM1: 开始变.

*GM1: 开始了哈.

*CHI: 鸽子吗?

*CHI: 他怎么也戴手套啊?

*GM1: 它戴手套#戴手套变魔术.

*CHI: 变什么魔术?

*GM1: 嗯.

*GM1: 变个小鸽子#我也不知道他变什么魔术.

*GM1: 我看看它变魔术.

*GM1: 变了就鸽子一飞一飞的.

*FAT: 好#录像结束.

@End

第二节　GYC（3;11;20）话语片段节选

@Begin

@Languages: zh, en

@Participants: CHI CHI CHI, MOT MOT MOT, EXP EXP EXP, GRA GRA GRA

@ID: CHI

@ID: MOT

@ID: EXP

@ID: GRA

*MOT: 今天是二零一六年九月二十四日星期六#上午九点二十分在高雨辰姥姥家#参与录制人员张笛胡俊兰参与宝宝高雨辰录像开始.

*CHI: +"一座小桥平地起#小桥拱起是小山.

*CHI: xx#是左手#左手打开是蜜桃.

*CHI: +"蜜桃打开是小花#小花打开是小手.

*CHI: 摆#摆#摆一摆#我的小手摆一摆.

*GRA: 摆.

*CHI: +"握#握#握一握#我的小手握一握.

*MOT: 耶.

*MOT: 你说的什么呀?

*CHI: 说的幼儿园里的话#是老师教我的.

*MOT: 噢-:.

*MOT: 你会擤鼻鼻了是吧?

*MOT: 你现在终于会擤鼻鼻了是吧?

*CHI: 会了.

*MOT: 嗯.

*MOT: 你+/

*GRA: 你尿尿了吗?

*MOT: 尿了.
*MOT: 你今天为什么没有回大学呀?
*CHI: 因为爸爸没来接我.
*MOT: 他为什么没有来接你呀?
*CHI: 因为今天他要去考试.
*MOT: 噢–:.
*CHI: 所以才没来接.
*MOT: 那你想他了吗?
*CHI: 想了.
*CHI: 哎姥姥我来帮你弄.
*GRA: 你自己摆上行吧?
*CHI: 行.
*GRA: 姥姥#给姥姥帮忙行吧?
*GRA: 姥姥给你帮忙行吧#你自己能摆上吧?
*CHI: 自己能摆上.
*GRA: 好的#你自己摆吧行.
*GRA: 你自己干活吧.
*MOT: 没有把它对齐.
*MOT: 那头对那头还没对齐.
*GRA: 就这样#松手.
*GRA: 这样啊.
*MOT: 好了.
*CHI: 呀我会了.
*GRA: 嗯.
*GRA: 这个XXX.
*GRA: 好了来.
*GRA: 好了.
*GRA: 你可以在这上面玩乐高#你可以玩积木#你想玩积木你想玩乐高?
*CHI: 我要玩乐高.
*GRA: 积木可以玩吗?
*CHI: 积木可以玩.
*GRA: 欸#来可以玩积木.
*GRA: 姥姥给拿积木.
*CHI: 那我#那我不玩乐高了.

*GRA: 行#两个都可以玩.
*CHI: 啊#我和嘟嘟玩了好几次了.
*GRA: 啊好的玩积木吧.
*GRA: 我们玩积木吧.
*GRA: 哎哎不是这里边#奥这里边是积木.
*CHI: 呜哇.
*CHI: 哎呀.
*GRA: 这是圣诞.
*MOT: 这个过圣诞节的时候拿到幼儿园里可以去.
*GRA: 圣诞节.
*GRA: 哎对#放到上边.
*CHI: 什么?
*MOT: 这是小树.
*MOT: 圣诞树.
*GRA: 嗯还有吗?
*CHI: 嗯哼哼哼哼.
*CHI: 是不是这绿的是嘟嘟的?
*GRA: 这绿的是嘟嘟的#那红的是你的.
*MOT: 你想送给谁就送给谁.
*GRA: 你想送给小朋友也行#想送给老师也行#想送给王妈妈也行.
*CHI: 不#我要留给嘟嘟.
*GRA: 行#留吧.
*CHI: 要给嘟嘟.
*CHI: 要嘟嘟过圣诞节的时候拿到它的幼儿园里去.
*GRA: 行.
*CHI: 还我还有一个.
*GRA: 还有一个什么?
*GRA: www.
*CHI: 都是圣诞树.
*GRA: 不是圣诞树#是圣诞老人.
*EXP: www.
*CHI: 妈妈.
*MOT: 哎.
*CHI: 看我的.

*MOT: 吹得真好.
*CHI: 妈妈#这两个是谁的?
*MOT: 这两个也是的#就是圣诞树上#要准备在圣诞树上挂着的.
*MOT: 知道吗?
*CHI: 是不是有一个嘟嘟的一个我的呀?
*MOT: 是的.
*CHI: 这个#哪个是嘟嘟的呀?
*MOT: 哪一个都行.
*MOT: 诶#忘了给嘟嘟说让他上姥姥家去拿小雪人来.
*GRA: www.
*CHI: 对呀.
*EXP: www.
*CHI: 那小雪人礼物.
*GRA: www.
*GRA: 带着你喝酒.
*MOT: www.
*GRA: 还有圣诞树.
*EXP: www.
*CHI: 还有#还有你给嘟嘟的圣诞树呢?
*MOT: 嘟嘟#找圣诞树#在他家里咱不是已经送给他了吗?
*MOT: 是不是?
*CHI: 得给嘟嘟个绿的.
*MOT: 这个小贴画你还贴吗#我给你找出来了.
*CHI: 不贴.
*CHI: 这个是送给姥姥的.
*GRA: 来#你的大玉米.
*GRA: 来来来.
*CHI: 姥姥你.
*EXP: www.
*CHI: 姥姥给自己贴上吧.
*GRA: 噢自己贴上.
*CHI: 自己贴到你的手指盖上.
*GRA: 我为什么自己#我等着你给贴#我等一会#你吃完玉米我们再接着玩.
*GRA: 我给你贴#你给你给我贴#你可得给#给我贴到脚趾盖上来.

*GRA: 行不行?
*CHI: XXX.
*GRA: 对那那你你#你可以给我贴到脚趾盖上#也可以给我贴到手指盖上.
*CHI: 到时候你过生日的时候我#我就给你买大大公主的裙子.
*GRA: 行行#我我过生日的时候啊.
*GRA: 你给我买大公主的裙子啊?
*CHI: 嗯.
*CHI: 嗯.
*GRA: 我那么大年纪了#我不能再穿裙子了.
*GRA: 我穿裙子不好看#你穿裙子好看.
*GRA: 你是漂亮的小公主.
*GRA: 对不对?
*GRA: 姥姥可喜欢你了.
*MOT: www.
*GRA: 诶你啃大玉米真棒.
*MOT: www.
*EXP: www.
*CHI: 嗯.
*CHI: 妈妈.
*MOT: 嗯?
*CHI: 要是#要是戴上那个#嗯-:奥特曼的搞的我都看不见.
*GRA: 噢.
*MOT: 奥特曼的面具呀?
*CHI: 嗯.
*MOT: 能看见他那个眼睛是空的.
*GRA: 有眼眼能看见.
*GRA: 你的眼眼能看见.
*MOT: 眼睛能看见.
*CHI: 我说看不见.
*MOT: 你戴上看看就知道了.
*MOT: 肯定能看见.
*CHI: 这里.
*GRA: 胡买八买.
*CHI: 嗯啊.

*CHI: 什么意思啊?
*GRA: 叫胡买.
*MOT: 就是胡买呀#买了好玩呀.
*CHI: 这是什么?
*GRA: 那那是里边的是东西#我给你看一看.
*GRA: 这是圣诞节的东西#我我放到里边去了.
*CHI: 我的?
*GRA: 你的#你和嘟嘟两个人一人一盒.
*GRA: 哎吆吆吆都调出来了.
*GRA: 嗯嗯嗯嗯.
*CHI: 那个嘟嘟和我一人一盒.
*GRA: 嗯.
*CHI: 这是什么?
*GRA: 挂上边#树.
*GRA: 它两个人在一起#这是一个圣诞树.
*CHI: 这个是嘟嘟给我两个.
*GRA: 嗯?
*CHI: 嘟嘟也有两个吗?
*CHI: 这有个姥姥.
*GRA: 嗯?
*GRA: 你看是这样子的.
*CHI: 嗯?
*CHI: 嗯#这不像是嘟嘟了.
*GRA: 你的.
*CHI: 比昂.
*GRA: 看#这是一棵树.
*CHI: 放我身上看看.
*GRA: 你得放在底座上.
*GRA: 看.
*CHI: 哎?
*MOT: 你又要把这圣诞树弄开啊?
*GRA: 你弄倒了.
*CHI: 这是我的.
*GRA: 好了.

*GRA：那你朝上挂东西行不行？
*CHI：哎东西还没都拿开呢.
*GRA：这个是嘟嘟的#嘟嘟是绿的你是红的.
*GRA：挂.
*GRA：我都没有眼镜看不见.
*CHI：来#我帮你吧.
*GRA：行.
*CHI：小猴子在这里.
*GRA：小猴子在那里啊.
*CHI：嗯看这不是吗？
*GRA：啊你挂上就行.
*CHI：姥姥还是你挂吧.
*GRA：戴上眼镜.
*CHI：戴上眼镜和我说啊.
*CHI：这不是钩子吗？
*GRA：对那是钩子.
*GRA：挂一个小铃铛.
*GRA：挂一个小雪人.
*GRA：再挂一个#雪人.
*GRA：挂一个小灯笼.
*CHI：哎这是#这是圣诞树.
*GRA：啊就是圣诞#圣诞树上有小灯笼.
*GRA：挂一个小球球.
*CHI：嗯嗯#挂不上吧.
*GRA：哎呦#还有这么多啊.
*CHI：姥姥.
*GRA：嗯？
*CHI：姥姥你先给我拿着哈.
*GRA：嗯嗯.
*GRA：放上了吗？
*CHI：还#行.
*GRA：那还行.
*GRA：嗯.
*GRA：我给你个#不好看.

*GRA: 断了吧?
*CHI: 哎样你看看哈.
*GRA: 挂这个#挂这个#挂这个#挂这个.
*CHI: 挂上了.
*GRA: 挂上了.
*GRA: 小的挂在底下.
*CHI: 哎铃铛有什么可怕.
*CHI: 再挂个这个.
*GRA: 小铃铛挂在最底下.
*CHI: 嗯嗯#这.
*GRA: 那个啊#那里还有.
*CHI: 这个是插在上边的.
*GRA: 啊好好.
*GRA: 断了.
*GRA: 我换下来吧.
*GRA: 慢慢的到.
*CHI: 啊我我的玉米被你吃了.
*GRA: 嗯.
*CHI: 别吃我玉米.
*GRA: 被被我偷吃了.
*CHI: 别吃我的玉米.
*GRA: 好的好的#不吃你的玉米.
*GRA: 嗯我是#我是假的黑猫警长#我要偷吃玉米.
*CHI: 你+/
*GRA: 我是一只耳.
*GRA: 我好饿呀#我好想吃玉米.
*CHI: 挂#挂这#挂这个.
*CHI: 饿也不行.
*GRA: 嗯?
*GRA: 饿也不行也不能+/
*CHI: 你饿也不行[!].
*GRA: +也不能随便偷吃是吧?
*CHI: 对#偷吃人家的饭饭吃食物是不对的.
*GRA: 对.

*GRA: 那我好饿呀#我是一只耳怎么办?
*CHI: 额呀还有一个.
*GRA: 还有一个啊.
*GRA: 我是个一只耳怎么办?
*GRA: 好了.
*CHI: 这个的.
*GRA: 好了.
*CHI: 你看小雪人下雪了.
*GRA: 哎小雪人挂上.
*CHI: 这个小雪人不能挂另一个.
*GRA: 一个# 你只能要一个#这个给嘟嘟一个.
*GRA: 你只能玩一个.
*CHI: 姥姥告诉你这个这个先#这个先放这吧.
*GRA: 先放在这个地方#先放到这个地方.
*GRA: 哎你放到这地方#这不就是圣诞树吗放这是.
*CHI: 姥姥.
*GRA: 嗯?
*CHI: 这这里是雪[!].
*GRA: 嗯.
*CHI: 就在里边是雪#这上边是雪.
*GRA: 少一个.
*CHI: 这个是团子.
*GRA: 它#雪这不是圣诞老人里面的吗?
*GRA: 懂了吧#这个#这个.
*GRA: 噢挂在圣诞树上的这是.
*GRA: 圣诞树已经没有了.
*GRA: 圣诞树已经已经那个扔了.
*CHI: 这个吧.
*GRA: 这个怎么挂?
*CHI: 这个不是用了吗#嗯.
*GRA: 这个是挂在那个树上的#树没有了.
*GRA: 还吃吗?
*CHI: 还吃.
*GRA: 嗯.

*GRA：我们可得赶快吃#不能叫一只耳就给吃掉了#一只耳饿@o的啊.

*GRA：一只耳可饿了.

*GRA：一只耳好几天都没有吃东西了#一只耳说我好饿呀#我想吃点糖糖的玉米行不行？

*CHI：不行.

*GRA：糖糖说不行#我说人糖糖不给你吃.

*CHI：对因为你光吃仓库里的东西#把我的孩子都饿死了.

*GRA：就是.

*CHI：哼.

*CHI：哼–:.

*GRA：你不是好人你是坏人.

*CHI：哼#你你#你你你这个笨蛋一只耳.

*GRA：哎.

*CHI：就是一个坏蛋一只耳.

*GRA：那么费事啊.

*GRA：没事啊.

*GRA：你穿不进去呀.

*CHI：姥姥.

*GRA：嗯？

*CHI：你看我从家里抠的瓶瓶.

*GRA：噢.

*GRA：这个不能#这个咽不下去#这个它塞到牙里去了.

*GRA：是不是？

*GRA：托儿所没吃过玉米是吧？

*GRA：吃过吗？

*EXP：www.

*GRA：www.

*GRA：www.

*GRA：www.

*GRA：www.

*CHI：那个那个三舅我吃不了了.

*GRA：三舅我吃不了了？

*GRA：那个三舅#你是三舅？

*CHI：嗯.

*GRA: 我是三舅啊?
*CHI: 三舅我吃不饱了.
*GRA: 你不吃了?
*CHI: 三舅不吃了.
*GRA: 哎三舅不吃了?
*GRA: 那你啃这边不行吗#你为什么那个没有核#没有肉的.
*GRA: 没有粒粒的你啃的.
*GRA: 三舅你今天中午#你想吃牛排吗?
*MOT: www.
*GRA: 嗯她是三舅.
*MOT: 谁是三舅?
*GRA: 你是三舅啊?
*GRA: 啊?
*CHI: 嗯–:.
*GRA: 啊?
*CHI: 我不是糖糖吗?
*GRA: 你不是说你是三舅#刚才你不是说三舅吃不了了吗.
*MOT: 你要吃不了就别吃了#一会还得喝绿豆汤#还得+/
*CHI: 不对我说#我说#我说你是三舅.
*GRA: 噢我是三舅啊.
*GRA: 我又没吃#我又没有东西吃.
*CHI: 那个三舅你吃吧#我不吃了.
*GRA: 好的来我吃.
*GRA: 谢谢你外甥.
*GRA: 谢谢你一只耳.
*GRA: 我好几天没有吃到饭了.
*CHI: 不用客气.
*GRA: 我好饿呀.
*CHI: 好饿就抓紧吃.
*GRA: 谢谢你救了我.
*GRA: 要不我就饿死了.
*GRA: 三舅你擦嘴吗#我去找一点纸.
*GRA: 三舅给外甥擦擦嘴行吧?
*CHI: 行.

*GRA: 等着#哈.

*GRA: 嗯.

*CHI: 哎#姥姥还有一个.

*GRA: 啊.

*GRA: 你喝水吧?

*CHI: 啊#这里还有一个还要抠下来.

*GRA: 喝点绿豆汤.

*GRA: 行.

*GRA: www.

*EXP: www.

*CHI: 姥姥又一个大皮.

*GRA: 大皮又一个?

*CHI: 相信我又一个大皮.

*GRA: 我看看.

*GRA: 使劲喝.

*GRA: 这是绿豆汤.

*CHI: 叻-:啊.

*GRA: 这可不是药#这是绿豆汤.

*GRA: 我今天早晨给你熬的.

*GRA: 你喝了你就没有鼻鼻了#你使劲喝你就没有鼻鼻了.

*GRA: 就没有鼻子渣渣了.

*GRA: 你搁一点糖吧#放一点糖吧.

*GRA: 放一点糖.

*CHI: 真难喝.

*GRA: 啊行#放一点糖.

*GRA: 我说放一点糖嘛#你妈嘛不行不让我放.

*MOT: 跑了小孩#上哪去#回来.

*GRA: 快去#快去快去快去#上你的床.

*MOT: 上这边坐好.

*GRA: 晃晃晃晃#晃着水过去#走走走走走.

*GRA: 走走走走走.

*MOT: 放糖就好喝了.

*GRA: 来来来来来#你看这回好喝了吧.

*CHI: 噔噔噔#噔噔.

*CHI: 哒哒哒#哒.
*GRA: 啊呀真好喝.
*CHI: 嘚嘚嘚#嘚嘚.
*GRA: 你快点弄弄你的马二扎.
*CHI: 不是马二扎.
*MOT: 是爱莎公主.
*CHI: 对是爱莎公主#不是那个马二扎.
*GRA: 啊呵呵.
*GRA: 来来喝水.
*GRA: 这回甜了吧你看#这回好喝了吧.
*GRA: 放糖了.
*GRA: 哎.
*GRA: 放到一个瓶子里#你今天就喝这个水就行了.
*CHI: 三舅真好喝.
*GRA: 噢.
*GRA: 你不谢谢三舅吗?
*CHI: 谢谢三舅.
*GRA: 啊好的.
*GRA: 哎呀#我的孩子都喝了.
*GRA: 哎呀喝了一大碗绿豆汤行了.
*GRA: 哎呀.
*GRA: www.
*CHI: 好饱呀.
*GRA: 嗯.
*CHI: 三舅好饱呀.
*GRA: www.
*CHI: 那个三舅好饱呀.
*GRA: www.
*CHI: 三舅好饱呀三舅.
*GRA: 好的.
*GRA: 好的外甥#你玩吧.
*GRA: 你想干什么外甥?
*CHI: 想+/
*GRA: 你想玩什么你就#积木你还没玩.

*GRA: 你#排积木吧我们.
*CHI: 我还要玩积木.
*GRA: 我们排积木吧.
*CHI: 三舅我们#我们玩个积木吧.
*GRA: 行.
*CHI: 三舅这是什么?
*GRA: 那是#魔方.
*MOT: 魔方你不会玩#得把那个颜色同一个颜色的全部放到一起.
*CHI: 我知道#快乐#我知道#快乐魔方.
*GRA: 对-:.
*MOT: 是的.
*GRA: 你说的很对.
*GRA: 你真是个好孩子.
*GRA: 姥姥都不知道是快乐魔方.
*CHI: 快乐+/
*CHI: +快乐#魔方.
*GRA: 就是#姥姥都不知道是快乐魔方.
*GRA: 你都知道是快乐魔方.
*CHI: 快乐魔方.
*GRA: 它为什么#它有红的绿的蓝的黄的呢?
*GRA: 它有几个颜色呢?
*CHI: one#two#three#four#five#six#seven#eight#nine.
*GRA: 是多少个?
*CHI: nine.
*GRA: 噢#10.
*CHI: 我都用英语数.
*GRA: 噢#英语数.
*CHI: one#two#three#four#five#six#seven#eight#nine#ten.
*GRA: 真棒10个.
*CHI: 不ten-:.
*GRA: ten啊ten就是10吧.
*CHI: 不是10.
*GRA: 你很+/
*CHI: ten-:.

*GRA: 嗯.
*CHI: 快乐魔方.
*GRA: 为什么颜色你为#哎这是什么颜色#你不是会说英语吗?
*GRA: 它叫它是什么来?
*CHI: green.
*GRA: 对-:这个颜色.
*CHI: 这个这个颜色叫red.
*GRA: 噢这是?
*CHI: yellow.
*GRA: 噢真棒#这是?
*CHI: 嗯.
*CHI: 妈妈.
*GRA: 嗯?
*CHI: 这个#妈妈.
*MOT: 嗯?
*CHI: 这是什么颜色的?
*MOT: 这个是orange.
*CHI: orange.
*GRA: 噢orange.
*MOT: 是和妈妈车子一样的颜色不是吗?
*CHI: 妈妈的车#妈妈的车也叫orange.
*GRA: 噢好的.
*CHI: orange不是橘子吗?
*MOT: 那你+/
*MOT: 是的#是橘子呀#就是橙色呀.
*GRA: 就是橙色.
*GRA: 它是一种颜色.
*MOT: 快坐下玩吧.
*CHI: blue.
*CHI: 哎姥姥#这个颜色叫blue.
*GRA: 噢blue.
*CHI: 我会我会盖积木.
*GRA: 好的盖吧.
*CHI: 那我盖城堡了哈.

*GRA: 嗯.

*CHI: 等一下.

*GRA: 好的.

*GRA: www.

*CHI: 看.

*CHI: 看姥姥.

*GRA: 嗯?

*CHI: 看姥姥#我盖的是#是啊+/

*GRA: 你要盖什么#你要给谁盖#给爱莎公主盖吗?

*GRA: 是不是?

*CHI: 这给阿莎公主太大了.

*GRA: 嗯.

*CHI: 姥姥当当.

*GRA: 哎吆开始吧.

*GRA: 叫谁进去住#我看我找一个小+/

*MOT: www.

*GRA: 再去找个小朋友安上.

*MOT: 哎找个那个#这回让那个积木玩吧#积木可以垒很高很高的#城堡.

*CHI: 这个啊?

*GRA: 嗯.

*GRA: 你为什么要戴#这个不行了可能.

*GRA: 你得这个地方两个地方再找上两个#一会再把它翻过来才行#要不它一会就歪了.

*CHI: 不会#嗯.

*GRA: 你看看要不.

*GRA: 我看你放上两个黄的吧这个地方.

*CHI: 咚-:.

*GRA: 哎吆.

*GRA: 那姥姥还没盖你就弄倒了把它.

*GRA: 咱从另盖吧.

*CHI: 好.

*GRA: 找一个结实的大柱子.

*CHI: 一个结实的木+/

*GRA: 木头柱子.

*CHI: 两+/
*CHI: 两个结实的木头柱子.
*GRA: 嗯.
*GRA: 找白色的#白色的.
*CHI: 嗯.
*GRA: 好了.
*GRA: 嗯.
*GRA: 找一个长的.
*GRA: 长的.
*CHI: 先把这个城堡给弄坏.
*GRA: 嗯.
*CHI: 哒哒.
*GRA: 行你继续向上盖吧#还没完#还没倒.
*CHI: 嗯.
*GRA: 嗯.
*GRA: 嗯-:.
*GRA: 嗯-:.
*CHI: 不要再盖了#不要再盖了.
*CHI: 好好#不要再盖了姥姥.
*GRA: 再放一个尖的去#xx怎么没有了.
*GRA: 啊-:.
*CHI: 看你弄的好事.
*GRA: 再另盖吧.
*CHI: 还是我盖吧.
*GRA: 那个太xx了#你你你找这个木质粗的.
*GRA: 底下#这个粗的盖.
*GRA: 嗯.
*GRA: 赶紧的赶紧的#看谁盖的好哈.
*GRA: 姥姥也盖一个.
*CHI: 哒哒我盖的好.
*GRA: 你盖这个太太#我这个我这个盖很多它都不歪的.
*GRA: 哎又少了一个那个.
*CHI: 去.
*GRA: 哎呀哎呀#哈哈哈哈哈.

*GRA：你太坏了吧.
*GRA：我们不跟你玩了#你太坏了你把我的楼#弄倒了.
*CHI：姥姥#但是你看我的多好看.
*GRA：哼哼哼哼.
*CHI：哼#我再另盖.
*CHI：哼我盖我自己的.
*GRA：我们每个人盖每个人的#谁也不要打搅谁.
*GRA：哎我找着一个顶.
*CHI：XXX.
*CHI：看我也找到一个顶.
*GRA：哎你也找到一个顶#我找到一个顶.
*CHI：看我找到一个这个.
*GRA：嗯.
*GRA：我们各人盖各人的哈.
*CHI：这是.
*CHI：还没盖好#你就盖完了吗?
*GRA：没有#我早离着来.
*GRA：早着来.
*CHI：我要盖高.
*GRA：嗯.
*GRA：哎嗯嗯.
*GRA：我刚才差点就歪了.
*CHI：这样平静的楼好吧?
*GRA：嗯.
*CHI：姥姥你看看我这样的楼行不行?
*CHI：看你这样不能不好了.
*GRA：嗯.
*CHI：姥姥我要盖两个楼.
*GRA：嗯。
*CHI：我还要盖3个楼.
*GRA：姥姥盖起来了.
*GRA：我行.
*CHI：我要盖3个楼.
*GRA：你没有我的高吆–:.

*CHI: 姥姥我要盖最高的.

*GRA: 行.

*GRA: 你拿下来这个.

*CHI: 好像没有积木了.

*GRA: 呢这不是积木.

*GRA: 可以重另盖了.

*GRA: 咚–:.

*GRA: 咚咚#咚咚咚.

*CHI: 哎.

*GRA: 不哒#不倒.

*CHI: 都怪你#哼.

*GRA: 我的积木多#因为你要很多积木它就不倒#你底下要很很很宽的柱子它就不倒.

*GRA: 我得#咱两个人盖一个吧#咱把积木都盖上行吧?

*CHI: 行.

*GRA: 那两个你盖吧.

*GRA: 嗯你不要你不要那样弄#你底下得打点地基得硬硬一点.

*GRA: 得用这四根柱子.

*GRA: 不能#不不能盖一块#得盖两块.

*GRA: 放两块.

*GRA: 它就不倒.

*GRA: 再放一块.

*GRA: 哎吆.

*GRA: 哎吆.

*MOT: 有大鼻吗?

*GRA: 哎吆哎吆哎吆.

*EXP: www.

*GRA: 张了一手大鼻子.

*GRA: 哎呀这回可#可哼#哼出来了#可舒服了.

*GRA: 哎呀可舒服了.

*GRA: 还有啊?

*MOT: www.

*GRA: www.

*GRA: www.

*MOT: www.

*CHI: 姥姥这个.

*CHI: 嗯?

*GRA: 嗯?

*MOT: 你可以垒很高很高.

*GRA: 哎呦不行不行#不行不行#你那个不行你那个不行#你那个.

*GRA: 你那个不行.

*CHI: 为什么?

*GRA: 我们要要垒结实一点#我们就有了很高.

*GRA: 我们要结实一点#横@huen着横@huen着横@huen着.

*GRA: 再找一块这样的木头放上.

*GRA: 还有吗#还有一块.

*CHI: 还有短的木头.

*CHI: 短的木头要不要?

*GRA: 嗯.

*CHI: 这个.

*GRA: 行.

*CHI: 这个木头要不要?

*GRA: 要.

*GRA: 得上这样的木头了#可以上这样的木头.

*GRA: 这个绿色的还没有.

*CHI: 还是我弄来.

*CHI: 哎呀把把它弄乱了.

*CHI: 你刚才都把画给弄乱了.

*CHI: 哼-:.

*GRA: 我给你找你垒呀.

*GRA: 对的.

*GRA: 一样是一样的.

*GRA: 好了.

*GRA: 哎呀这个可结实了再也不倒了.

*CHI: 妈妈.

*GRA: 哎.

*CHI: 看.

*MOT: 哎吆怎么这么高呀#还可以再往上垒一层.

*MOT: 你把底座打好然后上边就可以垒很高很高.

*GRA: 还有吗?

*GRA: 还少一块吆.

*GRA: 是不是少一块#嗯#把那个#那个拿过来#那个圆的.

*CHI: 这个啊?

*GRA: 嗯.

*GRA: 是不不不放它.

*GRA: 再放一个方的#方的太高了又.

*GRA: 不一样大.

*GRA: 将就将就#好了这样就.

*GRA: 嗯嗯这个还没放.

*GRA: 这还没放.

*CHI: 嗯?

*GRA: 两个两个.

*CHI: 是的.

*GRA: 放两个吧#两个.

*GRA: 放你这个吧#放你这个放你这个.

*GRA: 危险这个.

*GRA: 放这放这放横@huen着横@huen上边.

*GRA: 对#再放竖着的.

*GRA: 放.

*GRA: 你再放.

*GRA: 那这个这个这个这个.

*GRA: 竖着.

*GRA: 竖着竖着竖着竖着.

*GRA: 竖着高.

*GRA: 嗯再放一个横@huen的.

*GRA: 对呀#再放#再放上那两个没有了吗?

*CHI: 嗯#嗯.

*GRA: 就剩一个不行#那个不行那个还还#还有剩下积木#把积木都排上以后我们再.

*GRA: 哎竖着竖着.

*GRA: 嗯.

*GRA: 要歪了#要歪.

*GRA: 还有什么地方@nie3没放.

*GRA: 放小布丁吧.

*GRA: 还有吗#还有吗木头#没有了是吧?

*CHI: 还有#还有个#还有个#还有个.

*GRA: 还有个?

*GRA: 还有个#放上.

*GRA: 慢一点啊.

*GRA: 好了.

*CHI: 这是学校.

*GRA: 哎你学校去.

*CHI: 妈妈看呀.

*MOT: 哇这么高怎么办?

*GRA: 没有了#没有了#没有了#没有了#没有了.

*MOT: 怎么这么高呀你垒的.

*GRA: 两个小的你放在这儿.

*CHI: 这个这个是#这个是爸爸妈妈在路上的.

*GRA: 嗯-:.

*CHI: 你看被绑架了.

*GRA: 嗯.

*GRA: 先放这.

*GRA: 这是小孩子来上学.

*GRA: 呀呦啊.

*CHI: 都怪你.

*GRA: 我没动.

*CHI: 是它自己倒的吗?

*GRA: 啊它自己倒的#我们再落上吧.

*CHI: 嗯.

*GRA: 再开始#我们再开始.

*GRA: 插当中.

*GRA: 嗯#要歪了.

*GRA: 搁一个楼顶算了不弄了.

*MOT: 嗯嗯那么高哇.

*GRA: 嘘#嘘.

*GRA: 嘘#嘘#嘘.

*GRA: 嘘#嘘.
*CHI: 不算它.
*GRA: 你一吹它就倒.
*GRA: 使劲吹.
*GRA: 使劲.
*GRA: 趴在上边.
*CHI: 我我#我我不舍得.
*GRA: 你不舍得啊.
*CHI: 哎呀这个是小孩这是.
*GRA: 这是糖糖来上学了.
*GRA: 糖糖来上学了.
*GRA: 这是姥姥跟在后边.
*GRA: 哎姥姥跟在后边.
*GRA: 这是妈妈跟在后边.
*GRA: 没有了.
*GRA: 都用上了.
*CHI: 嗯这一个.
*GRA: 都用上吧#哎放这放这放这.
*CHI: 哎妈妈跟着.
*GRA: 你妈妈#糖糖去上学姥姥跟在后边#妈妈跟在这边.
*GRA: 黑猫警长来了.
*GRA: 假的黑猫警长来了.
*GRA: 用一个什么样的当假的黑猫警长?
*GRA: 谁当假的黑猫警长不让xx.
*GRA: 让它当假的黑猫警长吧.
*GRA: 一只耳来了.
*CHI: 这是#这是鸭子.
*GRA: 嗯哼.
*CHI: 嘎嘎#嘎.
*CHI: 嘎.
*CHI: 这是鸭子它自己.
*GRA: 这是谁?
*CHI: 它要吃了姥姥.
*GRA: 哎吆这是谁?

*GRA: 这是谁?

*CHI: 嗯嗯XX要吃妈妈了.

*GRA: 嗯嗯吃吧把妈妈吃掉吧.

*CHI: 看它要吃糖糖了.

*GRA: 不行可不能吃糖糖.

*CHI: 你看姥姥.

*GRA: 不行不行不行不行不行#那你不能吃糖糖#你不能吃我们的糖糖.

*GRA: 这是谁?

*CHI: 那我好饿了.

*GRA: 这是谁?

*CHI: 嗯姥姥那+/

*GRA: 它叫什么名字?

*CHI: 姥姥.

*GRA: 你说这个叫什么名字.

*CHI: 黑猫警长.

*GRA: 不是黑猫警长#好像是一个#什么XX好像是.

*GRA: 嗯呀哎呀我来了.

*GRA: 我来了大妖怪我来了#哎呀我来了我来了#我看看我们的蝎子还有吗.

*GRA: 我来了.

*CHI: 哎呀不行#不能把这个高楼给弄掉.

*GRA: 你别过去#你过去干什么?

*CHI: 嗯嗯嗯.

*CHI: 我去#你看我找到了.

*GRA: 你的小伙伴你的小鼓在那边#你可以打它.

*MOT: www.

*CHI: 姥姥两个.

*GRA: 坐这来打.

*GRA: 在这边打#那太凉了#你没穿鞋.

*CHI: 我坐上边#也不行嘛.

*MOT: 没开开.

*MOT: www.

*GRA: 快打呀.

*MOT: 你转过头来#上妈妈这边来打.

*GRA: 来#来.

*GRA: 你看姥姥给你放这上边.
*GRA: 在这上边打.
*MOT: 哎放这上边#嗯.
*GRA: 对#这样比较平.
*MOT: www.
*MOT: 开始.
*GRA: 这是谁的?
*MOT: www.
*GRA: www.
*GRA: www.
*MOT: www.
*MOT: www.
*GRA: www.
*MOT: www.
*MOT: www.
*GRA: 给你鞠躬了.
*GRA: 哎呦-:.
*GRA: 鞠躬了它给你#它给你鞠躬了.
*GRA: 你好你说.
*GRA: 哎会折腰来#你看糖糖#糖糖.
*GRA: 啊欧.
*CHI: 嗯.
*CHI: 我我不弹了.
*MOT: 嗯?
*CHI: 这个什么棍#这个是x行吧.
*GRA: 行.
*CHI: 姥姥你看你的袜子挂在这里行不行?
*GRA: 袜子挂在哪里?
*GRA: 给它穿上啊?
*CHI: 不-:不挂到这里.
*GRA: 挂在胳膊上?
*CHI: 嗯.
*GRA: 太沉了吧.
*GRA: 嗯?

*GRA: 它拿不动你看.

*GRA: 你看它拿不动.

*GRA: 哎挂上吧.

*CHI: 这个是#是#这是糖糖给你准备的礼物.

*GRA: 好的谢谢你.

*CHI: 呀姥姥XX一解开就吱–:.

*CHI: 那么这这#这#那样好不好?

*GRA: 行.

*CHI: 还有我送给你的小雪人哟.

*GRA: 行.

*GRA: 放在它的手上行了这回.

*GRA: 这回能挂住了.

*GRA: 好的.

*GRA: 我要去参加一个圣诞老爷爷的大会.

*GRA: 我要拿着小雪人去给圣诞老爷爷#给穷苦人的孩子#是不是?

*GRA: 谁要–:#发礼物了发礼物了.

*GRA: 来领礼物#你要吗小朋友?

*CHI: 呃嗯.

*GRA: 你要礼物吗?

*CHI: 呃我想一个给嘟嘟一个给我.

*GRA: 你想一个给嘟嘟一个给你?

*GRA: 你问爱莎公主她给你不给你.

*GRA: 你问你怎么跟爱莎公主说.

*CHI: 因为我不好#因为我很不好意思.

*GRA: 你有什么不好意思#你告诉她你说爱莎公主我想要你的小雪人可以吗#你就问她.

*CHI: 姥姥啊啊我有点不好意思.

*GRA: 有什么不好意思的.

*MOT: 她不是你姐姐嘛.

*GRA: 就是来.

*GRA: 来你要吧?

*GRA: 你要吗#你要吗小朋友?

*CHI: 呃–:.

*GRA: 你要我的小雪人吗?

*GRA: 吆#掉下去了.
*CHI: 嗯那个#那个我想一个给嘟嘟一个给我
*GRA: 行#你问爱莎公主可以吗.
*CHI: 可以吗?
*GRA: 你得管@gan3它叫什么来?
*CHI: 嗯–:啊#嗯–:.
*CHI: 不知道.
*GRA: 那你想一想你应该管@gan3它叫什么.
*GRA: 它管@gan3你叫什么.
*CHI: 呃呃呃.
*GRA: 它管@gan3你叫什么?
*CHI: 呃–:不知道.
*GRA: 它是你的什么?
*CHI: 她是我的姐姐.
*GRA: 姐姐?
*CHI: 嗯.
*GRA: 啊那你问你说爱莎公主姐姐.
*CHI: 嗯你可以可以给我两个小雪人吗?
*GRA: 可以#你给谁呢#那你为什么要两个呢?
*CHI: 因为我要给我嘟嘟一个.
*GRA: 嘟嘟是谁?
*CHI: 嘟嘟是我表哥呀.
*GRA: 表哥是谁家的?
*CHI: 表哥是姨妈家的.
*GRA: 啊表哥他好不好?
*CHI: 他好.
*GRA: 他喜欢你不喜欢你?
*CHI: 喜欢我.
*GRA: 啊.
*CHI: 他每次都叫我妹妹.
*GRA: 噢–:他妹#你叫他什么呢?
*CHI: 嗯我叫他嘟嘟哥哥.
*GRA: 噢–:他比你大多大?
*CHI: 我我四岁.

*GRA: 他多大?
*CHI: 他也四岁.
*GRA: 他四岁半.
*CHI: 对他四岁半.
*GRA: 对#要不你叫他哥哥嘛.
*GRA: 他的大名字叫什么?
*CHI: 叫杨骐志.
*GRA: 对#你的大名字叫什么?
*CHI: 高雨辰.
*GRA: 对-:你的小名呢?
*CHI: 额-:臭屁糖.
*GRA: 对-:还有什么呢?
*CHI: 那嘟嘟哥哥的小名呢?
*GRA: 嘟嘟哥哥就一个嘟嘟叫#再有一个叫二宝.
*CHI: 二宝.
*GRA: 大宝.
*CHI: 嗯二宝大宝.
*GRA: 对-:你的名字还有#你还要你继续说#你的小名.
*GRA: 你好几个.
*GRA: 有什么名字#数.
*GRA: 把那个小鼓关上吧.
*CHI: 关了.
*GRA: 关了.
*MOT: 啊已经关了啊.
*GRA: 你说你有几个小名字.
*CHI: 这个这个当嘟嘟+/.
*GRA: 行这个当嘟嘟.
*CHI: +呀这个当嘟嘟#这个当我.
*GRA: 行你们就来摇小雪人吧.
*GRA: 爱莎公主姐姐#你给我们一个小雪人行不行啊?
*GRA: 那你叫什么名字呢?
*CHI: 我给嘟嘟哥哥.
*GRA: 那你叫什么名字呢?
*CHI: 我叫嘟嘟.

*GRA: 好的.
*GRA: 你们为什么要小雪人呢?
*GRA: 小雪人是谁呀?
*GRA: 它叫什么名字?
*CHI: 这又掉一个.
*GRA: 它叫什么名字来?
*CHI: 糖糖捡起来了.
*GRA: 她要给#她要#她就是要给要给你了.
*GRA: 你不是要吗?
*GRA: 呢#放到你的小鼓棒上.
*CHI: 嗯.
*GRA: 放到你的小鼓棒上挑着.
*GRA: 呢嘟嘟是这个.
*GRA: 嘟嘟是这个.
*CHI: 我是这个.
*GRA: 爱莎公主你走吧#爱莎公主走了.
*GRA: 啾儿#啾儿#啾儿#啾儿#啾儿#啾儿#啾儿#啾儿.
*CHI: 啾#啊咦.
*GRA: 你摇一摇.
*GRA: 你摇一摇嗯.
*GRA: 开始#预备起.
*GRA: 啾儿#啾儿#啾儿#啾儿#啾儿#啾儿#啾儿#啾儿#啾儿#啾儿#啾儿#啾儿.
*GRA: 啾儿#啾儿#啾儿#啾儿#啾儿#啾儿#啾儿#啾儿#啾儿#啾儿#啾儿#哎吆.
*GRA: 哎呦好疼啊.
*CHI: 打仗.
*GRA: 哎呦哎呦呦.
*CHI: 咱们打仗不行吗?
*GRA: 行.
*CHI: 不行.
*CHI: 用用这个打仗.
*CHI: 嘁用这个打仗.
*GRA: 好打仗.
*GRA: 哎呦我打断了.
*GRA: 就没有东西敲小鼓了.

*GRA: 这是你爷爷给你买的小鼓棒.
*GRA: 这个叫#这个+/
*CHI: 快点#快点.
*GRA: +这叫鼓棒鼓棒#鼓棒.
*GRA: 哎呦呦呦呦呦你你你打断了#你再也没有东西敲小鼓了.
*CHI: 快点打我.
*GRA: 我把这#把这个打歪行吧?
*CHI: 不行.
*GRA: 把你#把这个姥姥打歪行吧?
*CHI: 不行.
*GRA: 糖糖妈妈.
*CHI: 不行.
*GRA: 糖糖?
*CHI: 不行.
*GRA: 哎呀那谁呢#我想打一个人#我想发泄一下.
*GRA: 你想发泄什么?
*CHI: 啊发泄摇摆.
*GRA: 我要呐喊#你呐喊吧.
*GRA: 呐喊是什么你知道吧.
*GRA: 啊–:.
*GRA: 你啊.
*CHI: 啊–:.
*CHI: knock.
*GRA: 对.
*CHI: 姥姥.
*GRA: 嗯?
*CHI: 我的小雪人呢?
*GRA: 啊这是掉了一个什么东西#这是什么?
*GRA: 这是什么东西?
*GRA: 啊#什么东西?
*CHI: 额呜.
*GRA: 是纯子吗?
*GRA: 是不是?
*GRA: 是一个什么东西?

*CHI: 嗖.
*CHI: 给扔了吧.
*GRA: 你扔到哪里去#是不是#是#是是不是一个螺丝?
*CHI: 是的.
*GRA: 嗯?
*CHI: 叫我扔到当中小小管道里去了.
*GRA: 哎吆你扔到小管道里去了?
*CHI: 嗯.
*GRA: 那怎么办?
*GRA: 我来找我们的万花筒看一看.
*GRA: 哎小的时候我们就没有万花筒#找一个玻璃弄得#不好#这个好.
*GRA: 变了多少种#一种#我看能变多少种哈.
*GRA: 两种#三种#四种#五种#六种#七种.
*GRA: 能变一万种吗这个?
*CHI: 能啊.
*GRA: 啊?
*GRA: 是不是能变一万种?
*CHI: 是的.
*CHI: 你看#变了吧?
*GRA: 你是#鲨鱼来了#鲨鱼小分队来了.
*GRA: 鲨鱼小分队这是.
*CHI: 海底小分队.
*GRA: 啊海底小分队这是.
*CHI: 海底小分队.
*CHI: 恐龙姐姐.
*CHI: 这是它的蛋.
*GRA: 嗯?
*GRA: 恐龙蛋?
*CHI: 嗯.
*CHI: 这是它的哥哥#这是它的妈妈.
*CHI: 和它的小恐龙.
*GRA: 噢.
*CHI: 嗯#它有几个兄弟#它有姐姐妈妈爸爸.
*GRA: 嗯–:.

*GRA: 还有一个恐龙蛋吗?
*CHI: 没有.
*GRA: 这是什么#这不是.
*GRA: 这不是个恐龙蛋.
*GRA: 就一个恐龙蛋#是你在那里买的对不对?
*CHI: 对就是我正在#买的那天#它在#它在吃树叶子.
*GRA: 噢.
*CHI: 小恐龙说爸爸我也想吃树叶-:.
*GRA: 噢-:原来如此-:.
*CHI: 因为龙都想吃树叶.
*GRA: 噢。
*CHI: 大树我够不到.
*GRA: 他两个人是一样#它跟它不一样.
*GRA: 这个和它一样吗?
*GRA: 它的蛋和它一样吗#你看看.
*CHI: 它的蛋不和它一样.
*CHI: 嗯-:+/
*GRA: 它的蛋和它一样吧?
*GRA: 蛋不是的吧?
*CHI: 你看.
*GRA: 蛋一样.
*CHI: 够不着.
*GRA: 它太矮了是吧.
*CHI: 对#树叶在这里.
*GRA: 嗯.
*CHI: 你看它多矮啊.
*CHI: 啊它是+/
*GRA: 嗯它是一个蛋#它刚孵出来.
*CHI: 嗯.
*GRA: 嗯.
*GRA: 这是什么?
*CHI: 这是金豆卡.
*GRA: 金豆卡?
*CHI: 这个是小鱼#这个是大王花.

*GRA: 噢.
*MOT: 噢大王花又找出来了#哎吆.
*CHI: 大王花和小鱼.
*MOT: www.
*GRA: 从哪里知道#从从哪里#大王花是什么你给姥姥说#姥姥不知道.
*GRA: 哎吆#这是什么?
*CHI: 这不是放硬币吗?
*GRA: 噢小汽车啊?
*GRA: 是小汽车吧?
*CHI: 金豆卡.
*CHI: 姥姥看见是金豆卡.
*CHI: 呜你看.
*CHI: 姥姥你说糖糖你#你找到小石头了吗.
*GRA: 糖糖你找到小石头了吗?
*CHI: 找到了.
*GRA: 这是个什么玩意#哎呀吓死姥姥了.
*CHI: 这海豹.
*GRA: 噢.
*GRA: 吓死姥姥了.
*CHI: 姥姥你看看#这额+/
*GRA: 哎还一个积木来.
*GRA: 积木要放到这边.
*GRA: 对#妈妈就高了一块.
*CHI: 那个姥姥.
*GRA: 那个积木呢?
*GRA: 这什么?
*CHI: 姥姥你说#姥姥你看#这个是金星螺.
*GRA: 噢#真+/
*CHI: 它能#它能把这个刺刺弄弄到你的嗓子里就死了.
*GRA: 奥–:.
*GRA: 死了怎么办姥姥?
*GRA: 谁看你.
*GRA: 嗯?
*CHI: 到时间了.

*MOT: 到时间了#就是呢.

*MOT: 现在是上午10点20#录像结束.

@End

第三节　录像及转写标准

一、临沂大学认知科学与语言学能研究基地“普通话儿童早期语言获得”录像标准

（一）频率

采集录像频率为每周一次，每次为1小时。

具体拍摄过程可以根据儿童及成人的身心健康状况等进行灵活安排。

（二）范式

录像开始要说明录像时间、地点、责任人、参与录像者。并且有“录像开始”及“录像结束”的提示语。

例如：

“现在是二零一四年六月八日上午九点十五分，XX和XX（录像者和对话者的姓名）在XX（宝宝姓名）家里录像，录像开始。”

“录像结束！”

（三）场景及选景

语言活动必须在保证亲子活动自然发起和维持的前提下进行，拍摄角度能够还原较完整的交际场景，尽量能够体现参与者的动作、表情和手势（而不仅仅是面部及嘴部），以及必要的道具（玩具、书等）等要素。

（四）对话

成人的语言输入和儿童自身的主动性都要兼顾。

二、临沂大学认知科学与语言学能研究基地“普通话儿童早期语言获得”转写标准

（一）转写基本要求

1. 转写软件

使用ELAN进行转写。ELAN软件是在视频和音频资源上创建的专业标注工具（ELAN is a professional tool for the creation of complex annotations on video and audio resources）。软件下载网址为https://tla.mpi.nl/tools/tla-tools/elan/。国际上很多心理学和语言学等专业领域的学者在对音视频进行处理时都使用该软件。

2. 文档命名

转写后输出的文档（后缀名.eaf）以及相应的视频（后缀名.mpg）、音频（后缀名.wav）以及之后用CLAN输出的文本（后缀名.cha）都命名为“视频编号_录像日期_儿童姓名的首字母缩写_年龄”，并且以上文件需要保存在同一个文件目录下，即这些文件的相对路径要一致。

例如：00003_20140122_SYC_1;10;29

3. 转写范围

儿童的语句，只要能听清楚的都需要转写。

儿童说外语，背诵诗歌，数数，唱歌等都需要转写，而且需要在exp这一层作出说明。

例如：00000_20131118_SYC_1;8;23

*CHI: +”小燕子#穿花衣.

%exp: CHI is singing.

成人之间的谈话，如果儿童有互动（包括言语回应或只是关注），成人的话需转写；如果儿童没有任何互动，成人之间的谈话无需转写，此时用www符号表示。

例如：00026_20140518_SYC_2;2;24

*CHI: 摔疼-:了.

*MOT: 啊#掉地下摔疼了.

*MOT: 而且小熊都脏了.

*MOT: www.

*FAT: www.

*MOT: 咱走这边.

%exp: MOT and FAT are talking about their daily business.

解释层

这一层用于详细说明说话人说话时的情景或者说话人的意图。设立这一层是为了便于我们理解说话人为何突然说出某句话。

例如：00002_20140112_SYC_1;10;19

*MOT: 用什么吹的啊?

*CHI: 用#吹风机.

*MOT: 嗯#用吹风机怎么[!]吹头发啊?

%exp: CHI is imitating.

*MOT: 这样啊.

注：建议EXPLANATION层最好和CHI层关联，即，CHI层可以有两个子层（附属层），一个是C-NT层，一个是EXPLAINATION层。C-NT用来做语法标注（不是严格

的语法标注系统，只是为方便查找而做的简要注释），EXPLANATION用来做场景描述。（如果将exp设为子层，就用小写字母表示）

4. 语句终结符号

语句终结符号是句号，感叹号和问号。

使用英文半角符号。

每个句子（包括完整句和非完整句）的句尾都有终结符号。陈述句用“.”，疑问句用“?”，感叹句用“!”。

（二）语句内特殊符号

1. 无法识别的内容

因说话者声音太小或者含混不清而导致转写者无法识别，用符号XXX/XX表示。一整句完全不清楚的要用XXX表示，如果一句话中既有不清楚的又有清楚的，不清楚的部分用XX表示。

例如：00000_20131118_SYC_1;8;23

*CHI：我得洗洗#被被.

*CHI：被被XX.

*CHI：我得洗洗.

*CHI：XXX.

2. 停顿

一个语句内如果有停顿，用#表示，较长的停顿用##表示。

例如：00016_20140310_SYC_2;0;13

*CHI：妈妈我还得滑滑##梯.

*MOT：哦#你还得滑滑梯.

句首常用的语气词，比如：“嗯，来，哦，哦哟，噢，哇，哇塞，哎，哎呀，哎哟”等等，如果没有停顿或者停顿时间很短，则用#表示，放于同一语句内。

例如：00016_20140310_SYC_2;0;13

*CHI：我拿着#球.

*MOT：咦#你拿着球干嘛?

如果以上这些语气词停顿时间较长，那么就要分句，从结构上分离。

例如：00018_20140325_SYC_2;1;0

*MOT：这是什么啊?

*MOT：嗯?

*CHI：长颈鹿.

*MOT：这个?

*CHI：大.

*MOT: 这个?

*CHI: 熊.

*MOT: 这个?

*CHI: 矮.

*MOT: 嗯?

*CHI: 这个矮.

句末的一些常用成分，比如：“对不对，对吗，是不是，是吗，好不好，好吗，行不行，行吗”等等。如果语流上没有停顿，就放在一个语句内；如果停顿时间较长，则需要分句。

例如：00019_20140330_SYC_2;1;5

*MOT: 咱们去你小屋里玩好不好?

*CHI: 好.

*MOT: 哇#好黑哟!

*MOT: 我要开灯咯.

*CHI: 啊–:.

注：1）停顿时是否分句的基本原则：结构压倒停顿。如果停顿后的成分自身可以独立成句，按分句处理；如果停顿后的成分自身不可独立成句，此时取决于停顿。没有停顿时，就处理成一个语句；有停顿时，按分句处理。2）“嗯”的两种情况：说话人思考时所说的“嗯”，常常带拖长音，此时的“嗯”没有语义，不分句；如果“嗯”表示断言，要分句，此时停顿与否不起作用。

3. 语音拉长

当说话者在某个词素上语音拉长，用–:符号表示。

例如：00000_20131118_SYC_1;8;23

*MOT: 那个地方有蚊子嘛?

*CHI: 有–:.

4. 打断

当另一说话人插话时，造成当前说话人语句不完整，用+/符号表示。

例如：00026_20140518_SYC_2;2;24

*MOT: 你坐在这上面.

*MOT: 妈妈帮你+/.

*CHI: 好呀.

*MOT: +穿上鞋鞋.

当说话人由于自己的原因（转移注意力或者突然插入另一话题），造成当前语句不完整，用+//标记。

如果说话人有自我补全，自我补全句子的开头用+标记；

如果说话人没有自我补全，则无需使用任何特殊符号。

例如：00013_20140222_SYC_1;11;27

*CHI：妈妈#妈妈给嘟嘟+//.

*CHI：妈妈.

*CHI：我要#踢球.

如果被打断后，当前说话人自我补全，用+表示。

例如：00026_20140518_SYC_2;2;24

*MOT：嗯#遇到井盖+/.

*FAT：你也会掉到里面去的.

*MOT：+遇到井盖要绕开走.

如果语句中断后由另一说话人补全，用++表示。

例如：00026_20140518_SYC_2;2;24

*MOT：啊#等爷爷+//.

*FAT：++今天没有爷爷擦.

*FAT：有爷爷擦的话你就可以滑.

5. 引用

在读故事、背诗、唱歌、模仿成人的话等活动中，会有大量的直接引用，用+"表示。

儿童在唱歌或者背诵诗歌时，通常出现好多个语句，转写时需要将这些语句切分成一个个独立的语句。每一个独立语句的句首都要使用+" 符号。同时，在解释层对唱歌或背诗的第一句和最后一句略作说明。

例如：00015_20140225_SYC_2;0;0

*MOT：这个你给妈妈讲.

*MOT：你会讲的.

*CHI：+"找呀找呀找朋友.

%exp：CHI begins to sing.

*CHI：+"找到一个好朋友.

*CHI：+"敬个礼呀握握手.

*CHI：+"我们都是好朋友.

%exp：CHI ends singing.

当儿童复述故事书中的某句话时，需要在句首使用+" 符号。

例如：00015_20140225_SYC_2;0;0

*CHI：+"小松鼠睡觉了.

*CHI: +"小老鼠睡觉了.

*CHI: +"小兔兔XX.

当成人要求儿童复述成人说过的某句话或者某个词，此时既需要在儿童复述部分的开头使用+"符号，也需要在成人话语的复述内容之前用+"符号，用来表示复述的区域。

例如：00002_20140112_SYC_1;10;19

*MOT: 嘟嘟#你和它拜拜.

*MOT: 你说+"录像结束.

*CHI: +"拜拜!

*CHI: 录像结#束.

注：尽管在做句法分析时，需要剔除儿童完全模仿的语句，但是考虑到儿童完全模仿与自我产出的界限不清，我们在转写时不区分这二者，统一用+"符号表示出现了引用的现象。引用材料是属于完全模仿还是属于儿童自我产出，由研究者在做句法分析时自行判断。

如果引用的部分是单词或者短语的元语言特征，比如：引用书名，则用[“]表示。

例如：00015_20140225_SYC_2;0;0

*MOT: 嘟嘟#我们来一起讲讲听#好吧?

*CHI: 好.

*MOT: <我#会#穿#短#裤#啦>[“].

6. 重复

当说话者一口气将一个或者同一组词语毫无变化地说上好几遍，视为一个语句，用[.]隔开。

例如：00016_20140310_SYC_2;0;13

*CHI: 结束[.]结束[.]结束[.]结束[.]结束[.].

*MOT: 现在还不能录像结束呢.

*CHI: 录像结束.

*MOT: 不到时间呢.

如果这些词语之间间隔时间较长，则视为一个个独立的句子，不需特殊标记。

例如：00106_20121020_WYF_2;1;20

*CHI: 妈妈不看电视.

*CHI: 妈妈不看电视.

7. 语句回述（语言不流利）

不加修改的回述

在同一个语句内，说话者通常会重复其中的一些单词，用[/]表示。

当回述前一个词时，不用尖括号；如果回述的内容多于一个词，用<>标出。<>中的材料与[/]后的内容保持一致。

例如：00016_20140310_SYC_2;0;13

*CHI：咱们[/]咱们呦<这样这样>[/]这样吧？

*MOT：啊？

*CHI：嗯去别样吧？

*MOT：别样？

如果原来说的内容和回述的内容之间有停顿或者补白（fillers），回述符号[/]与停顿符号#结合使用。

例如：00000_20131118_SYC_1;8;23

*CHI：叫妈妈#<妈妈藏>[/]妈妈藏猫猫.↑（箭头↑表示升调）

如果不加修改的回述连续发生多次，把重复的内容都转写出来。

例如：00000_20131118_SYC_1;8;23

*MOT：哦#嘟嘟你是不是在找另一个鼓槌啊？

*CHI：我再xx一个.

*CHI：<我我>[/]我不要这个.

*CHI：要这个.

有修改的回述

当说话说重复时，改变了句法却保持原意，用[//]表示。

例如：00017_20140319_SYC_2;0;22

*CHI：爸爸给我#<给把给> [/]<给把>[//]给小蘑菇灯搁上电池.

（三）副语言材料

1. 咳嗽、发笑、喊叫或用手指

说话人说话时可能伴随一些动作，这些可以用方括号、=!和空格表示，之后是描述事件的文本，有交际作用的动作在exp层用英文描述。

例如：

*CHI：我不吃！[= !cries]

只有动作或表情没有话语时，可以转为0。

例如：

*CHI：0[= ! shaking head]

2. 重音　[!]

如果前一个单词是重音，可以不用尖括号；

例如：00013_20140222_SYC_1;11;27

*MOT: 这个小鸡前边有两[!]颗彩蛋.

如果一个字符串都是重音，则用<>表示重音的范围。

例如：00002_20140112_SYC_1;10;19

*MOT: 这是什么呀?

*CHI: 这是<项–:链>[!].

*MOT: 这是<拉链>[!], 不是项链.

3. 机器说话

电脑、音乐鼓、点读笔等机器的说话声音，有交际作用的说话声需转写，并且在解释层exp转写。没有交际作用的机器说话声无需转写。

注：拼音的使用：听得清但是不知所云或者找不到合适汉字的发音可以用拼音在解释层exp转写，格式为@bing4，最后的阿拉伯数字表示声调。

例如：

*CHI: 宝宝吃.

%exp: 吃@qi1.

*CHI: 我又摔倒了.

%exp: 摔@ka3.

参考文献

[1] 韩进之:《教育心理学纲要》,人民教育出版社2003年版。

[2] 韩礼德:《婴幼儿的语言》,北京大学出版社2007年版。

[3] 胡明扬:《北京话的语气助词和叹词——北京话初探》,商务印书馆1987年版。

[4] 胡裕树:《现代汉语》,上海教育出版社1991年版。

[5] 胡壮麟主编:《语言学教程》,北京大学出版社2016年版。

[6] 黄伯荣、廖序东:《现代汉语(下册)》,高等教育出版社1991年版。

[7] 孔令达等:《汉语儿童实词习得研究》,安徽大学出版社2004年版。

[8] 黎锦熙:《新著国语文法》,湖南教育出版社1998年版。

[9] 李晓琪主编:《现代汉语虚词手册》,北京大学出版社2003年版。

[10] 李宇明:《儿童语言的发展》,华中师范大学出版社2004年版。

[11] 李宇明、陈前端:《语言的理解与发生——儿童问句系统的理解与发生的比较》,华中师范大学出版社1998年版。

[12] 刘丹青:《语法调查研究手册(第二版)》,上海教育出版社2017年版。

[13] 刘金花:《儿童发展心理学》,华东师范大学出版社1997年版。

[14] 彭利贞:《现代汉语情态研究》,中国社会科学出版社2007年版。

[15] 吕叔湘:《中国文法要略》,商务印书馆1982年版。

[16] 吕叔湘:《现代汉语八百词》,商务印书馆1980年版。

[17] 马建忠:《马氏文通》,商务印书馆2010年版。

[18] 齐沪扬:《语气词和语气系统》,安徽教育出版社2002年版。

[19] 屈承熹:《汉语篇章语法》,北京语言文化大学出版社2006年版。

[20] 邵敬敏:《现代汉语疑问句研究》,华东师范大学出版社1996年版。

[21] 孙汝建:《语气和口气研究》,中国文联出版社1999年版。

[22] 唐文:《权力·死亡·荒诞——对约瑟夫·海勒黑色幽默小说的阐释》,上海译文出版社2016年版。

[23] 徐晶凝:《现代汉语话语情态研究》,昆仑出版社2008年版。

[24] 徐玉敏:《当代汉语学习词典》,北京语言大学出版社2005年版。

[25] 张笛:《汉语儿童句末语气词获得研究》,新华出版社2019年版。

[26] 赵元任:《汉语口语语法》,商务印书馆1979年版。

[27] 赵元任：《国语语法——中国话的文法》，学海出版社1981年版。
[28] 朱德熙：《语法讲义》，商务印书馆1982年版。
[29] 白丽梅、豆婷婷：《UAM Corpus Tool在英语新闻评论语篇分析中的应用——以〈卫报〉中的新闻评论为例》，载《洛阳师范学院学报》，2014年第8期。
[30] 白学军：《国外对儿童自我言语研究的新进展》，载《心理发展与教育》，1990年第1期。
[31] 蔡蓓瑛、孔克勤：《自闭症儿童行为评定与社会认知发展的研究》，载《心理科学》，2000年第3期。
[32] 曹逢甫：《华语虚字的研究与教学——以“呢”为例》，第六届世界华语文教学研讨会会议论文，2000年12月。
[33] 曹梦露、龚文进、汤永隆：《旁观者非言语线索对幼儿选择性信任的影响》，载《中国临床心理学杂志》，2012年第5期。
[34] 车翰博：《基于亲社会特质的4—5岁幼儿选择性信任判断的发展特点》，辽宁师范大学硕士论文，2014年。
[35] 陈萍、许政援：《儿童最初词汇的习得及其过程》，载《心理学报》，1993年第2期。
[36] 陈新仁：《国外儿童语用发展研究述评》，载《外语与外语教学》，2000年第12期。
[37] 陈依菲、韩戈玲：《幼儿间接请求言语行为的个案研究》，载《上海理工大学学报(社会科学版)》，2013年第1期。
[38] 程璐璐、尚晓明：《学前儿童语用交流行为的发展特点与取效行为理论》，载《学前教育研究》，2017年第3期。
[39] 程璐璐、尚晓明：《儿童语用发展取效行为的语力探讨——以认知语言学为视角》，载《学术交流》，2017年第5期。
[40] 程艳：《提示意图与提示结果对4—6岁儿童选择性信任的影响》，江西师范大学硕士论文，2015年。
[41] 储诚志：《语气词语气意义的分析问题——以“啊”为例》，载《语言教学与研究》，1994年第4期。
[42] 邓思颖：《汉语句类和语气的句法分析》，载《汉语学报》，2010年第1期。
[43] 丁雪辰、桑标、潘婷婷：《幼儿选择性信任与心理理论和执行功能的关联：来自追踪研究的证据》，载《心理科学》，2017年第5期。
[44] 董芳良：《现代汉语祈使句的句末助词“吧”语用功能探析》，载《华文教学与研究》，2016年第1期。
[45] 杜建鑫：《现代汉语常用语气词的用法及功能研究》，中国人民大学博士论文，2011年。
[46] 杜氏李：《现代汉语数词文化内涵研究》，吉林大学硕士论文，2014年。

[47] 盖笑松、方富熹、黎兵:《儿童反语理解的心理机制》,载《心理科学进展》,2003年第5期。
[48] 高仪贞:《现代汉语数量表达的相关问题研究》,上海师范大学博士论文,2017年。
[49] 顾曰国:《John Searle的言语行为理论与心智哲学》,载《国外语言学》,1994年第2期。
[50] 丰竞:《现代汉语心理动词的语义分析》,载《淮北煤炭师范学院学报(哲学社会科学版)》,2003年第1期。
[51] 郭红:《汉语传信语气词"嘛"和"呗"》,载《首都师范大学学报(社会科学版)》,2012年第5期。
[52] 郭秀丽:《汉语儿童早期疑问句获得研究》,中国社会科学院博士论文,2016年。
[53] 韩琳琳、张静、陈英和:《2—5岁儿童的数概念发展水平——理解者水平理论的视角》,载《心理科学》,2013年第5期。
[54] 何文彬:《现代汉语语气助词基本功能研究综述》,载《乐山师范学院学报》,2010年第8期。
[55] 贺阳:《试论汉语书面语的语气系统》,载《中国人民大学学报》,1992年第5期。
[56] 贺阳、刘芳:《北京话甚低语调及其功能——兼论语气词"啊""吧"的性质》,载《语文研究》,2016年第3期。
[57] 胡海丽:《语用标记关联模式下中美父母拒绝子女请求策略的差异》,四川外国语大学硕士论文,2013年。
[58] 黄宇、彭小红:《儿童违反会话合作原则的原因分析》,载《湖南科技学院学报》,2010年第7期。
[59] 贾红霞:《认知理论的儿童语言习得探索》,载《北京广播电视大学学报》,2011年第2期。
[60] 焦青:《10例孤独症儿童心理推测能力的测试分析》,载《中国心理卫生杂志》,2001年第1期。
[61] 姜占好、刘萍、康佳萍:《国外儿童语用习得研究述评(2000−2016)》,载《外语教学》,2017年第5期。
[62] 劲松:《北京话的语气和语调》,载《中国语文》,1992年第2期。
[63] 金耀华:《当代北京话语气词"啊"在前鼻音韵尾后音变的调查》,载《语言教学与研究》,2011年第2期。
[64] 康武、邝湖娇、兰天琪:《学龄前儿童数词理解的研究回顾及展望》,载《教育教学论坛》,2014年第49期。
[65] 孔俊文:《汉语儿童和家长对话中的指示言语行为》,载《海外英语》,2011年第9期。

[66] 孔令达：《儿童语言中的述补结构》，载《世界汉语教学》，1994年第3期。
[67] 孔令达、陈长辉：《儿童语言中代词发展的顺序及其理论解释》，载《语言文字应用》，1999年第2期。
[68] 孔令达、李慧敏：《儿童语言中“了”字句语用功能的发展》，载《中国语言学报》，2008年第13期。
[69] 匡芳涛：《儿童语言习得相关理论述评》，载《学前教育研究》，2010年第5期。
[70] 赖小林：《2—4岁儿童对“大”“小”空间形容词词义掌握的研究》，载《心理科学》，2005年第4期。
[71] 李慧敏：《儿童语言中的语气词》，安徽师范大学硕士论文，2005年。
[72] 李慧敏：《儿童语言中“的”字句语用功能的发展——兼谈与“了”字句的比较》，载《语言教学与研究》，2012年第3期。
[73] 李佳礼：《对2—3岁儿童自言自语现象的研究》，东北师范大学硕士论文，2009年。
[74] 李军华、李长华：《“呢”字句的情态类型与语气词“呢”的情态意义考察》，载《语言研究》，2010年第3期。
[75] 李珂：《儿童语言学习理论的发展及其影响因素与策略》，载《学前教育研究》，2016年第7期。
[76] 李庆功、徐芬、周小梅：《3—5岁儿童基于能力特质进行信任判断的策略及其发展》，载《心理发展与教育》，2012年第2期。
[77] 李庆功、徐芬、周小梅：《3—4岁儿童基于可信度特质的信任判断：特质间差异和年龄特点》，载《心理发展与教育》，2012年第4期。
[78] 李小军：《建国以来汉语语气词研究述评》，载《唐山师范学院学报》，2007年第6期。
[79] 李小军：《语气词“好了”的话语功能》，载《世界汉语教学》，2009年第4期。
[80] 李晓君：《儿童对请求言语行为理解的比较研究》，东北师范大学硕士论文，2016年。
[81] 李卓：《皮亚杰儿童认知发展理论与儿童语言习得》，载《山西广播电视大学学报》，2007年第3期。
[82] 李中国：《教师培养供给侧的问题解析与破解路径》，载《国家教育行政学院学报》，2020年第1期。
[83] 李中国、黎兴成：《我国高校教师教学研究的热点状况分析——基于2005-2015年CNKI文献的共词分析》，载《教育研究》，2015年第12期。
[84] 林佳颖：《总体印象模型对3—5岁儿童选择性信任的影响》，鲁东大学硕士论文，2017年。
[85] 刘梦婷：《汉语语气词“呢、吗、吧、啊”的功能分析及其对外汉语教学研究》，吉

林大学硕士论文，2014年。
[86] 刘森林：《学龄前儿童语用发展状况实证研究——聚焦言语行为》，载《外语研究》，2007年第5期。
[87] 刘雅娟：《儿童语气词“吗”与“吧”的习得研究》，首都师范大学硕士论文，2009年。
[88] 刘颖：《汉语儿童早起语言发展个案研究》，山东大学博士论文，2009年。
[89] 刘召兴：《汉语多义动词的义项习得过程研究》，北京语言文化大学硕士论文，2001年。
[90] 陆芳：《亲子情绪谈话与儿童情绪社会化的发展》，载《学前教育研究》，2017年第1期。
[91] 陆俭明：《关于现代汉语里的疑问语气词》，载《中国语文》，1984年第5期。
[92] 罗黎丽：《五周岁汉语儿童的言语交际研究》，暨南大学博士论文，2012年。
[93] 罗贤：《儿童对反语的意义理解及功能知觉》，华东师范大学硕士论文，2007年。
[94] 马夏霞：《学前儿童怀疑能力发展研究》，南京师范大学硕士论文，2013年。
[95] 牟爱鹏、周树江：《论比喻性语言译文的意义隐含与明示》，载《鲁东大学学报》，2008年第4期。
[96] 马道山：《语气词“呢”在疑问句中是疑问算子吗？》，载《中国外语》，2006年第2期。
[97] 马丽雳：《幼儿假装游戏、心理状态术语的应用与心理理论的发展》，华东师范大学硕士论文，2002年。
[98] 彭鹭鹭：《儿童句法结构的获得》，中国社会科学院博士论文，2016年。
[99] 彭小红、张思：《儿童违反会话合作原则的语用效果分析》，载《鲁东大学学报(哲学社会科学版)》，2012年第6期。
[100] 彭小红、白小芳：《论早期说汉语儿童的叠词现象》，载《西安交通大学学报(社会科学版)》，2014年第6期。
[101] 彭小红、曾平凤：《说汉语儿童话轮转换语用策略分析》，载《铜仁学院学报》，2014年第6期。
[102] 钱益军：《儿童语言中的语气词》，安徽师范大学硕士论文，2003年。
[103] 冉永平：《冲突性话语趋异取向的语用分析》，载《现代外语》，2010年第2期。
[104] 任太艳：《儿童中期和成人心理动词发展结构与差异研究》，华东师范大学硕士论文，2006年。
[105] 尚晓明：《话语建构与透视研究——以儿童言语行为理论为例》，载《黑龙江社会科学》，2011年第5期。
[106] 尚晓明：《言语行为理论与实践——以中英学龄前儿童语用发展语料为例》，载

《外语学刊》，2013年第2期。
[107] 尚晓明：《儿童语用发展知识图式探究》，载《外语电化教学》，2016年第4期。
[108] 申莉：《从认知角度看语气词“呢”的功能及用法》，载《语文研究》，2009年第1期。
[109] 石定栩：《汉语的语气和句末助词》，载《语言学论丛》，2009年第39期。
[110] 宋晓琳：《句末语气词BA和MA习得的个案研究》，天津师范大学硕士论文，2013年。
[111] 孙汝建：《语气词口气意义的分析方法》，载《南通大学学报(社会科学版)》，2006年第5期。
[112] 唐正大：《了然于心·预料之中·出乎预料——句末“的”的语气词功能及其与“呢”之比较》，载《东方语言学》，2008年第2期。
[113] 唐志东、李宇明：《汉族儿童“吗”“吧”问句的发展》，载《语言研究》，1989年第2期。
[114] 陶宇：《汉语句末助词的儿童语言习得》，清华大学硕士论文，2012年。
[115] 王葆华：《儿童语素习得顺序及相关解释》，载《山东外语教学》，2000年第4期。
[116] 王彩霞：《3-4年级语文听说能力测验的初步编制》，湖南师范大学硕士论文，2008年。
[117] 王分分、祝卓宏：《言语行为的关系框架理论视角：孤独症谱系障碍的新探索》，载《心理科学进展》，2017年第8期。
[118] 王红斌：《现代汉语心理动词的范围和类别》，载《晋东南师范专科学校学报》，2002年第4期。
[119] 王红厂：《近十年心理动词研究综述》，载《青海师专学报》，2004年第3期。
[120] 王沛洁：《儿童会话中重复现象的研究》，湖南工业大学硕士论文，2011年。
[121] 王淑娟、张婍、祝卓宏：《关系框架理论：接纳与承诺治疗的理论基础（述评）》，载《中国心理卫生杂志》，2012年第11期。
[122] 王为：《句末语气词“呢”的功能分析》，北京语言大学硕士论文，2007年。
[123] 王颖：《3—5岁幼儿选择性信任能力的发展机制》，沈阳师范大学硕士论文，2012年。
[124] 王珏：《现代汉语语气词的界定标准》，载《徐州师范大学学报(哲学社会科学版)》，2012年第6期。
[125] 王珏：《汉语双标句符假设试说》，载《汉语学习》，2013年第1期。
[126] 王珏、毕燕娟：《语气词“啊”三分及其形式与功能》，载《外国语》，2017年第2期。
[127] 文雅丽：《现代汉语心理动词研究》，北京语言大学博士论文，2007年。

[128] 武果、吕文华：《"了2"句句型场试析》，载《世界汉语教学》，1998年第2期。
[129] 吴海英：《中外数词文化含义研究综述》，载《牡丹江大学学报》，2008年第9期。
[130] 武宜金、王晓燕：《儿童会话非优选应答语用策略研究》，载《大理学院学报》，2010年第9期。
[131] 吴伟：《小学儿童反语理解能力的发展研究》，苏州大学硕士论文，2013年。
[132] 谢翠萍：《儿童早期语言发展的个体发生个案研究——复杂自适应系统理论视角》，西南大学博士论文，2015年。
[133] 谢楠、张笛：《汉语儿童多模态口语语料库建设研究》，载《外语电化教学》，2017年第177期。
[134] 谢群：《语气词的主观意义研究》，载《外语学刊》，2005年第6期。
[135] 谢书书、张积家：《3—6岁儿童对言语行为的元认知发展》，载《心理学探新》，2007年第4期。
[136] 徐杰、王娟：《"句子类型标示假定"与疑问语气的句法标示》，载《语言科学》，2012年第3期。
[137] 徐睿、王文斌：《心理动词也析》，载《宁波大学学报(人文科学版)》，2005第3期。
[138] 许政援：《三岁前儿童语言发展的研究和有关的理论问题》，载《心理发展与教育》，1996年第3期。
[139] 许政援、郭小朝：《儿童语言发展的运用与句子的建构》，载《心理科学》，1991第6期。
[140] 杨金焕：《4—5岁儿童会话能力研究》，南京师范大学硕士论文，2016年。
[141] 杨先明：《0—5岁汉语儿童语言发展的认知研究》，武汉大学博士论文，2010年。
[142] 杨小璐、肖丹：《现代汉语把字句习得的个案研究》，载《当代语言学》，2008年第3期。
[143] 杨永龙：《句尾语气词"吗"的语法化过程》，载《语言科学》，2003年第1期。
[144] 杨永忠：《语气范畴标记的句法地位》，载《现代外语》，2011年第4期。
[145] 曾洁、刘媛：《妈妈语的动态调整与儿童语言发展的关系》，载《学前教育研究》，2017第3期。
[146] 张笛：《普通话儿童与家长的言语行为策略——以句末含有语气词"吧"的对话片段为例》，载《学前教育研究》，2018年第8期。
[147] 张笛：《普通话儿童语气词"啊"的语用习得研究》，载《语言文字应用》，2019年第2期。
[148] 张格：《学龄前儿童不满言语行为研究》，浙江师范大学硕士论文，2016年。
[149] 张兰萍、周晖：《幼儿基于信息判断的选择性信任的发展——其持续性及与人

际信任的关系》，载《心理发展与教育》，2009年第3期。

[150] 张兰萍、周晖：《幼儿基于信息判断的选择性信任——与亲社会行为及决策判断的关系》，载《心理发展与教育》，2011年第1期。

[151] 张积家、张萌：《他人期望类型对6—10岁儿童不同类型反语认知的影响》，载《心理学报》，2005年第6期。

[152] 张萌、张积家：《语调在6—10岁儿童对不同类型反语认知中的作用》，载《心理学报》，2006年第2期。

[153] 张小峰：《现代汉语语气词“吧”、“呢”、“啊”的话语功能研究》，上海师范大学博士论文，2003年。

[154] 张小峰：《“呢”问句的话语功能及语气词“呢”的隐现》，载《南京师大学报(社会科学版)》，2017年第6期。

[155] 张耀华、朱莉琪：《认识性信任：学龄前儿童的选择性学习》，载《心理科学进展》，2014年第1期。

[156] 赵春利、石定栩：《语气、情态与句子功能类型》，载《外语教学与研究》，2011年第4期。

[157] 赵春利、孙丽：《句末助词“吧”的分布验证与语义提取》，载《中国语文》，2015年第2期。

[158] 赵果：《初级阶段美国留学生“吗”字是非问句的习得》，载《世界汉语教学》，2003年第1期。

[159] 赵英玲：《冲突话语分析》，载《外语学刊》，2004年第5期。

[160] 周彩莲：《现代汉语数词研究》，黑龙江大学硕士论文，2002年。

[161] 周海丽、周晖：《4—7岁儿童基于不同可信度特质和情景的信任判断》，载《心理发展与教育》，2014年第6期。

[162] 周兢：《从前语言到语言转换阶段的语言运用能力发展——3岁前汉语儿童语用交流行为习得的研究》，载《心理科学》，2006年第6期。

[163] 周士宏：《“吧”的意义、功能再议》，载《语言教学与研究》，2009年第2期。

[164] 周小婕：《数词研究综述》，江西省语言学会2006年年会会议论文，2006年12月。

[165] 周欣：《儿童数概念发展研究的新进展》，载《学前教育研究》，2003年第1期。

[166] Austin, J. L., *How to Do Things with Words*, Oxford: Clarendon Press, 1962.

[167] Bialystock, E., *Communication Strategies: A Psychological Analysis of Second Language Use*, Massachusetts Oxford: Basil Blackwell, 1990.

[168] Blakemore, D., *Semantic Constraints on Relevance*, Oxford: Blackwell, 1987.

[169] EdwardFinegan, *Language its Structure and Use (Fourth Edition),* Beijing: Beijing University Press, 2005.

[170] Gleason, J. B., & Ratner, N. B., *Language Development*, New York: Pearson, 2016.

[171] Grice, H. P., *Studies in the Ways of Words*, Cambridge, MA: Harvard University Press, 1989.

[172] Jean Stilwell Peccei., *Pragmatics*, Beijing: Foreign Language Teaching and Research Press, 2000.

[173] Leech, G., *Principles of Pragmatics,* London: Longman, 1983.

[174] MacWhinney, B., *The CHILDS Project: Tool for Analyzing Talk (3rd Edition),* Mahwah, NJ: Lawrence Erlbaum Associate, 2000.

[175] Mey, J., *Pragmatics: An Introduction*, Oxford: Blackwell, 2001.

[176] Ninio, A., & Snow, C. E., *Pragmatic Development*, Boulder, CO: Westview Press, 1996.

[177] Searle, J. R., *Expression and Meaning*, Cambridge: CPU, 1979.

[178] Sperber, D., & Wilson, D., *Relevance: Communication and Cognition,* Oxford: Blackwell, 1986.

[179] Tomasello, M.,*Constructing A Language: A Usage-Based Theory of Language Acquisition*, Cambridge: Harvard University, 2003.

[180] Ungerer, F., & Schmid, H. J., *An Introduction to Cognitive Linguistic*, London: Longman, 2007.

[181] Verschueren, J., *Understanding Pragmatics*, London: Edward Arnold, 1999.

[182] VibianCook, &Mark Newson., *Chomsky's Universal Grammar: An Introduction*, Beijing: Foreign Language Teaching and Research Press, 2000.

[183] Yip, M., *Tone*, Cambridge: Cambridge University Press, 2002.

[184] Zhou Jing, *Pragmatic Development of Mandarin-Speaking Children,* Nanjing: Nanjing Normal University Press, 2002.

[185] Ackerman, B. P., "Contextual Integration and Utterance Interpretation: The Ability of Children and Adults to Interpret Sarcastic Utterances", *Child Development*, Vol. 53, No. 4, 1982, pp. 1075–1083.

[186] Ackerman, B. P., "Form and Function in Children' s Understanding of Ironic Utterances", *Journal of Experimental Child Psychology,* Vol. 35, No. 3, 1983, pp. 487–508.

[187] Ackerman, B. P., "Children' s Sensitivity to Comprehension Failure in Interpreting A Nonliteral Use of An Utterance", *Child Development,* Vol. 57, No. 2, 1986, pp. 485–497.

[188] Adachi, T., Koeda, T., Hirabayashi, S., et al., "The Metaphor and Sarcasm Scenario Test: A New Instrument to Help Differentiate High Functioning Pervasive Developmental Disorder from Attention Deficit/Hyperactivity Disorder", *Brain and Development*, Vol. 26, No. 5, 2004, pp. 301–306.

[189] Adele, E., "Learning Argument Structure Generalizations", *Cognitive Linguistics*, Vol. 15, No. 3, 2004, pp. 10–12.

[190] Angeleri, R. &Airenti, G., "The Development of Joke and Irony Understanding: A Study with 3- to 6-Year-Old Children", *Canadian Journal of Experimental Psychology*, Vol. 68, No. 2, 2014, pp. 133–146.

[191] Annaz, D., Van Herwegen, J., Thomas, M., Fishman, R., Karmiloff-Smith, A. &Rundblad, G., "Comprehension of Metaphor and Metonymy in Children with Williams Syndrome", *International Journal of Language & Communication Disorders*, Vol. 44, No. 6, 2009, pp. 962–978.

[192] Anolli, L., Ciceri, R., &Infantino, M. G., "Irony as A Game of Implicitness: Acoustic Profiles of Ironic Communication", *Journal of Psycholinguistic Research*, Vol. 29, 2000, pp. 275–311.

[193] Au-Yeung, S., Kaakinen, J. K., & Benson, V., "Cognitive Perspective-Taking during Scene Perception in Autism Spectrum Disorder: Evidence from Eye Movements", *Autism Research*, Vol. 7, No. 1, 2014, pp. 84–93.

[194] Au-Yeung, S., Kaakinen, J. K., Liversedge, S. P., & Benson, V., "Processing of Written Irony in Autism Spectrum Disorder: An Eye-Movement Study", *Autism Research*, Vol. 8, No. 6, 2015, pp. 749–760.

[195] Bernard, S., Mercier, H., &Clément, F., "The Power of Well-Connected Arguments: Early Sensitivity to the Connective Because", *Journal of Experimental Child Psychology*, Vol. 111, No. 1, 2012, pp. 128–135.

[196] Birch, S. A. J., Vauthier, S. A., & Bloom, P., "Three- and Four-Year-Olds Spontaneously Use Others' Past Performance to Guide Their Learning", *Cognition*, Vol. 107, No. 3, 2008, pp. 1018–1034.

[197] Birch, S. A. J., Akmal, N., & Frampton, K. L., "Two-Year-Olds are Vigilant of Others' Non-Verbal Cues to Credibility", *Developmental Science*, Vol. 13. No. 2, 2010, pp. 363–369.

[198] Bonnel, A., Mottron, L., Peretz, I., et al., "Enhanced Pitch Sensitivity in Individuals with Autism: A Signal Detection Analysis", *Journal of Cognitive Neuroscience*, Vol. 15, No. 2, 2003, pp. 226–235.

[199] Bosco, F. M., &Bucciarelli, M., "Simple and Complex Deceits and Ironies", *Journal of Pragmatics*, Vol. 40, No. 4, 2008, pp. 583–607.

[200] Bosco, F. M., &Gabbatore, I., "Sincere, Deceitful, and Ironic Communicative Acts and the Role of the Theory of Mind in Childhood", *Frontiers in Psychology*, Vol. 8, 2017, p. 21.

[201] Brosseau–Liard, P. E., & Birch, S. A. J., "Epistemic States and Traits: Preschoolers Appreciate the Differential Informativeness of Situation–Specific and Person–Specific Cues to Knowledge", *Child Development*, Vol. 82, No. 6, 2011, pp. 1788–1796.

[202] Brosseau–Liard, P. E., & Poulin–Dubois, D., "Sensitivity to Confidence Cues Increases during the Second Year of Life", *Infancy*, Vol. 19, No. 5, 2014, pp. 461–475.

[203] Brosseau–Liard, P., Penney, D., & Poulin–Duboi, D., "Theory of Mind Selectively Predicts Preschoolers' Knowledge–Based Selective Word Learning", *Developmental Psychology*, Vol. 33, No. 4, 2015, pp. 464–475.

[204] Brown, P., & Levinson, S., "Universals in Language Usage: Politeness Phenomena", in Goody, E. N. (ed.), *Questions and Politeness: Strategies in Social Interaction*. Cambridge: Cambridge University Press, 1978.

[205] Cardei, V. C., "Language Acquisition from Sparse Input without Error Feedback", *Neural Networks*, Vol. 12, No. 2, 1999, pp. 217–235.

[206] Carrie, J., "Proficiency Level and the Interaction of Lexical and Morphosyntactic Information during L2 Sentence Processing", *Language Learning*, Vol. 58, No. 4, 2008, pp. 875–909.

[207] Chang, Y. F., "Apologizing in Mandarin Chinese: A Study on Developmental Patterns", *Concentric-Studies in Linguistics*, Vol. 42, No. 1, 2016, pp. 73–100.

[208] Charney, R., "Speech Roles and the Development of Personal Pronouns", *Journal of Child Language*, Vol. 7, No. 3, 1980, pp. 509–528.

[209] Chauncey, C. C., "A Contrastive Approach to Discourse Particles–A Case Study of the Mandarin UFP Ne呢", *Journal of Foreign Languages*, No. 3, 2006, pp. 7–29.

[210] Cheung, Chi–Hang C. L, Richard K. et al., "Psych Verbs in English and Mandarin", *Natural Language & Linguistic Theory,* Vol. 33, No. 1, 2015, pp. 127–189.

[211] Chierchia, G., Crain, S., Guasti, M. T., Gualmini, A. &Meroni, L.,

"The Acquisition of Disjunction: Evidence for A Grammatical View of Scalar Implicatures", in Do, A. H., Dominguez, J. L. & A. Johansen (eds.), *Proceedings of the 25th Boston University Conference on Language Development*. Somerville, MA: Cascadilla Press, 2001, pp. 157–168.

[212] Chin, L. C. & Zakaria, E., "Understanding of Number Concepts and Number Operations through Games in Early Mathematics Education", *Creative Education*, Vol. 6, No. 12, 2015, pp. 1306–1315.

[213] ClÉMent, F., Koenig, M. A., & Harris, P. L., "The Ontogenesis of Trust", *Mind and Language*, Vol. 19, No. 4, 2004, pp. 360–379.

[214] Corriveau, K. H., & Harris, P. L., "Preschoolers Continue to Trust A More Accurate Informant 1 Week after Exposure to Accuracy Information", *Developmental Science*, Vol. 12, No. 1, 2009, pp. 188–193.

[215] Corriveau, K. H., Kinzler, K., & Harris, P. L., "Accuracy Trumps Accent in Children's Endorsement of Object Labels", *Developmental Psychology*, Vol. 49, No. 3, 2013, pp. 470–479.

[216] Corriveau, K. H., Harris, P. L., Meins, E., Fernyhough, C., Arnott, B., Elliott, L., et al, "Young Children's Trust in Their Mother's Claims: Longitudinal Links with Attachment Security in Infancy", *Child Development*, Vol. 80, No. 3, 2009, pp. 750–761.

[217] Culter, A., "On Saying What You Mean without Meaning What You Say", in M. Lagaly, R. Fox, & A. Bruck (eds.), *Papers from the Tenth Regional Meeting, Chicago Linguistic Society*. Chicago, IL: University of Chicago, 1974, pp. 117–127.

[218] David, R. D., "Thematic Proto-Roles and Argument Selection", *Language*, Vol. 67, No. 3, 1991, pp. 547–619.

[219] DehÉ, N., &Kavalova, Y., "Parentheticals: An Introduction", in DehÉ, N., & Y. Kavalova (eds.), *Parentheticals*. Amsterdam/Philadelphia: John Benjamins Publishing Company, 2007, pp. 1–24.

[220] De Groot, A., Kaplan, J., Rosenblatt, E., Dews, S., & Winner, E., "Understanding versus Discriminating Nonliteral Utterances: Evidence for A Dissociation", *Metaphor and Symbolic Activity,* Vol. 10, No. 4, 1995, pp. 255–273.

[221] Dejarnette, G., Rivers, K. O., &Hyter, Y. D., "Ways of Examining Speech Acts in Young African American Children: Considering Inside-out and

Outside-in Approach", *Topics in Language Disorders*, Vol. 35, No.1, 2015, pp. 61–75.

[222] Demorest, A., Meyer, C., Phelps, E., et al., "Words Speak Louder than Actions: Understanding Deliberately False Remarks", *Child Development*, Vol. 55, No. 4, 1984, pp. 1527–1534.

[223] Dews, S., Winner, E., Kaplan, J., Rosenblatt, E., et al., "Children's Understanding of the Meaning and Functions of Verbal Irony", *Child Development*, Vol. 67, No. 6, 1996, pp. 3071–3085.

[224] Diyanni, C., & Kelemen, D., "Using A Bad Tool with Good Intention: Young Children's Imitation of Adults' Questionable Choices", *Journal of Experimental Child Psychology*, Vol. 101, No. 4, 2008, pp. 241–261.

[225] Diyanni, C., Nini, D., &Rheel, W., "Looking Good versus Doing Good: Which Factors Take Precedence When Children Learn about New Tools?", *Journal of Experimental Child Psychology*, Vol. 110, No. 4, 2011, pp. 575–591.

[226] Doebel, S., & Koenig, M. A., "Children's Use of Moral Behavior in Selective Trust: Discrimination versus Learning", *Developmental Psychology*, Vol. 49, No. 3, 2013, pp. 462–469.

[227] Dumas, F., "Discourse Markers in the Speech of A French-Romanian Bilingual Child: Fore Grounding Identity and the Need for Social Integration", *Philologica Jassyensia,* No. 12, 2016, pp. 295–307.

[228] Eisenberg, A. R., & Garvey, C., "Children's Use of Verbal Strategies in Resolving Conflicts", *Discourse Processes,* Vol. 4, No. 2, 1981, pp. 149–170.

[229] Elisabeth, V. L., "Thematic Prominence and Animacy Asymmetries. Evidence from A Cross-Linguistic Production Study", *Lingua*, Vol. 143, 2014, pp. 129–161.

[230] Filippova, E., & Astington, J. W., "Further Development in Social Reasoning Revealed in Discourse Irony Understanding", *Child Development*, Vol. 79, No. 1, 2008, pp. 126–138.

[231] Filippova, E., &Astington, J. W., "Children's Understanding of Social-Cognitive and Social-Communicative Aspects of Discourse Irony", *Child Development*, Vol. 81, No. 3, 2010, pp. 913–928.

[232] Fox, A., Luke, K. K., &Nancarrow, O., "Aspects of Intonation in Cantonese", *Journal of Chinese Linguistics*, Vol. 36, No. 2, 2008, pp. 321–367.

[233] Fusaro, M., & Harris, P. L., "Children Assess Informant Reliability Using by

Standers' Non-Verbal Cues", *Developmental Science*, Vol. 11, No. 5, 2008, pp. 771–777.

[234] Gaither, S. E., Chen, E. E., Corriveau, K. H., Harris, P. L., Ambady, N., & Sommers, S. R., "Monoracial and Biracial Children: Effects of Racial Identity Saliency on Social Learning and Social Preferences", *Child Development,* Vol. 85, No. 6, 2014, pp. 2299–2316.

[235] Ganea, P. A., Koenig, M. A., & Millett, K. G., "Changing Your Mind about Things Unseen: Toddlers' Sensitivity to Prior Reliability", *Journal of Experimental Child Psychology*, Vol. 109, No. 4, 2011, pp. 445–453.

[236] Gibbs, R. W., "Irony in Talk among Friends", *Metaphor and Symbol*, Vol. 15, No. 1–2, 2000, pp. 5–27.

[237] Golan, O., Baron-Cohen, S., Hill, J. J., & Rutherford, M. D., "The "Reading the Mind in the Voice" Test-Revised: A Study of Complex Emotion Recognition in Adults with and without Autism Spectrum Conditions", *Journal of Autism and Developmental Disorders*, Vol. 37, No.6, 2007, pp. 1096–1106.

[238] Green, H., & Tobin, Y., "Prosodic Analysis is Difficult but Worth it: A Study in High Functioning Autism", *International Journal of Speech-Language Pathology*, Vol. 11, No. 4, 2009, pp. 308–315.

[239] Greg, N. C., "A Unified Analysis of the English Bare Plural", *Linguistics and Philosophy*, Vol. 1, No. 3, 1979, pp. 413–457.

[240] Grice, H. P., "Logic and Conversation", in P. Cole, & J. L. Morgan (eds.), *Syntax and Semantics, Vol. 3: Speech Acts*. New York: Academic Press, 1975, pp. 41–58.

[241] Hancock, J. T., & Purdy, K., "Children's Comprehension of Critical and Complimentary Forms of Verbal Irony", *Journal of Cognition and Development*, Vol. 1, No. 2, 2000, pp. 227–248.

[242] HappÉ, F. G. E., "Communicative Competence and Theory of Mind in Autism: A Test of Relevance Theory", *Cognition*, Vol. 48, No. 2, 1993, pp. 101–119.

[243] HappÉ, F. G. E., "An Advanced Test of Theory of Mind: Understanding of Story Characters' Thoughts and Feelings by Able Autistic, Mentally Handicapped, and Normal Children and Adults", *Journal of Autism and Developmental Disorders*, Vol. 24, No. 2, 1994, pp. 129–154.

[244] HappÉ, F. G. E., "The Role of Age and Verbal Ability in the Theory of Mind Task Performance of Subjects with Autism", *Child Development*, Vol. 66, No. 3, 1995, pp. 843–855.

[245] Harnish, R. M., "Mood, Meaning and Speech Acts", in L. T. Savas(ed.), *Foundations of Speech Act Theory: Philosophical and Linguistic Perspectives*. London: Routledge, 1994, pp. 407–459.

[246] Harris, M., &Pexman, P. M., "Children' s Perceptions of the Social Functions of Verbal Irony", *Discourse Process*, Vol. 36, No. 3, 2003, pp. 147–165.

[247] Hintat Cheung, "A Window to the Development of Child Mandarin Grammar", Workshop on Milestones in the First Language Acquisition of Chinese, 2009.

[248] Hoff, E., &Ribot, K. M., "Language Development: Influence of Socio-Economic Status", *International Encyclopedia of the Social & Behavioral Sciences*, 2015, pp. 324–328.

[249] Huang, S. F., Oi, M., & Taguchi, A., "Comprehension of Figurative Language in Taiwanese Children with Autism: The Role of Theory of Mind and Receptive Vocabulary", *Clinical Linguistics & Phonetics*, Vol. 29, No. 8–10, 2015, pp. 764–775.

[250] Imaizumi, S., Furuya, I., & Yamasaki, K., "Voice as A Tool Communicating Intentions", *Logopedics Phoniatrics Vocology*, Vol. 34, No. 4, 2009, pp. 196–199.

[251] Jackie, P. W. L., Thoms, L., Gary, Y. H. L. &Carol, K. S. T., "Role of Sentence-Final Particles and Prosody in Irony Comprehension in Cantonese-Speaking Children with and without Autism Spectrum Disorders", *Clinical Linguistics & Phonetics*, Vol. 27, No. 1, 2013, pp. 18–32.

[252] James, W. D., "First Language Acquisition", *International Encyclopedia of the Social and Behavioral Sciences,* Vol. 6, 2015, pp. 211–215.

[253] Järvinen-Pasley, A., Pasley, J., & Heaton, P., "Is the Linguistic Content of Speech Less Salient than its Perceptual Features in Autism?", *Journal of Autism and Developmental Disorders*, Vol. 38, No. 2, 2008, pp. 239–248.

[254] Jaswal, V. K., & Neely, L. A., "Adults Don' t Always Know Best: Preschoolers Use Past Reliability over Age When Learning New Words", *Psychological Science*, Vol. 17, No. 9, 2006, pp. 757–758.

[255] Jaswal, V. K., & Malone, L. S., "Turning Believers into Skeptics: 3-Year-

Olds' Sensitivity to Cues to Speaker Credibility", *Journal of Cognition and Development,* Vol. 8, No. 3, 2007, pp. 263–283.

[256] Justine, T. K., Jean, Y. W., Leon, B., & Noah, D. G., "Nonliteral Understanding of Numerals", *Proceedings of the National Academy of Sciences of the United States of America,* Vol. 111, No. 33, 2014, pp. 12002–12007.

[257] Kaland, N., Moller–Nielsen, A., Callesen, K., Mortensen, et al., "A New 'Advanced' Test of Theory of Mind: Evidence from Children and Adolescents with Asperger Syndrome", *Journal of Child Psychology and Psychiatry,* Vol. 43, No. 4, 2002, pp. 517–528.

[258] Kim, S., Kalish, C. W., Weisman, K., Johnson, M. V., & Shutts, K., "Young Children Choose to Inform Previously Knowledgeable Others", *Journal of Cognition and Development*, Vol. 17, No. 2, 2016, pp. 320–340.

[259] King, B., "NE–A Discourse Approach", *Journal of the Chinese Language Teachers Association*, Vol. 21, No. 1, 1986, pp. 21–46.

[260] Kinzler, K. D., Corriveau, K. H., & Harris, P. L., "Children' s Selective Trust in Native–Accented Speakers", *Developmental Science*, Vol. 14, No. 1, 2011, pp. 106–111.

[261] Kjelgaard, M. M., &Tager–Flusberg, H., "An Investigation of Language Impairment in Autism: Implications for Genetic Subgroups", *Language and Cognitive Processes*, Vol. 16, No. 2–3, 2001, pp. 287–308.

[262] Koenig, M. A., ClÉMent, F., & Harris, P. L., "Trust in Testimony: Children' s Use of True and False Statements", *Psychological Science*, Vol. 15, No. 10, 2004, pp. 694–698.

[263] Koenig, M. A., & Harris, P. L., "Preschoolers Mistrust Ignorant and Inaccurate Speakers", *Child Development*, Vol. 76, No. 6, 2005, pp. 1261–1277.

[264] Koenig, M. A., &Jaswal, V. K., "Characterizing Children' s Expectations about Expertise and Incompetence: Halo or Pitchfork Effects?", *Child Development*, Vol. 82, No. 5, 2011, pp. 1634–1647.

[265] Koenig., M. A., "Beyond Semantic Accuracy: Preschoolers Evaluate A Speaker' s Reasons", *Child Development*, Vol. 83, No. 3, 2012, pp. 1051–1063.

[266] Kotani, K., "What is Number?", *Open Journal of Philosophy*, Vol. 7, No. 2, 2017, pp. 116–125.

[267] Kushnir, T., Wellman, H. M., & Gelman, S. A., "The Role of Preschoolers' Social Understanding in Evaluating the Informativeness of Causal

Interventions", *Cognition*, Vol. 107, No. 3, 2008, pp. 1084–1092.

[268] Kushnir, T., Vredenburgh, C., & Schneider, L. A., "'Who Can Help Me Fix This Toy?' The Distinction between Causal Knowledge and Word Knowledge Guides Preschoolers' Selective Requests for Information", *Developmental Psychology,* Vol. 49, No. 3, 2013, pp. 446–453.

[269] Kyratzis, A., "Using the Social Organizational Affordances of Pretend Play in American Preschool Girls' Interactions", *Research on Language and Social Interaction*, Vol. 40, No. 4, 2007, pp. 321–352.

[270] Lane, J. D., Wellman, H. M., & Gelman, S. A., "Informants' Traits Weigh Heavily in Young Children' s Trust in Testimony and in Their Epistemic Inferences", *Child Development,* Vol. 84, No. 4, 2013, pp. 1253–1268.

[271] Lane, J. D., & Harris, P. L., "Confronting, Representing, and Believing Counterintuitive Concepts: Navigating the Natural and the Supernatural", *Perspectives on Psychological Science*, Vol. 9, No. 2, 2014, pp. 144–160.

[272] Laval, V., &Bert–Erboul, A., "French–Speaking Children' s Understanding of Sarcasm: The Role of Intonation and Context", *Journal of Speech, Language, and Hearing Research*, Vol. 48, No. 3, 2005, pp. 610–620.

[273] Leslie, A. M., "Pretence and Representation: The Origins of 'Theory of Mind' ", *Psychological Review*, Vol. 94, No. 4, 1987, pp. 412–426.

[274] Lewis, J. D., &Weigert, A., "Trust as A Social Reality", *Social Forces,* Vol. 63, No. 4, 1985, pp. 967–985.

[275] Li, Boya, "Chinese Final Particles and the Syntax of the Periphery", Ph.D. Diss., Leiden University, 2006.

[276] Li, J. P. W., Law, T., Lam, G. Y. H., &To, C. K. S., "Role of Sentence–Final Particles and Prosody in Irony Comprehension in Cantonese–Speaking Children with and without Autism Spectrum Disorders", *Clinical Linguistics & Phonetics,* Vol. 27, No. 1, 2013, pp. 18–32.

[277] Loukusa, S., & Leinonen, E., "Development of Comprehension of Ironic Utterances in 3–to 9–Year–Old Finnish–Speaking Children", *Psychology of Language and Communication*, Vol. 12, No. 1, 2008, pp. 55–69.

[278] Losh, M., & Capps, L., "Understanding of Emotional Experience in Autism: Insights from the Personal Accounts of High Functioning Children with Autism", *Developmental Psychology,* Vol. 42, No. 5, 2006, pp. 809–818.

[279] Lucas, A. J., Lewis, C., Pala, F. C., Wong, K., &Berridge, D., "Social–

Cognitive Processes in Preschoolers' Selective Trust: Three Cultures Compared", *Developmental Psychology,* Vol. 49, No. 3, 2013, pp. 579–590.

[280] Luu, B., De Rosnay, M., & Harris, P. L., "Five–Year–Olds are Willing, But 4–Year–Olds Refuse, to Trust Informants Who Offer New and Unfamiliar Labels for Parts of the Body", *Journal of Experimental Child Psychology,* Vol. 116, No. 2, 2013, pp. 234–246.

[281] Mackay, G., & Shaw, A., "A Comparative Study of Figurative Language in Children with Autistic Spectrum Disorders", *Child Language Teaching and Therapy*, Vol. 20, No. 1, 2004, pp. 13–32.

[282] Mandler, J. M., & Mc Donough, L., "Advancing Downward to the Basic Level", *Journal of Cognition and Development*, Vol. 1, No. 4, 2000, pp. 379–404.

[283] Martin, I., &Mcdonald, S., "An Exploration of Causes of Non–Literal Language Problems in Individuals with Asperger Syndrome", *Journal of Autism and Developmental Disorders,* Vol. 34, 2004, pp. 311–328.

[284] Mascaro, O., & Sperber, D., "The Moral, Epistemic, and Mindreading Components of Children's Vigilance towards Deception", *Cognition*, Vol. 112, No. 3, 2009, pp. 367–380.

[285] Matsui, T., Yamamoto, T., &Mccagg, P., "On the Role of Language in Children's Early Understanding of Others as Epistemic Beings", *Cognitive Development*, Vol. 21, No. 2, 2006, pp. 158–173.

[286] Matsui, T., Rakoczy, H., Miura, Y., &Tomasello, M., "Understanding of Speaker Certainty and False–Belief Reasoning: A Comparison of Japanese and German Preschoolers", *Developmental Science*, Vol. 12, No. 4, 2009, pp. 602–613.

[287] Matsui, T., & Miura, Y., "Children's Understanding of Certainty and Evidentiality: Advantage of Grammaticalized Forms over Lexical Alternatives", in S. A. Fitneva, & T. Matsui (eds.), *Evidentiality: A Window into Language and Cognitive Development, New Directions for Child and Adolescent Development.* San Francisco: Jossey–Bass, 2009, pp. 63–77.

[288] Matsuia,T., Yamamoto, T., Miura, Y., &Mccagg, P., "Young Children's Early Sensitivity to Linguistic Indications of Speaker Certainty in Their Selective Word Learning", *Lingua*, Vol. 175–176, 2016, pp. 83–96.

[289] Mayer, R. C., Davis, J. H., &Schoorman, F. D., "An Integrative Model of

Organizational Trust", *Academy of Management Review*, Vol. 20, No. 3, 1995, pp. 709–734.

[290] Mcallister, D., "Affect– and Cognition–Based Trust as Foundations for Interpersonal Cooperation in Organizations", *Academy of Management Review*, Vol. 38, No. 1, 1995, pp. 24–59.

[291] Mccann, J., PeppÉ, S., Gibbon, F. E., O' Hare, A., & Rutherford, M., "Prosody and its Relationship to Language in School–Aged Children with High–Functioning Autism", *International Journal of Language &Communication Disorders*, Vol. 42, No. 6, 2007, pp. 682–702.

[292] Melogno, S. D., Ardia, C., Pinto, M. A., & Levi, G., "Metaphor Comprehension in Autistic Spectrum Disorders: Case Studies of Two High–Functioning Children", *Child Language Teaching & Therapy*, Vol. 28, No.2, 2012, pp. 177–188.

[293] Michael, T., "The Item–Based Nature of Children' s Early Syntactic Development", *Trends in Cognitive Sciences,* Vol. 4, No. 4, 2000, pp. 156–163.

[294] Moore, C., Bryant, D., & Furrow, D., "Mental Terms and the Development of Certainty", *Child Development*, Vol. 60, No. 1, 1989, pp. 167–171.

[295] Moore, C., Pure, K., & Furrow, D., "Children' s Understanding of the Modal Expression of Speaker Certainty and Uncertainty and its Relation to the Development of A Representational Theory of Mind", *Child Development*, Vol. 61, No. 3, 1990, pp. 722–730.

[296] Müller, R. A, Behen, M. E., Rothermel, R. D., et al., "Brain Mapping of Language and Auditory Perception in High Functioning Autistic Adults: A PET Study", *Journal of Autism and Developmental Disorders,* Vol. 29, No.1, 1999, pp. 19–31.

[297] Neeraj, A. P., "Numeral Systems of Great Ancient Human Civilizations", *Journal of Science and Arts*, Vol. 13, 2010, pp. 209–222.

[298] Nguyen, H. T., & Nguyen, M. T. T., " 'But Please Can I Play with the Ipad?' : The Development of Request Negotiation Practices by A Four–Year Old Child", *Journal of Pragmatics*, Vol. 101, 2016, pp. 66–82.

[299] Noveck, I. A., "When Children are More Logical than Adults: Experimental Investigations of Scalar Implicature", *Cognition*, Vol. 78, No.2, 2001, pp. 165–188.

[300] Olkoniemi, H., Ranta, H., & Kaakinen, J. K., "Individual Differences in the Processing of Written Sarcasm and Metaphor: Evidence from Eye Movements",

Journal of Experimental Psychology: Learning, Memory, and Cognition, Vol. 42, No.3, 2016, pp. 433-450.

[301] Papafragou, A., "The Acquisition of Modality: Implications for Theories of Semantic Representation", *Mind and Language*, Vol. 13, No.3, 1998, pp. 370–399.

[302] Papafragou, A., &Musolino, J., "Scalar Implicatures: Experiments at the Semantics/Pragmatics Interface", *Cognition*, Vol. 86, No.3, 2003, pp. 253–282.

[303] Pasquini, E. S., Corriveau, K. H., Koenig, M., & Harris, P. L., "Preschoolers Monitor the Relative Accuracy of Informants", *Developmental Psychology,* Vol. 43, No. 5, 2007, pp. 1216–1226.

[304] Paul, W., "Why Particles are Not Particular: Sentence–Final Particles in Chinese as Heads of A Split CP", *Studia Linguistica,* Vol. 68, No. 1, 2014, pp. 77–115.

[305] Peppé, S., "Assessment of Prosodic Ability in Atypical Populations with Special Reference to High–Functioning Autism", in V. Stojanovik, & J. Setter (eds.), *Speech Prosody in Atypical Populations: Assessment and Remediation.* Guildford, UK: J&R Press Ltd, 2011.

[306] Pexman, P. M., &Glenwright, M., "How Do Typically Developing Children Grasp the Meaning of Verbal Irony?", *Journal of Neurolinguistics,* Vol. 20, No.2, 2007, pp. 178–196.

[307] Piaget, J., *The Language and Thought of the Child*, in Marjorie & R. Gabain (trans), London and Newyork: Routledge Classics, 2002.

[308] Pomerantz, A., "Compliment Responses: Notes on the Cooperation of Multiple Constraints", in Schenkein, J. (ed.), *Studies in the Organization of Conversational Interaction.* New York: Academic Press, 1978, pp. 79–112.

[309] Pomerantz, A., "Agreeing and Disagreeing with Assessments: Some Features of Preferred/Dispreferred Turn Shapes", in Atkinson, J. M., & J. Heritage (eds.), *Structures of Social Action: Studies in Conversation Analysis.* Cambridge: Cambridge University Press, 1984, pp. 57–101.

[310] Pouscoulous, N., Noveck, I., Politzder, G., & Bastide, A., "A Developmental Investigation of Processing Costs in Implicature Production", *Language Acquisition*, Vol. 14, No.4, 2007, pp. 347–376.

[311] Quinn, P. C., "Early Categorization: A New Synthesis", in Goswami, U. (ed.), *Handbook of Childhood Cognitive Development.* Oxford: Blackwell, 2002.

[312] Rakoczy, H., Hamann, K., Warneken, F., &Tomasello, M., "Bigger Knows Better: Young Children Selectively Learn Rule Games from Adults Rather than from Peers", *British Journal of Developmental Psychology*, Vol. 28, No. 4, 2010, pp. 785–798.

[313] Recchia, H. E., Howe, N., Ross, H. S., & Alexander, S., "Children's Understanding and Production of Verbal Irony in Family Conversations", *British Journal of Developmental Psychology*, Vol. 28, No. 2, 2010, pp. 255–274.

[314] Robinson, E. J., Haigh, S. N., &Nurmsoo, E., "Children's Working Understanding of Knowledge Sources: Confidence in Knowledge Gained from Testimony", *Cognitive Development*, Vol. 23, No.1, 2008, pp. 105–118.

[315] Rockwell, P., "Lower, Slower, Louder: Vocal Cues of Sarcasm", *Journal of Psycholinguistic Research*, Vol. 29, No.4, 2000, pp. 83–95.

[316] Rubio–Fernandez, P., &Grassmann, S., "Metaphors as Second Labels: Difficult for Preschool Children?", *Journal of Psycholinguistic Research*, Vol. 45, No.4, 2016, pp. 931–944.

[317] Russell, R. L., & Grizzle, K. L., "Assessing Child and Adolescent Pragmatic Language Competencies: Toward Evidence–Based Assessments", *Clinical Child and Family Psychology Review*, Vol. 11, No. 1–2, 2008, pp. 59–73.

[318] Rutherford, M. D., Baron–Cohen, S., & Wheelwright, S., "Reading the Mind in the Voice: A Study with Normal Adults and Adults with Asperger Syndrome and High Functioning Autism", *Journal of Autism and Developmental Disorders,* Vol. 32, No.3, 2002, pp. 189–194.

[319] Sabbagh, M. A., & Baldwin, D. A., "Learning Words from Knowledgeable versus Ignorant Speakers: Links between Preschoolers' Theory of Mind and Semantic Development", *Child Development*, Vol. 72, No.4, 2001, pp. 1054–1070.

[320] Sabbagh, M. A., &Shafman, D., "How Children Block Learning from Ignorant Speakers", *Cognition*, Vol. 112, No.3, 2009, pp. 415–422.

[321] Sacks, H., Schegloff, A., & Jefferson, G. A., "Simplest Systematics for the Organization of Turn–Taking for Conversation", *Language*, Vol. 50, No.4, 1974, pp. 696–735.

[322] Schatte, H. R., "Social Influences and Socialization in Infancy", in Lewis, M., &S. Feinman(eds.), *Genesis and Behavior*. New York: Plenum Press, 1991, p. 167.

[323] Schnell, Z., "Social–Cognitive and Pragmatic Aspects of Language Acquisition

from A Developmental Perspective", Ph.D. Diss.,The University of PÉCs, 2015.

[324] Searle, J. R., "What is A Speech Act?" ,in Maurice, B. (ed.), *Philosophy in America*. London: Allen and Unwin, 1965, pp. 221–239.

[325] Searle, J. R., "Indirect Speech Acts" ,in Cole, P., & J. Morgan (eds.), *Syntax and Semantics*. New York: NY Academic Press, 1975, pp. 59–82.

[326] Shie, Chi–Chiang., "A Discourse–Functional Analysis of Mandarin Sentence–Final Particles", M.A. Thesis, National Chengchi University, 1991.

[327] Sobel, D. M., & Corriveau, K. H., "Children Monitor Individuals' Expertise for Word Learning", *Child Development*, Vol. 81, No.2, 2010, pp. 669–679.

[328] Sobel, D. M., &Macris, D. M., "Children's Understanding of Speaker Reliability between Lexical and Syntactic Knowledge" ,*Developmental Psychology,* Vol. 49, No.3, 2013, pp. 523–532.

[329] Sperber, D., "Verbal Irony: Pretense Or Echoic Mention?", *Journal of Experimental Psychology: General*, Vol. 113, No.1, 1984, pp. 130–136.

[330] Sperber, D., Clément, F., Heintz, C., Mascaro, O., Mercier, H., Origgi, G., et al., "Epistemic Vigilance", *Mind & Language*, Vol. 25, No.4, 2010, pp. 359–393.

[331] Tager–Flusberg, H., Paul, R., & Lord, C., "Language and Communication in Autism", in F. R. Volkmar, R. Paul, A. Klin, & D. Cohen (eds.), *Handbook of Autism and Pervasive Developmental Disorders*. Hoboken, NJ: Wiley & Sons, 2005, pp. 335–364.

[332] Tardif, T., &Miao, X., "Developmental Psychology in China", *International Journal of Behavioural Development*, Vol. 24, No. 1, 2000, pp. 68–72.

[333] Taylor, R., "Messing about with Metaphor: Multimodal Aspects to Children's Creative Meaning Making", *Literacy*, Vol. 46, No. 3, 2012, pp. 156–166.

[334] Tenney, E. R., Small, J. E., Kondrad, R. L., Jaswal, V. K., & Spellman, B. A., "Accuracy, Confidence, and Calibration: How Young Children and Adults Assess Credibility", *Developmental Psychology*, Vol. 47, No. 4, 2011, pp. 1065–1077.

[335] Uno, M., "A Usage–Based Approach to Early–Discourse Pragmatic Functions of the Japanese Subject Markers Wa and Ga", *Journal of Child Language*, Vol. 43, No. 1, 2016, pp. 81–106.

[336] Vanderborght, M., &Jaswal, V. K., "Who Knows Best? Preschoolers Sometimes Prefer Child Informants over Adult Informants", *Infant and Child*

Development, Vol. 18, No. 1, 2009, pp. 61–71.

[337] Vanderbilt, K. E., Liu, D., & Heyman, G. D., "The Development of Distrust", *Child Development*, Vol. 82, No. 5, 2011, pp. 1372–1380.

[338] Vuchinich, S., "On Attention in Verbal Family Conflict", *Social Psychology Quarterly*, Vol. 49, No. 4, 1986, pp. 281–293.

[339] Vygotsky, L.,*Thought and Language,* in Hanfmann, E., Vakar, G., & A. Kozulin (eds. &trans.), Cambridge, MA: The MIT Press, 1986, pp. 13–60.

[340] Wang, A. T., Lee, S. S., Sigman, M., & Dapretto, M., "Neural Basis of Irony Comprehension in Children with Autism: The Role of Prosody and Context", *Brain*, Vol. 129, 2006, pp. 932–943.

[341] Weber, J. M., Malhotra, D., &Murnighan, J. K., "Normal Acts of Irrational Trust: Motivated Attributions and the Trust Development Process", *Research in Organizational Behavior*, Vol. 26, 2004, pp. 75–101.

[342] Wilson, D., "Irony Comprehension: A Developmental Perspective", *Journal of Pragmatics*, Vol. 59, No. 4, 2013, pp. 40–56.

[343] Winner, E., &Leekam, S., "Distinguishing Irony from Deception: Understanding the Speaker' s Second-Order Intention", *British Journal of Developmental Psychology*, Vol. 9, No. 2, 1991, pp. 25–270.

[344] Winner, E., Windmueller, G., Rosenblatt, E., et al., "Making Sense of Literal and Nonliteral Falsehood", *Metaphor and Symbolic Activity*, Vol. 2, No. 1, 1987, pp. 13–32.

[345] Woolfson, A. P., "Conflict Talk: Sociolinguistic Investigations of Arguments in Conversations", *Journal of Linguistic Anthropology*, Vol. 94, No. 1, 1991, pp. 119–121.

[346] Wynn, K., "Children' s Understanding of Counting", *Cognition*, Vol. 36, No. 2, 1990, pp. 155–193.

[347] Wynn, K., "Children' s Acquisition of the Number Words and the Counting System", *Cognitive Psychology*, Vol. 24, No. 2, 1992, pp. 220–251.

[348] Zatorre, R. J., &Belin, P., "Spectral and Temporal Processing in Human Auditory Cortex", *Cerebral Cortex*, Vol. 11, No. 10, 2001, pp. 946–953.

[349] Zatorre, R. J., &Gandour, J. T., "Neural Specializations for Speech and Pitch: Moving beyond the Dichotomies", *Philosophical Transactions of the Royal Society B: Biological Sciences,* Vol. 363, 2008, pp. 1087–1104.

| 附　录 |

“汉语儿童语言获得与认知发展研究团队”团队简报

2017年“汉语儿童语言获得与认知发展研究团队”团队简报

1. 团队召开2017年第一次视频会

4月6日下午，儿童语言获得与认知发展研究团队在A203会议室召开2017年第一次视频会。张笛老师在马来西亚拉曼大学与国内团队实施视频连线，她首先结合本次实验的调查目的即“句末语气词和韵律在正常儿童和自闭症儿童理解反语时的作用”，对实验调查进行了详细的部署，包括论文写作思路，调查方法，问卷设计，问题的录制，图片的绘制等。团队定于4月7日与临沂市罗庄区爱之旅儿童发展中心进行初步接触并进行前期的自闭症儿童语言能力测试的准备工作。

2. 团队第一次调查

4月7日上午，团队成员来到罗庄爱之旅儿童发展中心进行测试。经过前期的充分准备，与发展中心教师的深入座谈，以及和目标儿童的充分接触，团队最终选出8名8-12岁自闭症儿童作为测试对象。为确定最佳测试方案，保证对实验的整体把控，团队首先针对2名目标儿童进行了一对一听说能力测验。目标儿童得分分别为40分、50分。测验显示目标儿童在听力理解方面表现良好，口语表达方面存在欠缺。因此，团队确定下一步的测试方案为听话能力采取集中测试的形式，说话能力测试和问卷调查采取一对一的形式进行。同时，通过奖励学习用品的方式调动目标儿童的积极性。

3. 团队召开2017年第二次微信讨论会

4月8日下午，儿童语言获得与认知发展研究团队利用微信群召开第二次讨论会，主要对4月7日进行的自闭症儿童的语言能力测试情况进行了反馈。团队成员吴祥彦老师反馈儿童对于听力理解表现较好，口语表达能力略差，平均分数在40-50分。但是孩子们对于团队的到来表示欢迎并相处融洽。张笛老师认为这个分数与相关文献测试分数接近，该测试符合自闭症儿童的信度和效度，初步确定8位自闭症儿童参与实验测试。鉴于儿童数量不足，团队成员一致认为需要与河东区天使国际特教学校建立合作关系，并暂定于4月14日赴该校进行测试工作。随后，张笛老师又对实验的材料准备情况进行了调度，录音已经试录完毕，图片一稿已经完成，下周二（4月11日）进行最后定稿。

4. 团队召开2017年第三次微信讨论会

4月13日下午，儿童语言获得与认知发展研究团队利用微信群召开第三次讨论会，团队全体成员就前期材料准备工作进行了汇报，全部材料定稿。前期与天使国际特教学校的沟通顺畅，定于4月14日上午进行第二次测试工作。暂定下周赴罗庄进行第三次测试工作并确定了普通儿童的合作学校——临沂商城实验学校。并就儿童奖品的购买，实验材料的打印，录音的校对等工作进行了统筹安排。

5. 团队第二次调查

4月14日上午，团队成员来到河东天使国际特教学校。在对整个学校和学校内的自闭症儿童进行了解之后，在教导处和班级任课教师的协助下，挑选了8名8–12岁高功能自闭症儿童进行了测试和问卷调查。经过之前理论知识的积累、专业教师的指点和与儿童的数次接触，团队人员能够较好地跟这些儿童进行沟通。为了确保实验数据的科学性和有效性，听话能力测试采取了集中测试的形式，说话能力测试和问卷调查采取了一对一的形式进行。经过前期准备和一上午的实地调研，最后顺利采集到了7名儿童的实验数据。

6. 团队召开2017年第四次微信讨论会

4月14日晚上，儿童语言获得与认知发展研究团队利用微信群召开第四次讨论会，团队全体成员就今天的测试情况进行了沟通，总体情况较好，测试较为顺利，儿童配合度基本满意。团队成员就各自的测试工作的细节进行了反馈与讨论。并暂定下周四和周五赴商城实验学校与罗庄进行第四次与第五次测试工作并同时进行试验基地的挂牌活动。

7. 团队召开2017年第五次微信讨论会

4月19日晚上，儿童语言获得与认知发展研究团队利用微信群召开第五次讨论会，团队成员就14日的调查结果进行了初步汇总讨论，并就测试结果的标注进行了统一。实验基地的铜牌已经做好，定于本周五由于建波书记和苏鑫副院长带领团队赴罗庄进行挂牌与调查。并对下周一下午的商城实验学校的活动细节也进行了讨论。

8. 挂牌签约“临沂大学认知科学与语言学能学科平台实验基地”

4月24日下午，我院党委书记于建波、副院长苏鑫一行6人赴临沂商城实验学校挂牌签约“临沂大学认知科学与语言学能学科平台实验基地”。商城实验学校副校长李健梅、英语教研室主任等4人出席。挂牌签约仪式由李副校长主持。

于书记首先对临沂商城实验学校对临沂大学的支持表示衷心的感谢，并简要介绍了我院认知科学与语言学能学科平台的基本情况。指出，此次临沂商城实验学校与我院合作，设立学科平台实验基地，对于我院科研工作的顺利推进具有重要意义。

李副校长简要介绍了临沂商城实验学校发展的整体概况。她表示，临沂大学学科平台实验基地的设立，不只为临沂大学提供了科研实验的平台，同时也为临沂商城实验学校带来了新思路、注入了新血液，能够实现双方互利共赢、共同发展。

仪式结束后，我院认知科学与语言学能学科平台儿童多模态口语语料库研究员陈淑珍等4人对15名学生进行了实验基地的第一轮测试，并取得预想效果。

9. 挂牌签约“临沂大学认知科学与语言学能学科平台实验基地”

5月4日下午，我院院长谢楠教授、副院长姜兆梓博士一行6人赴河东区天使国际特教学校挂牌签约“临沂大学认知科学与语言学能学科平台实验基地”。天使国际特教学校校长王军微、教学主管等4人出席。挂牌签约仪式由王校长主持。

双方共同观看了天使国际特教学校建校二十周年发展纪实片。谢院长对天使国际特教学校的发展感到由衷的赞叹并就学校对临沂大学的支持表达了衷心的感谢。谢院长简要介绍了认知科学与语言学能学科平台的基本情况，希望此次与天使国际特教学校的合作能够进一步推进我院科研工作的发展。此次调查是正在建设中的“儿童多模态口语语料库”之“发展障碍儿童口语调查语料库”的实验调查与语料搜集环节，据此进行发展障碍儿童语言情况的针对性研究，真正把研究成果运用到特教学校的教学与语言康复等领域上去。

王校长简要介绍了天使国际特教学校目前在教育、康复、医疗与社会养老等领域的发展现状以及与东南大学、菏泽医学专科学校等学校的科研合作项目。他表示，临沂大学认知科学与语言学能学科平台实验基地的设立，不只为临沂大学提供了科研实验的平台，同时也为天使国际特教学校的语言康复训练提供了新的发展契机，并希望在语言教育、特殊教育等方面与临沂大学开展更广泛的合作。

仪式结束后，我院认知科学与语言学能学科平台儿童多模态口语语料库研究员对4名学生进行了实验基地的第二轮测试，并顺利采集到相关语料数据。此次测试主题主要围绕“自闭症儿童（ASD）和普通儿童（TD）的反语理解”展开，旨在调查当ASD儿童有能力理解反语的时候，他们是否采用了与TD儿童不同的理解过程。

10. 出席“2017年全国助残日——微笑·爱”活动

5月19日下午，我院院长谢楠教授一行3人应临沂市罗庄区爱之旅儿童发展中心邀请，出席了“2017年全国助残日——微笑·爱”活动，并与中心挂牌签约“临沂大学认知科学与语言学能学科平台实验基地”以及“临沂大学外国语学院大学生志愿服务基地”。同时出席活动的还有罗庄区副区长王平、罗庄区残联理事长周要强、副理事长孙建芬以及罗庄区政府办公室主任张洪道。活动由爱之旅发展中心执行主任侯冰雨主持。

对自闭症儿童语言认知能力的实验调查是认知科学与语言学能学科平台目前在研课题之一。谢院长表示，希望通过与爱之旅的合作，进一步推进平台对语言障碍儿童语言情况的针对性研究；并且研究成果能够应用于自闭症儿童的语言教学和语言康复等领域，对修复自闭症儿童的语言障碍将产生积极影响。

爱之旅儿童发展中心理事长孟凡霞表示十分感谢学科平台能够关注到自闭症儿童的语言发展问题，并且也非常感谢外国语学院“与星儿同行志愿者协会”的志愿者们给予自闭症儿童的关爱；希望爱之旅儿童发展中心能够与学科平台共同建立语言障碍儿童语言发展数据库，实现多方位的长期合作。

临沂大学认知科学与语言学能学科平台目前已与临沂天使国际特教学校、临沂商城实验学校和爱之旅儿童发展中心签约校外学科平台实验基地。旨在建立“儿童多模态口语语料库”，并开展普通儿童与自闭症儿童语言能力的对比研究，从而促进对语言障碍儿童的语言能力的研究，并把成果运用到语言教学与语言康复训练中。

11. 承办“语言的获得与表征工作坊”

2017年8月26日，由中国社会语言研究所、《当代语言学》编辑部及语言的获得与发展学科主办，外国语学院承办的“语言的获得与表征工作坊”在致远3号楼A203会议室举办。会议由我院院长谢楠教授主持。学校党委副书记王明福，社会科学处处长李中国出席会议，并分别致辞。

王明福副书记简要介绍了临沂大学的发展历史和现状，解读了学校十三五新一任期的发展思路。并为出席工作坊的中国社会科学院语言研究所胡建华教授、香港中文大学李行德教授、深圳神经科学研究院院长谭力海教授、山东大学刘振前教授颁发了临沂大学认知科学与语言学能学科平台顾问聘书。

会议期间，谭力海教授、李行德教授、胡建华教授分别围绕大脑中的语言功能区、语言获得的共性、儿童句法发展等方面做了精彩的主旨报告。福建工程学院人文学院郭秀丽博士、上海外国语大学语言研究所朱佳蕾博士围绕儿童早期语言中的叹词疑问词、语法习得作了详尽的专题报告。五场报告涵盖了国内外语言获得研究领域的众多最新研究成果，集中反映了该领域的新技术、新视角和新动向，指明了语言获得研究的发展方向。

与会专家们还听取了我院认知科学与语言学能学科平台实验基地研究员张笛博士的儿童语言习得与认知发展实验室汇报。专家们一致对建设成果给予了充分肯定，同时也提出了许多富有指导性的意见和建议。

本期工作坊为语言的获得与表征研究者搭建了良好的交流平台，对儿童语言获得理论和研究方法的探讨具有启发意义，进一步推进了国内在语言获得、外语习得、语言治疗的临床实践等方面的研究。

我院班子成员、教授、博士、青年教师代表，以及药学院教师代表共60余人参加了工作坊，并与专家学者进行了积极互动。

2018年“汉语儿童语言获得与认知发展研究团队”团队简报

1. 认知语言学团队语料库技术年初培训座谈会

2月28日，认知语言学团队在学院A203会议室召开语料库技术培训座谈会，会议由张笛老师主持。

首先，张笛老师就语料库软件的使用进行了详细操作说明，对软件的解析结果进行了逐个对比分析，为以后的认知语言学学术研究给予了技术支持。其次，大家就国内外儿童语言学发展问题、问题儿童和自闭症儿童语言研究等问题进行了热烈讨论，分析了时下学术新动向，并对课题申请做出了部署规划。最后，结合自身实际，团队每位成员深入思考，为自己列出了2018年切实可行的科研计划。

2. 团队成员参加首届语言发展评估研讨会

2018年6月23至24日，由天津师范大学语言心理与认知科学研究院，心理与行为研究院联合主办，深圳市神经科学研究院、中国社会科学院《当代语言学》编辑部合办的首届“语言发展评估研讨会”在天津举办，儿童语言团队教师陈淑珍和吴祥彦参加。

天津师范大学白学军教授，台湾中正大学蔡素娟教授、戴浩一教授，香港中文大学邓慧兰教授，美国史密斯大学Jill de Villiers教授、Peter de Villiers教授，中国社会科学院胡建华教授等20余位专家应邀出席，围绕制定语言发展量表的宏观意义、普通话语言发展量表、粤语口语发展量表、老年人的语言能力测量、聋哑儿童的语言能力测量、汉语儿童阅读能力的测量、从社会语言学角度来看语言量表的制定、从双语角度来看语言量表的制定、语言认知能力发展量表的制定等主题发表了精彩演讲。除特邀报告外，会议还设有专家评论和圆桌讨论环节。

此次会议为语言学、心理学等学科的专家、学者和研究者们提供了良好的交流学习平台，对于建立语言规范标志，探索语言认知发展规律的尺度丈量具有重要意义。

来自全国各大高校和科研机构近300名专家、学者参加了会议。

3. 团队成员参加中国医学语言研究及儿童语言发展高端论坛

11月，团队成员冯靖、刘青艳赴济南参加“中国医学语言研究及儿童语言发展高端论坛”。会议由山东大学主办，邀请国内外知名语言学教授、专家和学者分享研究成果，议题前卫高端、语言学医学学科交叉，例如“PD语言障碍研究进展”、“阿尔兹海默症的语言障碍”、“儿童语言发展障碍的识别和干预”、“语音意识训练对儿童语音意识发展的影响”和“原发性进行性失语症的概观”等，会议还特别安排了“儿童语言发展讲习班”，由香港中文大学教授张显达主讲。会后全体成员一起分享培训内容，讨论研究相关话题。

4. “汉语儿童语言获得研究团队”获批国际项目资助

我院“汉语儿童语言获得研究团队”在张笛老师带领下申请“亚洲基督教高等教育联合董事会”（United Board for Christian Higher Education in Asia）简称“亚联董”（UBCHEA）的小额资助项目：Bamboo Grants Program成功获批（资助金额：5000美元）。张老师带领“汉语儿童语言获得研究团队”主要进行两方面的研究：普通发展儿童的语言获得研究和特殊障碍儿童的语言教导与干预研究。该团队是临沂大学认知科学与语言学能学科平台的三个研究团队之一，自2013年开始对汉语儿童的语言获得情况进行纵向追踪调查，获取了大量的一手数据，团队成员以语料为基础进行儿童语言的研究并取得多项成果。获批项目题目为：*The Irony Comprehension and Teaching in Chinese Children with Autism Spectrum Disorders*（中国自闭症儿童反语的理解和教学研究）。该项目为外国语学院首个由境外学术机构支持的国际项目，希望借助项目支持切实促进中国自闭症儿童的语用教学和干预。

亚联董为中国多所大学的研究项目、人员培训和教师发展提供资助，尤其关注欠发达的中西部地区的师范学院。亚联董还支持召开学术会议，资助境外学者到中国来做访问学者。亚联董提供助研助教支持的学科领域十分广泛，包括会计、心理学、语言学和英语教育等。近期的项目也开始通过高校管理人员领导力发展和教师学历层次提升来支持中国高等院校的发展。临沂大学是山东省继山东大学和中国海洋大学之后的第三所获批项目的高校。

2019年“汉语儿童语言获得与认知发展研究团队”团队简报

1. 团队成员参加儿童高阶语言训练工作坊培训

2019年1月，团队成员徐钱立和冯靖赴南京参加儿童高阶语言训练工作坊培训，南京师范大学梁丹丹教授带领其团队向大家展示儿童语言障碍的表现和原因，并针对具体语言障碍问题展示了干预方法，例如“把字句和被动句的干预步骤”，“因果连词的干预方法”和“隐喻理解的干预方法”。团队成员受益匪浅，会后全体成员一起分享培训内容，讨论研究相关话题。

2. “汉语儿童语言获得研究团队”获批“田家炳基金会”项目资助

外国语学院“汉语儿童语言获得研究团队”在张笛老师带领下于2019年1月获批“田家炳基金会”“汉语自闭症儿童非字面语言的认知、教导与干预研究及推广计划”项目资助，资助金额为贰拾万人民币。该项目是继2018年团队首次获批境外“亚洲基督教高等教育联合董事会”资助金额为5000美元的“The Irony Comprehension and Teaching in Chinese Children with Autism Spectrum Disorders（中国自闭症儿童反语的理解和教学研究）”项目之后，再次获得的第二项境外（含港澳台）资助。

“汉语儿童语言获得研究团队”是临沂大学认知科学与语言学能学科平台的三个研究团队之一，从2013年开始对汉语儿童的语言获得情况进行纵向追踪调查，建设了“汉语儿童多模态口语语料库”，前期主要进行普通发展儿童的语言获得研究。自2017年开始关注特殊障碍儿童的语言教导与干预，经过一段时间的积累，在相关研究成果的基础上成功获批上述两项资助。团队希望借助项目支持扎实开展自闭症儿童的语言教导和干预研究，提高自闭症儿童语言沟通和社会适应能力，为他们融入社会尽一份微薄之力。

“田家炳基金会”于1982年成立，以“促进道德教育，弘扬中华文化，融合世界文明，以提升中国的教育素质，贡献国家”为使命。三十多年来，在全国的公益慈善事业上竭尽所能，尤重教育的捐献。基金会的工作紧密跟随着国家和社会发展的步伐，与时俱进。近年在管治转型的同时也致力全国中小学教师和校长培训工作，为促进学校优质发展尽一分力。面对全球化的人才竞争，基金会认为聚焦教育、提高国民素质，是振兴中华的关键。

3. 张笛博士获批2019年度国家社科基金项目

2019年国家社科基金后期资助项目立项名单公布，张笛博士的《汉语儿童主观性词项与构式的获得研究》获批资助。

临沂大学认知科学与语言学能研究平台于2013年正式获批，“汉语儿童语言与教育研究团队”是该平台的三支研究团队之一。该团队设计并建设了“汉语儿童多模态口语语料库”（包括“典型发展儿童长期跟踪口语语料库”与“发展障碍儿童口语调查语料库”），累计转写语料1000万字。此次获批的国家社科基金后期资助项目即以“典型发展儿童长期跟踪口语语料库”中的语料分析为基础申报。

近三年来，张笛博士依托语料库带领团队发表CSSCI文章5篇，获批境外项目两项，省级以上基金项目多项。此次获批的国家社科基金项目是我国现行哲学社会科学项目资助体系中层次最高、影响力最广、资助力度最大的项目类别。

4. 团队成员参加第五届语言文字应用研究中青年学者协同创新联盟学术研讨会

10月26日至27日，第五届语言文字应用研究中青年学者协同创新联盟学术研讨会在山东师范大学召开。该研讨会由语言文字应用研究中青年学者协同创新联盟主办，山东师范大学文学院承办，会议主题围绕“当前语言文字应用研究的创新与协同”展开讨论。

山东师范大学副校长万光侠教授首先致辞，教育部语言文字信息管理司副处长李强、山东省语委办公室主任孙祖兴、联盟会长辽宁师范大学杨春宇教授先后致辞。这次会议特邀国内外知名专家学者做主旨报告，如世界著名社会语言学家、英国国家学术院院士、英国约克大学教授保罗·柯斯威尔做了题为“Language in a connected world: A new multicultural English in London”的报告、北京大学中国语言文学系教授孔江平的演讲题目为“语音的多模态研究”、武汉大学教授赵世举则从未来语言发展的角度提出对“人机共生时代”若干语言问题的初步思考等等。系列主旨报告体现了当前的语言文字应用研究在深入把握语言国情和语言生活的基础上，不断推动学术理念和方法的创新，进一步强化前沿研究和跨学科研究，推进协同创新和学科融合的会议精神。

会议共有八个分会场，我院教师张笛博士在第六分会场做了题为“汉语句末语气词在反语认知中的作用——基于自闭症儿童的实验研究”的报告，引发了与会学者的热烈讨论和关注。联盟理事会在26日晚上召开，张笛博士作为第五届语言文字应用研究优秀中青年学者研修班的代表参加了此次理事会。

5. 团队成员参加2019外语教育教学研究论坛

11月9日至10日，2019外语教育教学研究论坛在大连外国语大学召开。该研讨会由中国英汉语比较研究会英语教学研究分会和教育语言学研究专业委员会主办，大连外国语大学英语学院承办，会议主题围绕“新时代的外语教育教学：挑战、机遇与探索”展开讨论。

开幕式中，大连外国语大学副校长常俊跃教授和中国英汉语比较研究会教育语言学研究会秘书长吕云教授先后致辞。本次会议特邀国内外知名专家学者做主旨报告，如TESOL前主席、美国西雅图学院孙以琳教授做了题为“Developing Glocal Synergies and Skills for the 21st Century Language Education”的报告；国际知名语料库语言学和社会语言学专家、美国阿拉巴马大学教授刘迪麟的演讲题目为“Applying Contemporary Linguistic Theories in Language Teaching: Rationales and Praxes”；东北师范大学教授张绍杰则从中美合作办学的具体案例入手对外语人才培养核心要素进行反思；大连外国语大学副校长常俊跃教授向大家介绍了CLI外语教育理念，指出了该理念在未来外语教育的教师发展、课程建设与资源建设等方面存在的潜在价值等。系列主旨报告体现了当前外语教育教学方面的学术理念和研究方法的创新，并为全国外语界的理论创新和实践探索做出新的贡献。

会议共有四个分会场，我院谢楠院长和张笛博士在第四分会场“教育技术与外语教学”中做了题为“跨文化语言教学虚拟仿真实训项目的构拟”的报告，着重介绍了我院“汉语儿童语言获得与认知发展研究团队”和“汉语儿童多模态口语语料库”的建设情况，引发了与会学者的重点关注和热烈讨论。

会议期间，谢楠院长就我院现阶段的重点工作包括省级一流专业建设点建设指标，多语种语料库的开发与应用，AI科技翻译和校企合作专业建设等问题向与会专家请教并进行深度交流。

6. 团队召开“语言学研究方法”座谈会

11月23号上午，学院在致远楼A104举行了“语言学研究方法”座谈会，由首都师范大学文学院教授博士生导师张云秋主讲，谢楠教授主持。

张云秋教授结合其儿童语言获得研究，从论文的选题、语料的整理、研究方法的选择、论文的写作技巧、参考书目的规范等方面娓娓道来。她认为一定要具备问题意识，论文写作首先要明确想要解决的实际问题是什么，根据问题来导向论文的构思与写作。语料是服务于论文，切忌不能本末倒置，不能为了语料而机械地描写，而是要在明确的理论框架下，找好切入点，用好“描写”和“分析”两大实证论文写作的利器，从而达到事半功倍的效果。她呼吁大家一定要保证经典著作和前沿文献的持续不断地输入，学术写作植根于文献的沃土，才能生根发芽。张老师在充分肯定“汉语儿童多模态口语语料库”建设成绩的基础上，指出团队存在的问题即成员学术能力亟待提升，可以国内外攻读学位、长短期访学、定期召开学术沙龙等多措并举。

谢楠教授向张老师的大力支持表达了谢意，并邀请她作为团队的兼职教授定期来学院做报告，提升青年教师的学术能力。并介绍了外国语学院的其他两支科研团队和三支教学团队的建设情况。

之后，张云秋老师还就具体的研究问题和团队成员进行了交流互动，现场气氛热烈融洽。

学院院长助理张笛博士、“汉语儿童语言获得与认知发展研究团队”全体成员和博士（含在读）参加了座谈会。

7. 张笛博士主持的国家社科基金项目阶段性报告会召开

11月23日下午，张笛博士主持的国家社科基金后期资助项目《汉语儿童主观性词项与构式的获得研究》（项目号：19FYYB035）阶段性报告会在外国语学院203会议室召开。出席报告会的专家有杭州师范大学国际教育学院院长齐沪扬教授、首都师范大学文学院张云秋教授、临沂市心理医院副院长李秀泉主任医师、临沂大学社科处处长李中国教授、外国语学院院长谢楠教授、教育学院副院长赵金霞教授。报告会由临沂大学社科处处长李中国教授主持。外国语学院副院长王明琦教授及学院学术骨干参加了报告会。

张笛博士首先介绍了项目依托的“汉语儿童多模态口语语料库”的建设情况，然后就项目的主要内容、主要观点、研究方法、学术创新、学术价值、存在的问题和下一步研究计划等向专家做了详细的汇报。

专家组认为语料库的建设为该项目的成功申报打下了坚实的基础，团队能够六年如一日地持续坚持语料库的建设，难能可贵。语料库的建设旨在服务鲁南地区的学前儿童语言发展与教学和特殊障碍儿童的语言干预与治疗。专家组充分肯定了项目的理论价值与应用价值，可操作性强、针对的研究群体明确，研究内容翔实丰富、研究思路清晰，具有较强的学术创新性。项目基于语料库中四名儿童（三年的跨度）的高密度历时语言发展数据进行实证研究，全面细致地考察了汉语儿童主观性表达式的获得过程，系统地研究儿童主观性词项和构式的整体获得情况并总结获得规律，揭示背后的运行机制。同时专家组对项目的理论分级构建、研究范畴的界定、跨语言的研究视野等提出了意见和建议。本次报告会前期准备充分，现场气氛热烈，论证效果显著，为项目的进一步推进奠定了良好的基础。与会青年学术骨干纷纷表示受益匪浅，深受鼓舞。

报告会结束后，谢楠院长向与会专家汇报了我院的学科和专业建设情况，并向三位校外专家颁发兼职教师聘书。

8. 汉语儿童语言获得与认知发展研究团队周会

12月2日下午，汉语儿童语言获得与认知发展研究团队在A104举行了选题座谈会，张笛博士主持，团队成员积极参与。

首先，团队成员根据自己所长确定了“高功能自闭症儿童交际性语言发展个案研究”“汉语儿童位移动词获得研究”“汉语自闭症儿童非字面语言的认知、教导与干预研究及推广”“高功能自闭症儿童交际性语言发展个案研究”“基于汉语儿童多模态口语语料库的数概念研究”“汉语儿童早期趋向动词习得”“学前儿童个体量词‘个’的习得及使用探究”和“汉族儿童早期情态系统习得研究”等选题，明晰了下一步的工作思路、科研任务和目标。

其次，大家就“汉语儿童语言获得与认知发展研究团队”管理制度进行研究和学习，初步确立了以理论学习、责任落实、成员例会、实验室和语料管理和检查考核为框架的管理制度，为团队研究工作的正常开展提供有力保障。

最后，团队还就大学生创新创业训练项目的选题和申报工作进行交流和经验分享，从自身团队优势寻找切入点，为下一步的申报工作做好准备。

参会人员积极构思和发言，现场气氛热烈融洽。